Traumhaft wohnen mit edlen Stoffen

Gabi Tubbs

mit Fotos von Pia Tryde

Augustus Verlag

Die Deutsche Bibliothek – CIP-Einheitsaufnahme
Traumhaft wohnen mit edlen Stoffen / Gabi Tubbs [Übers.: Wiebke Krabbe. Fotogr.: Pia Tryde]. – Augsburg : Augustus-Verl., 1997
Einheitssacht.: A seasonal guide to soft furnishings <dt.>
ISBN 3-8043-0543-1

Im Augustus Verlag sind zum Thema »Einrichten mit Stoffen« bisher folgende Titel erschienen:
Tricia Guild: Farbberatung Wohnen
Tricia Guild: Neue Stoffideen

Die englische Originalausgabe erschien bei Quadrille Publishing Limited, London unter dem Titel:
A seasonal guide to soft furnishings.

Übersetzung: Wiebke Krabbe, Damlos
Techniken und Anleitungen: Lucinda Ganderton
Fotografie: Pia Tryde
Illustrationen: Alison Barratt
Lektorat der deutschen Ausgabe: Margit Bogner
Umschlaggestaltung: Charmaine Müller, Augsburg

Augustus Verlag Augsburg 1997

Satz: satz-studio gmbh, Bäumenheim
Druck und Bindung: Mohndruck, Gütersloh

ISBN 3-8043-0543-1

Printed in Germany

Die Vielfalt der Natur

Seit ich fünf oder sechs Jahre alt war, habe ich eine Leidenschaft für Stoffe. Eine meiner frühesten Erinnerungen ist, wie das Hochzeitskleid meiner Mutter aufgetrennt, in blassem Blau neu gefärbt und von einer Näherin, die wir als Tante Annie kannten, zu einem Partykleid für mich umgearbeitet wurde. Tante Annie kam einmal im Monat ins Haus, um Wäsche und Kleidung auszubessern, und immer nähte sie auch etwas für mich, oft aus Kleidern, die meine Mutter nicht mehr trug. Ich erinnere mich, daß ich sie fast zum Wahnsinn trieb, weil ich nie lange genug still stehen konnte!

Die aufregendste Zeit für mich war immer dann, wenn in München (wo ich herkomme) der Fasching begann oder wenn ich zu einem Kostümfest eingeladen war. Ich hatte immer die wunderbarsten, phantasievollsten Kostüme, die ich aus Musterbüchern auswählte, und immer fügte ich zu meinem eigenen Vergnügen noch unerwartete Accessoires hinzu. Ich erschien als Puderquaste, als Erdbeere, als Geisha, als Flamencotänzerin oder was immer mich meine Phantasie sonst noch sein ließ. Auch die Hüte waren stets aufsehenerregend und verrückt, die Stoffe und Bänder eine Mischung aus alt und neu.

Es ist daher kaum überraschend, daß ich schließlich Modedesignerin und Innenausstatterin wurde, denn meine Liebe zu alten Stoffen und neuen Entwürfen hat mich nie verlassen.

Als die Idee zu diesem Buch geboren wurde, war ich mir durchaus bewußt, wie viele gute Bücher es zum Thema Einrichten mit Stoffen bereits gibt. Keines davon schien jedoch das Anfertigen und Entwerfen in gleicher Gewichtung zu behandeln, was wir mit diesem Buch meiner Ansicht nach erreicht haben.

Um dem Thema einen zusätzlichen Anstoß zu geben, habe ich eine Unterteilung nach den vier Jahreszeiten vorgenommen. Passend zur Vielfalt der Natur unterscheiden sich die Stoffe in jedem Kapitel nach Farbe, Schwere und Struktur, und die Farbfamilien und Muster entstammen den unterschiedlichen Stimmungen von Frühling, Sommer, Herbst und Winter.

Die Kapitelunterteilung hilft Ihnen bei der Entscheidung, welche Stimmung Ihnen gefällt und zu Ihrem Haus paßt, und zeigt Ihnen, wie Sie je nach Jahreszeit die Einrichtung ändern können, ohne aber Ihre Möbel auswechseln zu müssen. Im Frühling kann Ihr Armsessel zum Beispiel ein leichtes Kleid tragen, während er im Winter eine seidene Robe bekommt. Neue Farben und neue Stoffe verleihen Ihren Möbelstücken ein völlig neues Aussehen.

Im Frühling können wir es kaum erwarten, die Fenster und Türen zu öffnen, um Licht und Wärme ins Haus zu holen. Teppiche von Frühlingsblumen – Narzissen, Tulpen, Schlüsselblumen – und blütenschwere Bäume wecken die vielfältigsten Ideen. Baumwolle in frischem Grün und strahlendem Pink wird kombiniert mit pfiffigen Streifen und Blumendrucken. Rosafarbene und gelbe Leinenstoffe vertragen sich prächtig mit Karos.

Im Sommer wird der Stil klar und unprätentiös. Angenehme Kühle kommt vor Gemütlichkeit, und das ganze Haus sollte frisch und belebend wirken. Bringen Sie die freie Natur nach drinnen – durch die Farben von Meer und Sand, von saftigem Gras, reifen Früchten und strahlenden Blumen. Lassen Sie die Sonne durch weiße Leinenrollos und zarte Gardinen ins Zimmer scheinen!

Im Herbst erlebt die Natur eine neue Symphonie der Farben mit purpurfarbenen Hügeln, gelbbraunen Bäumen und goldgelben Getreidefeldern. Herbstliche Stoffe erinnern an fallende Blätter, goldene Kürbisse, rote Beeren und leuchtendes Heidekraut. Traditionsreiche Tweed- und Flanellstoffe drängen sich neben Schottenkaro – alles Stoffe, die nicht nur aufs Land passen, sondern genauso gut in einer Stadtwohnung aussehen.

Im Winter, wenn das Wetter oft kalt und scheußlich ist, brauchen wir im Haus energiegeladene Farben und einen Hauch von Magie, um unsere Stimmung zu heben. Verwenden Sie eine Fülle von opulenten Stoffen und kräftigen Farben, dekorieren Sie mit Samt, Brokat und Damast, schwelgen Sie in exotischen Schattierungen und Stoffen wie hauchdünner Musselin, Seide oder Chiffon, die vom Fernen Osten inspiriert sind. Für ein vornehmeres Aussehen gestalten Sie Möbel, Wände und Fenster in Silbergrau und Perlweiß.

Dieses Buch soll Sie inspirieren und Ihnen helfen, Ihr Zuhause zu verwandeln und zu verjüngen. Die Entwürfe wurden sorgfältig ausgeführt und mit klaren Illustrationen und einfachen Anleitungen versehen – für jede Jahreszeit gibt es zusätzlich einige besondere Objekte, die Sie zu unbekümmerter Experimentierfreude ermutigen sollen. Ich hoffe, Sie haben so viel Spaß beim Blättern und Nacharbeiten, wie ich beim Entwerfen hatte!

Frühling

Erwachen

Was für ein schönes Gefühl ist es doch, an einem Frühlingsmorgen beim Blick aus dem Fenster zu beobachten, wie sich die ersten zaghaften Lichtstrahlen durch die eben entrollten Blätter tasten! Sonnengelbe Narzissen tanzen auf grasbewachsenen Hängen, Teppiche von Sternhyazinthen breiten sich unter Bäumen aus, leuchtende Tulpen, Stiefmütterchen und Primeln in zartem Rosa, strahlendem Rot und samtigem Violett recken ihre Köpfe zum Himmel. Ein Meer von Blumen schüttet seinen süßen Duft aus, der letzte Schnee schmilzt und die ganze Erde scheint aufzutauen, um das junge Jahr willkommen zu heißen. All das ist ganz vertraut, und doch fühlt es sich in jedem Frühling wieder so an, als ob die Welt zum ersten Mal zum Leben erwachen würde.

Inspiration aus der Natur

Jeder einzelne Grashalm sprüht vor Optimismus. Endlose Monate lang haben wir uns drinnen verkrochen, nun wollen wir am liebsten alle Fenster und Türen weit öffnen. Traditionell ist der Frühling die Zeit für den großen Hausputz und das gründliche Aufräumen – so mancher bekommt auch Lust aufs Renovieren. Anregungen sind überall zu finden, denn Jahr für Jahr bringt der Frühling neue Muster und Farben hervor. Die Fotos auf den folgenden Seiten zeigen eine ganze Palette von Ideen. Zimmer werden in freundlichen Tönen neu gestrichen. Karomuster in frischem Weiß und hellem Grün erinnern an die ersten hervorbrechenden Blätter, glänzender Taft in sanftem Rosa und warmem Rot an zarte Knospen. Gänseblümchen und Schlüsselblumen auf grünen Rasenflächen und zerbrechliche, sich gerade entrollende Blütenblätter leuchten von floralen Drucken auf Chintz, Voile oder Leinen. Das Geheimnis besteht darin, die Üppigkeit der erwachenden Natur mit vollen Armen ins Haus zu holen.

Unkonventionelle Gefährten

Kontrast und Harmonie

Die Ansicht ist weit verbreitet, daß eine harmonische Raumgestaltung im Abstimmen aller Elemente innerhalb einer Farbfamilie liegt. Lösen Sie sich unbedingt von diesem Gedanken! Solange Sie dafür sorgen, daß sich eine oder zwei Farben konsequent durch Ihre Einrichtung ziehen und für deutliche Akzente sorgen, gibt es keine weiteren verbindlichen Regeln. Auch die Frage, welche Farben zueinanderpassen und welche nicht, können Sie für sich selbst neu beantworten. Die interessantesten und einladendsten Räume entstehen oft als Folge von mutigen Experimenten mit Mustern und Farben. Stellen Sie einmal Gelb neben Rosa und Sie erhalten einen überaus reizvollen Kontrast. Fügen Sie noch ein sattes Violett hinzu und geben Sie dem Ganzen einen weißen oder naturfarbenen Hintergrund. Im Grunde passen alle Farben zusammen – bis Sie das Gegenteil feststellen! Ähnlich ist es bei der Auswahl von Mustern. Ein einziges Muster, das sich überall im Raum wiederholt, wirkt schnell eintönig. Mischen Sie unbekümmert Karos, Streifen und Blumenmuster – die Wirkung ist befreiend!

Fest und fließend

Gewebe schaffen Kontraste

Ebenso wie das Kombinieren verschiedener Muster und Farben Leben in einen Raum bringt, kann auch eine Vielfalt von Stoffstrukturen den Raum interessanter machen. Fließender Voile wirkt neben schweren, kompakten Vorhangstoffen besonders luftig, glänzender Chintz kommt neben matter, weicher Baumwolle erst richtig zur Geltung. Der ländliche Charakter eines groben Leinenvorhanges wird durch ein Futter aus feinem Baumwollstoff unterstrichen, das gleiche Futter gibt einem leichten, transparenten Leinen mehr Fülle. Selbst schimmernden Taft oder glänzenden Chintz können Sie mit derbem Drell kombinieren. Sammeln Sie Reste von allen Stoffen, die Ihnen gefallen, und bauen Sie eine eigene Sammlung auf. Probieren Sie aus, wie sich die verschiedenen Stoffe anfühlen. Was sich gut zusammen anfühlt, sieht auch gut zusammen aus.

Lichtspiele

Karos und Leinen **im hellen Wohnzimmer**

Der schönste Ort, um einen Frühlingsmorgen zu genießen, ist ein Wohnzimmer, in das das Tageslicht ungehindert einströmt. Es ist ein Raum, um Briefe zu schreiben, um es sich mit einem Buch auf dem Sofa gemütlich zu machen oder um die ersten Blumen des Jahres in einer Vase zu arrangieren. Behaglichkeit und Luftigkeit prägen den Charakter dieses Raumes. Einfache Faltrollos oder Vorhänge aus ungefüttertem Leinen hängen vor den Fenstern und lassen sich leicht beiseite ziehen, um das Sonnenlicht einzulassen. Auf einem alten Bettsofa laden Kissen, Polster und Nackenrollen zum Verweilen ein. Die Auswahl der Stoffe erinnert an die Atmosphäre einer Gartenparty des vorigen Jahrhunderts, das grobe Leinenkaro auf dem Sessel läßt an eine Picknickdecke denken. Feinbedruckte Stoffe wehen wie Reifröcke über den Rasen. Der Stuhl ist mit einem fröhlichen Blumenmuster bezogen, das sich auf dem Lampenschirm wiederholt.

Der Raum wirkt nicht überladen, die Wände sind fast nackt. Frühlingsgärten sind Meister des Understatements – frühlingshafte Zimmer sollten diese Zurückhaltung widerspiegeln. Einzelne Kränze aus Zweigen unterbrechen die sanften blauen Flächen, zwei einfache Spiegel werfen einander das Licht zu. Die erdfarbenen Fliesen auf dem Boden sind praktisch und pflegeleicht, ein Teppich in warmen Tönen sorgt zusätzlich für Behaglichkeit.

Die großen Polster eines alten Sessels wurden mit einem groben Leinenkaro neu bezogen.

Anleitung für den Polsterbezug mit gekräuselten Ecken auf Seite 164–165.

Rechts

Eine verblüffende Farbkombination: Frühlingsgrün für den Vorhang aus ungefüttertem Leinen, für das Faltrollo und für die einfache Draperie am Fenster, dahinter die Wand in blassem Blau.

Anleitungen für den ungefütterten Vorhang auf Seite 149, für das Faltrollo ohne Leisten auf Seite 146 und für die Draperie auf Seite 153.

Gegenüber

Ein antikes schwedisches Bettsofa ist mit einem groß gemusterten Stoff überzogen. Darauf türmen sich Kissen in den Farben reifer Beeren. Die seitlichen Rollen sind mit Taft bezogen, der an den Enden locker zusammengebunden wurde.

Anleitungen für die Zierkissen auf Seite 158–160, für die Rollen auf Seite 161–163.

Licht und Raum
in sonnendurchfluteten Zimmern

Muster haben eine magische Wirkung: Man kann sie einsetzen, um einen Raum größer oder kleiner, heller oder dunkler wirken zu lassen. In einem Zimmer, das von seiner Helligkeit lebt, sollten Sie vorwiegend kleinflächige, zarte Muster wählen. Je kleiner das Muster ist, um so weiter erscheint es vom Betrachter entfernt. Durch diese optische Distanz bekommt der Raum mehr Weite. Und wo Weite ist, ist auch Licht! Wenn Sie allerdings in der beneidenswerten Lage sind, so große Räume zu haben, daß man sich darin fast verloren fühlt – etwa weil die Decke sehr hoch ist – dann können satte Farben und kompakte Muster dem Raum mehr Wärme und Behaglichkeit geben. Wo Muster kombiniert werden und der Raum trotzdem licht und hell wirken soll, muß der Hintergrund ruhig sein. In einem Frühlingszimmer sollten die Wände daher blaß, aber nicht farblos gestrichen werden. Ruhige Pastelltöne eignen sich am besten.

Das schwedische Karo der Polster und des Sitzkissens greift das Türkis der Bank und der Wand wieder auf.

Anleitungen für das maßgeschneiderte Sitzpolster auf Seite 165, für die Rollen auf Seite 161–163.

Die Struktur der Stoffe spielt eine ebenso wichtige Rolle wie die Auswahl der Muster. Glänzender Chintz beispielsweise reflektiert das Licht und macht somit einen Raum heller. Hat ein solcher Stoff aber das Übergewicht, kann der Raum leicht allzu kühl und sachlich wirken. Einen entgegengesetzten Effekt haben rauhe, matte Stoffe, wie z. B. Leinen: Sie absorbieren das Licht und wirken sanft und beruhigend. Zu viel davon kann jedoch erdrückend sein. Haben Sie einen Stoff gefunden, der Ihnen gefällt, nehmen Sie immer ein möglichst großes Musterstück davon mit, wenn Sie andere Stoffe aussuchen. Obwohl nicht alle Farben in einem Raum aus der gleichen Farbfamilie stammen müssen, entsteht doch Ruhe und Harmonie, wenn beispielsweise der Ton des Lampenschirms zu dem des Sesselbezuges paßt oder wenn sich das Muster des Vorhangs auf einem Kissen wiederholt. Selbst ein Raffhalter, der den Farbton des Sofas wieder aufgreift, kann solche optischen Brücken schlagen. Das Spiel mit den Harmonien ist reizvoll, es kann aber auch beengend wirken. Wie immer liegt das Geheimnis in der Ausgewogenheit.

Die beiden Stoffe für den Zipfel-Lampenschirm kommen aus derselben Farbfamilie, aber in unterschiedlicher Musterung.

Anleitung für Lampenschirme auf Seite 154.

Ein leichtes Sommerkleid aus weichem, provençalischem Baumwollstoff verwandelt diesen Stuhl.

Anleitung für zweiteiligen Stuhlbezug auf Seite 168–169.

Die leicht wattierten und abgesteppten Tischsets harmonieren perfekt mit den Servietten.

Anleitung für Tischwäsche auf Seite 184–185.

Chintz und Taft geben diesem Stuhl ein neues Sonntagskleid.

Anleitung für zweiteiligen Stuhlbezug auf Seite 168–169.

Sanfte Drucke schaffen Frühlingsgefühle

Das Wetter wird wieder milder und lädt zum Feiern im Freien ein. Anstelle von abwischbaren Plastikmöbeln können wir bei schönem Wetter auch Möbel aus dem Haus nach draußen bringen und damit eine Ecke des Gartens in ein gemütliches Zimmer verwandeln. Bei strahlendem Sonnenschein dürfen die Stühle einen Bezug tragen, der Tisch bekommt eine Decke.

Die Pause am Nachmittag mit einer Tasse Kaffee oder Tee läßt sich in einem stimmigen Rahmen erst richtig genießen. Machen Sie aus der leichten Mahlzeit im Garten das Ereignis des Tages! Die Farben der Stoffe sind inspiriert von Sahne und von frischen Früchten. Wie altmodische Schürzen sind die Bezüge der Stühle mit breiten Schleifen festgebunden. Wer eine heimliche Schwäche für Rüschen und Volants hat, der kann ihr hier ungehemmt nachgeben. Orientieren Sie sich an den Farben der Blüten und Früchte, fügen Sie aber als Ausgleich einige Erdtöne hinzu. Variieren Sie Muster und Stoffe der Bezüge passend zu den verschiedenen Formen und Größen der Stühle.

Gröbere Stoffe, wie z. B. Leinen, eignen sich gut als Tischdecke. Schlichtes Porzellan in Creme oder Weiß sorgt dafür, daß das Bild nicht zu bunt wird. Selbst im Haus, vielleicht in einem geräumigen Wohnzimmer, kann eine solche Fülle an Stoff und Farbe Frühlingsstimmung schaffen. Wenn Sie einen Wintergarten haben, warum verwandeln Sie ihn nicht mit diesen Möbeln in ein einladendes Eßzimmer?

An den ersten milden Tagen rücken Tisch und Stühle nach draußen. Auf dem Tisch ein Tuch aus grobem Leinen, darauf eine kleinere Decke mit Blumenmuster und passende Sets. Die Stühle glänzen in Gewändern aus Chintz und Taft.

Anleitung für Tischwäsche auf Seite 184–185.

Das eiserne Bett wird von zwei Fenstern eingerahmt, deren besonderer Reiz im Kontrast der schlichten Raffrollos und üppig gekräuselten Schabracken liegt. Der Volant, der die Beine des Bettes versteckt, ist ebenfalls wie eine Gardine genäht.

Anleitungen für das Raffrollo auf Seite 145–146, für die Falle auf Seite 153 und für die Schleife am Bild auf Seite 144.

Zuckersüß

Romantische Töne **in einem ländlichen Wohnzimmer**

Transparente Gardinen aus lockerem Leinengewebe waren im ausgehenden 18. Jahrhundert groß in Mode. Heute erfreuen sie sich wegen ihres schlichten, ländlichen Charmes neuer Beliebtheit. Auch das Sujet auf diesen hellgelben Gardinen hat Tradition: ein Schäferstündchen unter schattenspendenden Bäumen, dazwischen filigrane Blütenranken. Die zarten Motive dieses Stoffs erfüllen den Raum mit Leben und bieten dem Auge ständig neue Entdeckungen – den Ausdruck auf dem Gesicht einer der Schäferinnen, die Form eines Blattes.

Die gewagte Kombination von zartem Rosé und Weiß, von sattem Dottergelb und tiefem Bordeauxrot gibt dem Raum einen besonderen Charakter. Die schlichten Wände und Fenster bilden den Hintergrund für das alte Bett, das mit einem wohldurchdachten Chaos aus Kissen überhäuft ist. Dieses Bett ist zugleich Einladung zur Entspannungspause und Blickfang des Raumes. Die Grundfarben wiederholen sich bei den Kissen, die mit Karos, Streifen und Drucken in verschiedenen Pink-, Rosé-, Gelb- und Goldtönen bezogen sind. Schabracken aus kariertem Taft wurden einfach auf dünne Metallstäbe geschoben. Von der Wand blickt eine junge Dame aus dem 18. Jahrhundert auf den Raum hinab. Bei soviel Üppigkeit ist es wichtig, daß der Fußboden ganz schlicht und neutral bleibt.

Kissen, Polster und Rollen in Rot-, Rosé- und Gelbtönen türmen sich auf diesem Bett.

Anleitungen für Kissenbezüge, Zierkissen und Rollen auf Seite 155–163.

Seidentaft ist wie zu einem Röckchen aufgekräuselt und über einen schlichten Lampenschirm gelegt.

Anleitung für gerafften Lampenschirm auf Seite 154.

Maßgeschneidert: ein prächtiges Aufbewahrungszelt

Originell und überaus praktisch ist dieses Zelt als Abdeckung für einen schlichten Kleiderschrank oder ein einfaches Regal. Die Seiten bestehen aus einem reich bedruckten Vorhangstoff, der alte Stadtansichten von Paris zeigt. Für das Dach wurde ein schlichterer Stoff in passendem Farbton gewählt. Die Schabracke ist mit Futterstoff gedoppelt, die Regalbretter sind mit Stoff bespannt. Die Bogenkanten an den Regalböden wurden mit Klettband befestigt. Das ganze Zelt hängt lose über dem Innenmöbel und läßt sich zum Putzen oder Waschen leicht abnehmen. Durch ein großes Knopfloch in der Seitennaht wurde eine farblich passende Kordel gezogen, mit der bei Bedarf eine »Wand« des Zeltes zur Seite gerafft werden kann. Besonders originell ist der Knoten auf der Spitze des Daches, der mit Draht versteift ist. Die Höhe des Zeltes läßt sich ganz einfach verändern, je nachdem, wie es der Raum erfordert.

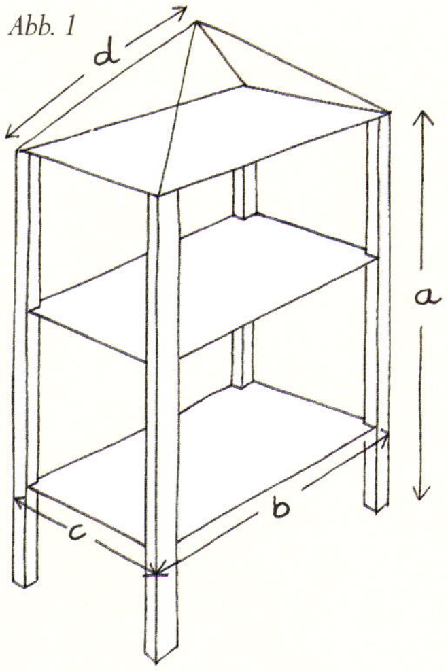

Abb. 1

Material

Stoff 1 (ca. 154 cm breit) für die Seitenwände; Stoff 2 für das Dach; Futterstoff; einfaches Holzregal (ca. 2 m hoch, 1 m breit, 50 cm tief); vier Leisten, 5 mm x 20 mm, 70 cm lang; Klebeband; Bohrer; stabiler Bindfaden; vier Schrauben; aufbügelbares Haftvlies; 45 cm Draht; 5 m Kordel; Klettband

Maßnehmen & zuschneiden (Abb. 1 & 2)

Wenn Sie einen Stoff mit Rapport wählen, müssen Sie entsprechend mehr Stoffbedarf einrechnen (siehe Seite 148). An allen Seiten 2 cm Nahtzugabe zufügen.

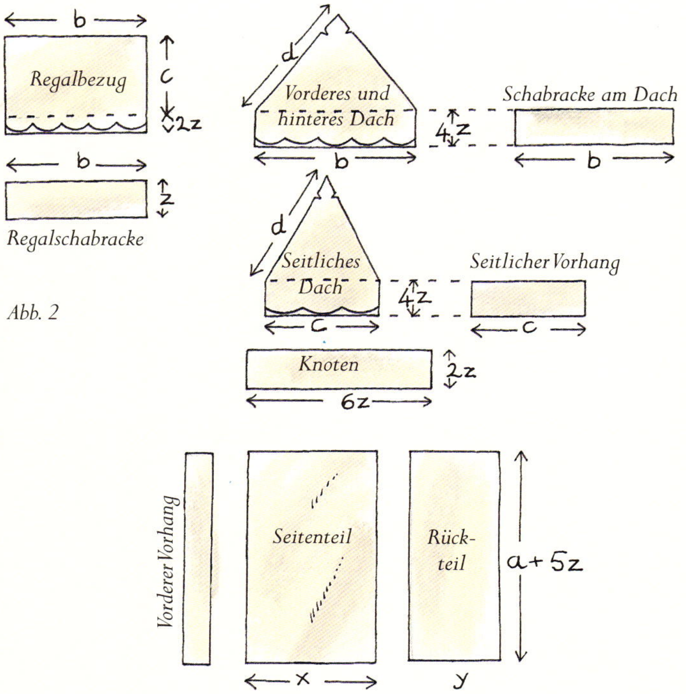

Abb. 2

Aus Stoff 1

Seitenteil: zweimal zuschneiden. Breite = 154 cm, Länge = a + 25 cm.

Rückteil: einmal zuschneiden. Breite = 114 cm, Länge = a + 25 cm.

Vordere Vorhänge: zweimal zuschneiden. Breite = 20 cm, Länge = a + 25 cm.

Aus Stoff 2

Vorderes und hinteres Dach: zweimal zuschneiden. Schrägung = d, untere Breite = b, Höhe der Schabracke = 20 cm.

Seitliches Dach: zweimal zuschneiden. Schrägung = d, untere Breite = c, Höhe der Schabracke = 20 cm. (Die Nahtzugaben aller vier Dachteile 5 cm unterhalb der Spitze v-förmig einschneiden.)

Bezug für Regalbretter: für jedes Brett einmal zuschneiden. Breite = b, Tiefe = c + 10 cm.

Knoten auf dem Dach: einmal zuschneiden. Breite: 85 cm, Länge: 28 cm.

Aus Futterstoff

Schabracke am Dach: zweimal zuschneiden. Breite = 20 cm, Länge = b.

Vorhänge: zweimal zuschneiden. Breite = 20 cm, Länge = c.

Den Rahmen bauen

In alle vier Leisten 12 mm von einem Ende entfernt je ein Loch mit 5 mm Durchmesser bohren. 2,5 cm vom jeweils anderen Ende entfernt Löcher mit 2 mm Durchmesser bohren. Durch die vier großen Löcher Bindfaden ziehen und verknoten. Der Knoten soll stabil sein, die Leisten müssen sich aber bewegen lassen. Das Gerüst mit Klebeband auf dem Regal befestigen und die Punkte anzeichnen, wo die Dachstreben auf die senkrechten Stützen des Regals treffen. An diesen Stellen die Streben schräg anbohren und das Gerüst festschrauben (Abb. 3).

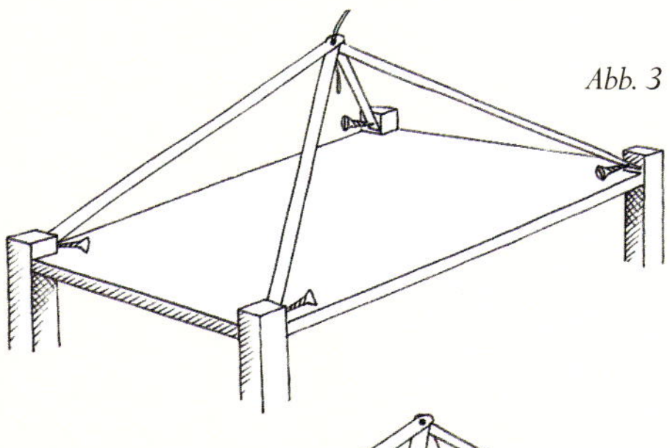

Abb. 3

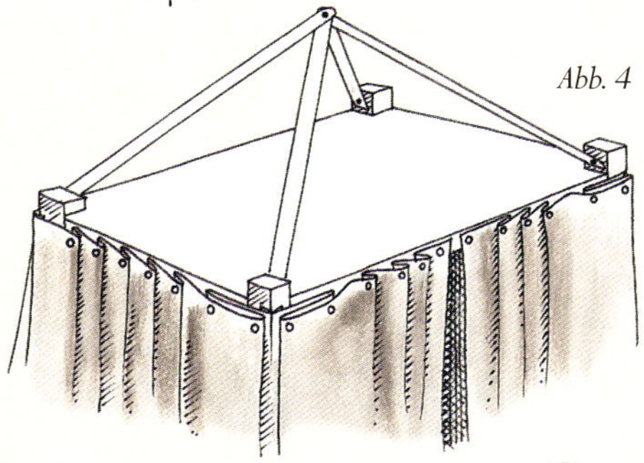

Abb. 4

Zelt und Dach nähen

1. Je eine Längskante der Vorhänge mit Zickzackstichen versäubern. Die unversäuberten Kanten rechts auf rechts an die Vorderkanten der Seitenteile stecken und feststeppen. Nun das Rückenteil an die Seitenteile stecken und steppen. Dabei gegebenenfalls auf den Rapport oder die Laufrichtung des Musters achten. An der Unterkante einen 12 cm breiten Saum umbügeln und steppen.

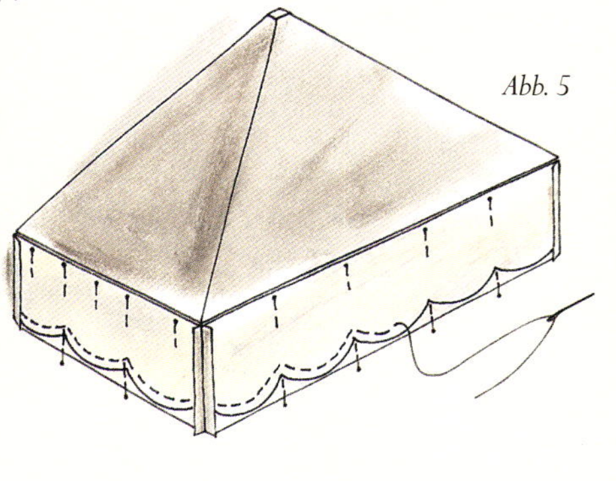

Abb. 5

2. Mit Reißbrettstiften die hintere Mitte des Zelts an der hinteren Mitte des Regals fixieren und die vorderen oberen Ecken an der vorderen Mitte. Rechts und links von der vorderen Öffnung je drei kleine Falten legen und ebenfalls feststecken. An den vorderen Ecken jeweils 15 cm breite Kellerfalten legen. Die Seitennähte an den hinteren Regalecken befestigen, dann den restlichen Stoff in kleine, gleichmäßige Falten legen und fixieren (Abb. 4).

3. Die Kanten der beiden seitlichen Dachteile rechts auf rechts an ein Vorderteil stecken und vom v-förmigen Einschnitt aus zusammensteppen. 2 cm vor der Unterkante endet die Naht (Nahtzugabe). Das hintere Dachteil auf dieselbe Weise dazwischensetzen und alle Nähte auseinanderbügeln.

4. Die Bogenkante auf den Stoff zeichnen: an den Seiten je drei Bögen, an Vorder- und Rückteil je fünf (Abb. 5). Genaue Anleitung auf Seite 156.

5. Den Futterstoff dicht neben den eingezeichneten Bögen auf dem Oberstoff feststecken, heften und dann sauber auf der Bogenkante entlangsteppen. Die Kante wenden. Die lose Oberkante der Schabracke am Dach feststecken.

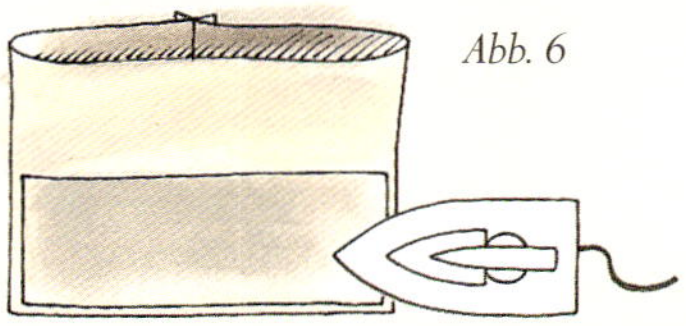

Abb. 6

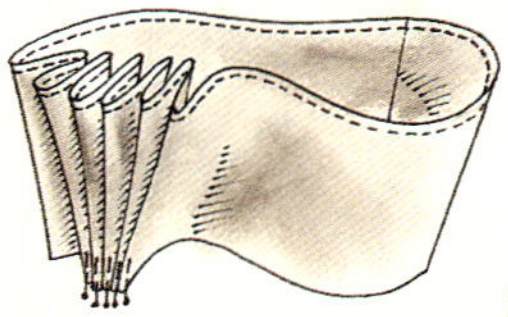

Abb. 7

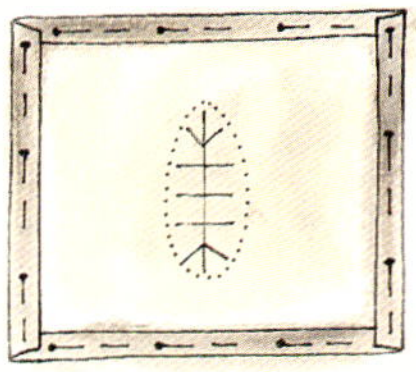

Abb. 8

Den Knoten arbeiten

1. Die Schmalkanten des Stoffes rechts auf rechts zusammensteppen. Dann den Stoffring der Länge nach zur Hälfte legen, einen Falz einbügeln und wieder aufklappen. Das Haftvlies auf die linke Seite einer Hälfte des Stoffstreifens legen (Abb. 6), das Trägerpapier abziehen und den Stoff erneut im eingebügelten Bruch falten. Die Enden des Drahtes zusammendrehen, ebenfalls zwischen die beiden Stofflagen schieben und feststecken. Dann den Stoff bügeln, bis das Klebevlies die Lagen fest verbindet. Mit dem Reißverschlußfuß dicht neben der Bruchkante absteppen.

2. Falten in den versteiften Stoff legen und feststecken (Abb. 7). Den Knoten in die Öffnung an der Spitze des Daches schieben und die Falten zurechtdrücken. Den Knoten wieder herausziehen und die Falten mit Schlingstichen etwa 3 cm oberhalb der Unterkante fixieren. Endgültig am Dach befestigen.

3. Dach über den Rahmen legen, so daß die Bogenkanten glatt herabhängen, und am Zelt feststecken. Dach und Zelt abnehmen und die Oberkante durch alle Stofflagen hindurch mit der Maschine zweimal absteppen.

4. Auf den Vorhängen im Boden der Kellerfalten die Stellen markieren, an der die Raffkordeln durchgezogen werden sollen. Ein Stoffquadrat mit 6 cm Kantenlänge zuschneiden und alle Seiten 5 mm breit umbügeln. Diesen Flicken rechts auf rechts auf die Durchtrittstelle der Kordel steppen und ein längliches Oval darauf zeichnen. Das Oval nachsteppen, aufschneiden (Abb. 8) und den Stoff-Flicken zur Innenseite des Zeltes durchziehen. Die Außenkanten des Flickens mit Handstichen befestigen. Auf der gegenüberliegenden Seite eine entsprechende Öffnung arbeiten.

Die Regalbretter beziehen

1. An je einer Längskante der Regalbezüge Bogenkanten mit je fünf Bögen (wie für die Schabracken) arbeiten. Die übrigen Kanten der Stoffteile versäubern. Kleine Stücke aus Klettband zurechtschneiden: Je vier Stücke werden an der Hinterkante der Regalbretter befestigt, die Gegenstücke entsprechend an der linken Stoffseite.

2. Den Stoff auf den Regalbrettern befestigen, dann das fertige Zelt über das Regal stülpen. Die Kordeln befestigen.

Ein Raum zum Träumen

Ein einfaches Schlafzimmer **mit viel Platz für Fantasie**

Ein stoffbespannter Paravent sorgt bei Bedarf für Sichtschutz. Ein Stück Stoff wird oben und unten mit Gardinenband aufgekräuselt und mit Bändern an einem Holzrahmen befestigt.

Anleitungen für den Vorhang mit Rüsche auf Seite 151, für die Bänder auf Seite 144.

Manchmal reicht ein Bild oder ein einziger Satz in einem Buch, um die Fantasie in Bewegung zu setzen. Nach einem ganz ähnlichen Prinzip lassen sich auch Räume gestalten. Mit einem kleinen, aber augenfälligen Detail fängt alles an, wächst mehr und mehr und füllt schließlich den ganzen Raum.

Nehmen Sie beispielsweise einen Raffhalter für einen Vorhang. Eigentlich nur ein Stück Zubehör, ein letzter Schliff. Und dennoch kann er der Anfang einer ganzen Kette von Gedanken sein. Ein alter, vergoldeter Raffhalter erinnert vielleicht an den morbiden Charme eines französischen Gutshauses aus dem vorigen Jahrhundert, wo sich ehemaliger Prunk mit ländlicher Schlichtheit mischt. So kann ein winziges Gestaltungselement zur Basis des Stils für ein ganzes Zimmer werden.

Überlegen Sie zuerst genau, wie groß der Raum ist, den Sie gestalten wollen. Die meisten Schlafzimmer sind wirklich nur zum Schlafen bestimmt, daher muß zuerst das Bett seinen Platz bekommen, alles andere muß sich danach richten. In einem kleinen Schlafzimmer ist es am geschicktesten, wenn Sie Elemente aus der Gestaltung des Bettes an anderer Stelle wiederholen. So vermeiden Sie zu starke Kontraste, durch die der Raum schnell überfüllt wirken kann.

Das bedeutet natürlich nicht, daß Sie sich in kleinen Räumen auf ein einziges Muster beschränken müssen. Solange durch Farben, die hier und da wieder auftauchen, Verbindungen hergestellt werden, können Sie viele Muster kombinieren. In unserem Beispiel wiederholt sich das Grün des nostalgischen Stoffes in dem schlichten Baumwollkaro, das Dunkelrot der Blüten paßt zu dem rosa-weiß karierten Chintz. Üppige Motivdrucke paaren sich mit grafischen Karos, prachtvoll glänzende Materialien mit grobem Leinen und weicher Baumwolle.

Oben
Der antike vergoldete Raffhalter paßt zu dem Vorhang aus nostalgischem Stoff.

Ein dickes Federbett verbirgt sich unter einem dekorativen Bezug.

Anleitung für den Bettbezug mit Schleifen auf Seite 182.

Weiches Rosa und ruhige Grüntöne bestimmen die Atmosphäre in diesem behaglichen Schlafzimmer. Die Kante des Bettüberwurfs paßt zu dem Kissen aus Baumwollkaro, das sich im Volant des Bettes wiederholt. Den Bezug des Fußbänkchens zieren dekorative Schleifen.

Anleitungen für die Kissenhülle mit Bogenkante auf Seite 156, für den gekräuselten Volant auf Seite 183 und für den Fußbänkchenbezug auf Seite 181.

Eine ungewöhnliche, aber reizvolle Kombination: das Faltrollo aus ungefütterter, grün-gemusterter Baumwolle und die feinen, bauschigen Gardinen.

Anleitungen für das Faltrollo ohne Leisten auf Seite 146, für die ungefütterten Vorhänge auf Seite 149.

In die Stoffeinlage des Weidenkörbchens sind Taschen eingenäht, um allerlei Kleinkram zur Babypflege aufzubewahren.

Anleitung für das Babykörbchen auf Seite 126–129.

Frühlingsgrün und Knospenrosa **in liebevollen Details**

In einem Schlafraum dürfen Sie großzügig mit Stoff umgehen. Das bauschige Federbett liegt in ruhigen Wellen, dekoriert mit appetitlichen Schleifen. Die Kissen sind mit gewellten, gerüschten und gekräuselten Kanten verziert. Wenn Sie auf preiswerte Baumwollkaros und -streifen zurückgreifen, können Sie andere Materialien um so verschwenderischer einsetzen. Zudem ist die Mischung von Prunk und Schlichtheit immer besonders reizvoll. Hier wurde ein Sessel mit preiswertem Drell bezogen, die Schleifen aus glänzendem Taft – ein Rest des Vorhangstoffs – fügen ihm und dem Fußbänkchen einen Hauch von Luxus hinzu. Der Paravent mit gekräuselten Stoffbahnen bringt etwas Schwung in den ruhigen Raum. Der Teppich greift die Rot- und Rosétöne wieder auf und sorgt damit für optische Harmonie und warme Behaglichkeit.

Die Wände werden in sanften Naturtönen gestrichen. Einfache, mit Stoff ausgeschlagene Weidenkörbe und hölzerne Bilderrahmen als Accessoires reichen völlig aus, um die Stimmung des Raumes zu unterstreichen.

Die weich fallenden Gardinen aus feinem Gewebe, von vergoldeten Raffhaltern in Form gebracht, fangen jeden Sonnenstrahl ein. Mehr Kontur erhalten die Fenster durch das Rollo mit der breiten Rüschenkante. Auf den bemalten Bauernmöbeln türmen sich rüschenbesetzte Kissen mit Lochstickerei oder aus einfachen Baumwollstoffen.

Der gestreifte Drell des Sesselbezuges greift den Farbton des Bettüberwurfes auf. Für besonderen Pfiff sorgen die Schleifen aus rosa Taft.

Leidenschaft in Rot

Mut zur Farbe
im Schlafzimmer

Rot ist immer eine eindrucksvolle und leidenschaftliche Farbe. Man sagt, daß rote Kleidung selbstbewußter macht, die Stimmung hebt und Wärme ausstrahlt. Da ist es eigentlich erstaunlich, daß so wenige Räume konsequent in Rottönen »gekleidet« werden. Zweifellos ist das eine gewagte Entscheidung, aber trauen Sie sich ruhig – und profitieren Sie von der Kraft, die diese Farbe gibt.

Denken Sie einmal an einen Garten im späten Frühling, voller Mohn und Pfingstrosen, Rhododendron und Kamelien. Stellen Sie sich all diese satten Rot- und Rosétöne vor und wählen Sie Stoffe aus, die die Frische dieser Blüten widerspiegeln. Monochrome Jacquard-Stoffe mit eingewebten Mustern gibt es in den schönsten Nuancen, Sie können buchstäblich in Rot schwelgen. Auf den vorherigen Seiten haben Sie solche Stoffe in Kombination mit Karo-, Streifen- oder Blumenmustern gesehen. Besonders auffällige Stoffe gehören immer in den Mittelpunkt des Geschehens. Kombinieren Sie moderne und nostalgische Muster, aber bleiben Sie einer Farbfamilie treu und arrangieren Sie das Ganze vor einem ruhigen, neutralen Hintergrund. Noch reizvoller wird die Mischung, wenn Sie Stoffe unterschiedlicher Schwere und Struktur verwenden.

Verschwenderische Stoffülle auf dem Bett, auf Sofas und Sesseln, bei Vorhängen und Kissen, selbst auf dem Schminktisch: Verhüllen Sie, was verhüllt werden kann, je mehr desto besser. Wände und Fußboden sollten dabei allerdings neutral bleiben, damit das Rot richtig zur Geltung kommt.

Gegenüber

Der Blick aus dem Schlafzimmer in das angrenzende Bad, das ebenfalls reichlich mit Stoff dekoriert wurde. Auf dem Tischchen eine runde Tischdecke mit viereckiger Überdecke.

Anleitung für Tischwäsche auf Seite 184–185.

Die wendbare gesteppte Tagesdecke besteht aus zwei verschiedenen Stoffen, die Kissen und der Betthimmel sind im gleichen Farbton gehalten, haben aber unterschiedliche Muster. Selbst das Kopfende des Bettes ist mit einem passenden Stoff bezogen. Das Deckchen auf dem Beistelltisch ist wie ein Tischset mit stehender Rüsche gearbeitet.

Anleitungen für Steppdecke und Betthimmel auf Seite 36–39, für die Kissenbezüge auf Seite 155–157.

Himmelbett für ein königliches Schlafzimmer

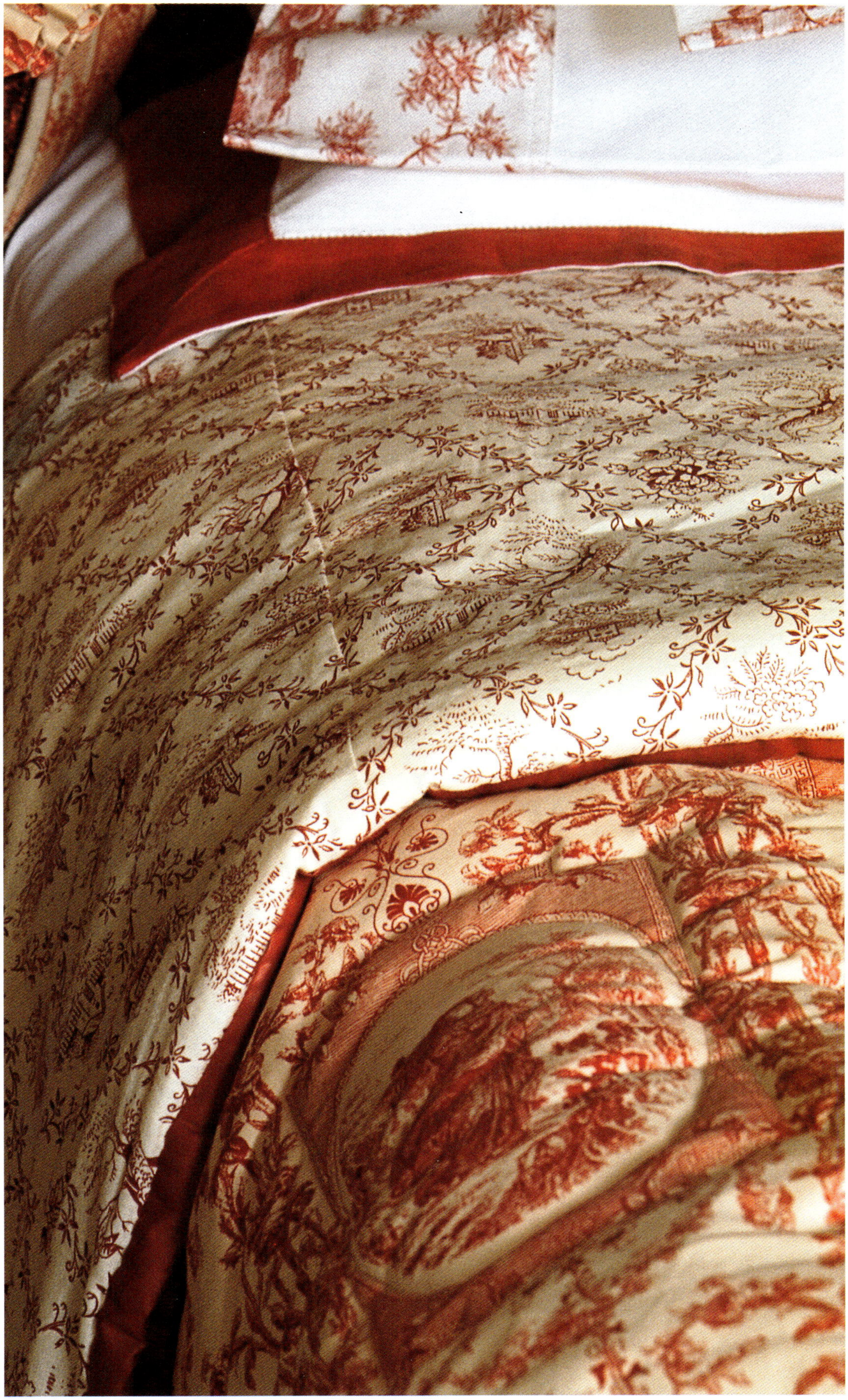

Kinder lieben Plätze zum Verstecken, und Erwachsene sind doch eigentlich nur groß gewordene Kinder. Warum also sollten Sie sich nicht ein ganz privates Versteck bauen, ein Zimmer im Zimmer, ein wahrhaft königliches Himmelbett mit einer prachtvoll verzierten Krone?

Die Unterseite der Tagesdecke besteht aus einem leichten, zart gemusterten Stoff. Wenn die Kante nach außen umgeschlagen wird, entsteht ein reizvoller Kontrast zur unruhigeren Oberseite. Durch die nachgesteppten Konturen wirken die Bildmotive auf dem Stoff noch plastischer.

Abb. 1

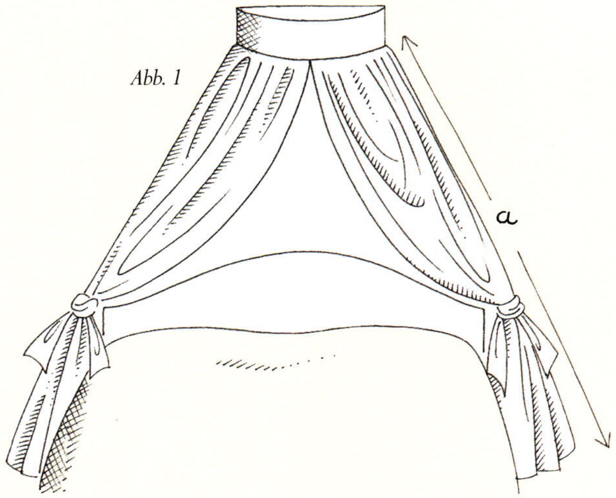

Material

Für Vorhang und Raffhalter

Stoff 1 für den Vorhang; Stoff 2 für die Rückseite; Fransenborte (Länge = 150 cm + 2a + zweifache Breite); Schneiderkreide oder Textilstift; 50 Vorhanghaken; 550 cm feine, bezogene Paspelkordel; zwei kleine Messingringe; zwei Schraubhaken

Für die Krone

Halbkreis aus 2,5 mm starker Spanplatte, 48 cm ∅; Stoff 2; Kaltleim; Handbohrer; 50 Ringschrauben; zwei Winkeleisen mit passenden Schrauben; feste Pappe, 150 cm x 10 cm; Samt, 65 cm x 150 cm; 160 cm Samtborte, 1 cm breit; Polsternägel

Maßnehmen & zuschneiden (Abb. 1 & 2)

Die Krone wird mittig über dem Bett an der Wand befestigt. Ehe Sie den Stoffbedarf berechnen, legen Sie die Höhe der Krone fest. Bei Stoffen mit Rapport müssen Sie den Verschnitt berücksichtigen (siehe Seite 148).

Hinterer Vorhang: je einmal aus Stoff 1 und einmal aus Stoff 2 zuschneiden. Breite = dreifache Stoffbreite, Länge = a + 4 cm.

Seitliche Vorhänge: je zweimal aus Stoff 1 und zweimal aus Stoff 2 zuschneiden. Breite = 1,5-fache Stoffbreite, Länge = a + 4 cm.

Raffhalter: je zweimal aus Stoff 1 und zweimal aus Stoff 2 zuschneiden. Breite = 15 cm, Länge = 150 cm.

Unterseite der Krone: Halbkreis mit 60 cm ∅ aus Stoff 2 zuschneiden.

Kante der Krone: aus Samt zuschneiden. Breite = 15 cm, Länge = 155 cm.

Abb. 2

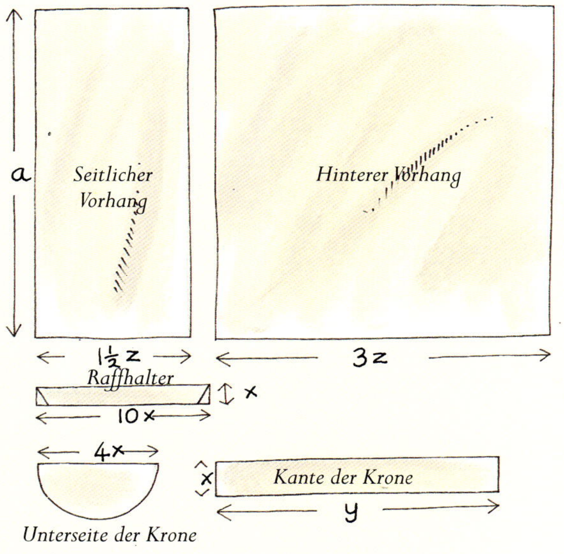

Die Krone anfertigen

1. Spanplatte gleichmäßig mit Leim bestreichen, den Stoff sauber aufkleben und die Kanten umschlagen. 1 cm von der Außenkante entfernt mit dem Handbohrer eine Reihe von Löchern im Abstand von 4 cm zueinander vorbohren. In der vorderen Mitte bleibt ein 10 cm langes Stück ohne Bohrung. In jedes Loch eine Ringschraube drehen, der Ring soll jeweils parallel zur Kante liegen. Die Winkeleisen je 30 cm von der Außenkante entfernt auf der Oberseite der Platte befestigen.

2. Die Pappe mit Samt beziehen. Dann die Samtborte an der Oberkante einer langen Seite ankleben, die Enden versäubern. Die Unterkante des Pappstreifens behutsam biegen und mit Polsternägeln an der Kante der Spanplatte befestigen (Abb. 3). Fransenborte auf die Pappe kleben, so daß die Polsternägel verdeckt werden.

Abb. 3

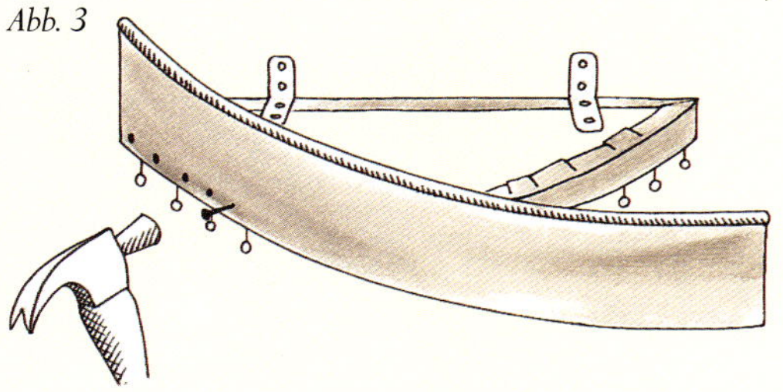

Die Vorhänge nähen

1. Die Webkanten des Stoffes abschneiden und die Stoffbahnen zusammensetzen (siehe Seite 143). Stoff 2 für die Innenseite rechts auf rechts auf Stoff 1 stecken und die Vorder- und Unterkanten verstürzen (siehe Seite 143). Von der rechten Seite her die Fransenborte auf die Kanten des Vorhanges steppen. Dann beide Stofflagen an der Oberkante 2 cm breit umbügeln und zusammensteppen.

2. Falten in die Oberkante des Vorhanges legen und mit Handstichen fixieren. Die Breite der Oberkante soll auf diese Weise auf 200 cm gebracht werden. Auf der Innenseite des Vorhangs zwei Linien im Abstand von 1 cm und 5 cm von der Oberkante einzeichnen. Stabiles Knopflochgarn doppelt in eine Nadel einfädeln und mit 2 cm langen Vorstichen auf den Linien entlangnähen. Diese Heftnähte enden je

Abb. 4

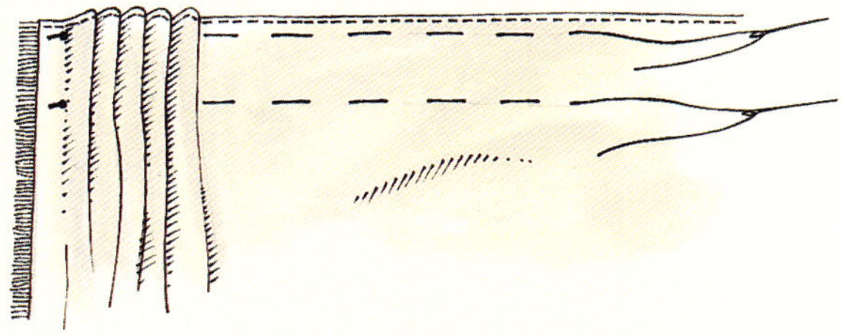

4 cm von den Vorderkanten entfernt. Die Fäden, mit denen der Stoff aufgekräuselt wird, vernähen (Abb. 4). Die Vorhanghaken mit jeweils 4 cm Abstand zwischen die Kräuselfalten nähen. Nur die oberste Rundung der Haken darf sichtbar sein.
3. Je zwei Streifen für die Raffhalter zusammenlegen. Die Paspel auf die rechte Seite von Stoff 2 steppen, schließlich die Stoffstreifen miteinander verstürzen. In der Mitte einer Längskante bleibt ein 5 cm langer Schlitz zum Wenden offen. Nahtzugabe an den Ecken abschrägen, dann Streifen wenden. Raffhalter bügeln und die Öffnungen mit Handstichen schließen. Auf dem Stoff 1 mittig je einen Messingring festnähen.
4. Je einen Haken des Vorhangs in eine Ringschraube an der Krone einhängen. Rechts und links vom Bett Haken für die Raffbänder in die Wand schrauben. Auf Höhe der Raffbänder die Seitennähte des Vorhangs etwa 8 cm weit auftrennen und Ober- und Unterstoff so mit Überwendlingsstichen verstürzen, daß Schlitze entstehen, durch die die Bänder gezogen werden können.

Gesteppte Tagesdecke

Material

Stoff 1 für die Oberseite; Stoff 2 für die Unterseite; einfarbiger Stoff; Polyestervlies zum Wattieren; Quilter-Fuß für die Nähmaschine; Wattierklammern

Maßnehmen & Zuschneiden (Abb. 1)

Oberseite: einmal aus Stoff 1 zuschneiden. Breite = a, Länge = 2b. Rundum 3 cm Saumzugabe dazugeben.
Unterseite: einmal aus Stoff 2 zuschneiden. Maße wie für die Oberseite.
Wattiervlies: einmal zuschneiden. Maße wie für die Oberseite.
Einfassung: einen 8 cm breiten Streifen aus einfarbigem Stoff zuschneiden und eventuell zusammensetzen. Länge: 2a + 2b + 10 cm.

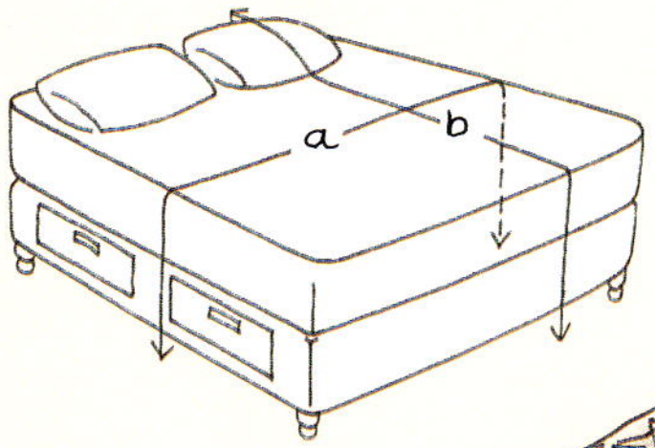

Abb. 1

Die Decke anfertigen

1. Das Wattiervlies flach auslegen und darauf Stoff 1 mit der rechten Seite nach oben plazieren. Die Stofflagen mit Heftstichen aufeinander befestigen. Von der Mitte der Fläche aus zu den Ecken heften, dann zur Mitte jeder Seitenkante, dann parallele Linien in Abständen von je 25 cm längs und quer über die ganze Fläche der Decke (Abb. 2). Den Stoff von den Seiten her aufrollen und mit Klammern festhalten. Ein 40 cm breiter Streifen bleibt jeweils zum Steppen flach ausgebreitet (Abb. 3).
2. Mit einem mittelgroßen Geradstich langsam und gleichmäßig auf den Konturen der Motive entlangsteppen. Ist ein Streifen fertig gesteppt, die Decke ein Stück abrollen und das nächste Stück bearbeiten. Von der Mitte aus abwechselnd nach rechts und nach links arbeiten.
3. Alle Fadenenden auf der linken Seite vernähen. Dann die Kanten sauber zuschneiden und den Stoff für die Unterseite links auf links auf die gesteppte Oberseite stecken. Alle Stofflagen 1 cm von der Kante entfernt zusammensteppen. Danach die Decke mit dem vorbereiteten Streifen einfassen (siehe Seite 140).

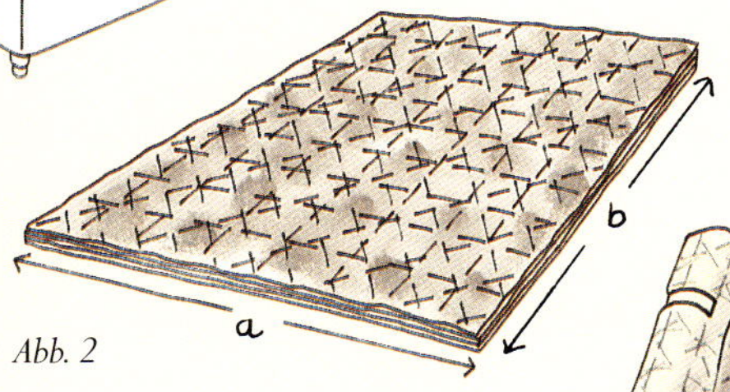

Abb. 2

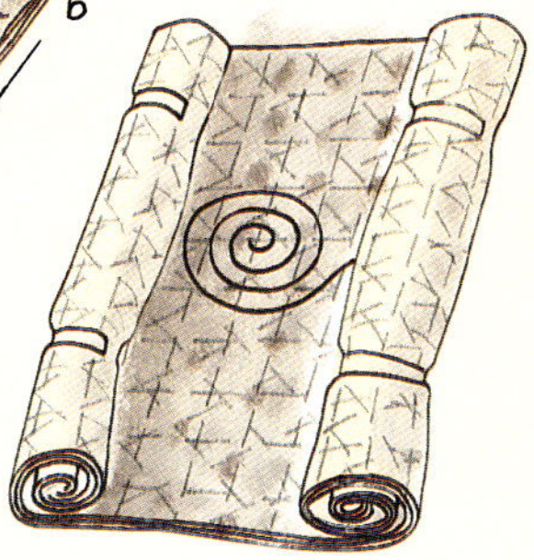

Abb. 3

Rechts

Französische Möbel, dekoratives Zubehör und feines Porzellan aus dem 17. und 18. Jahrhundert passen gut zu den prachtvollen Stoffen. Hier bestimmt der Vorhang aus einem schweren, bedruckten Baumwollstoff das Bild.

Anleitung für den Vorhang mit losem Futter auf Seite 149.

Kissen in verschiedenen Blumen- und Karomustern, üppig verziert mit Fransen, Troddeln und Schleifen, türmen sich auf einem zierlichen Stuhl.

Anleitung für die Kissen auf Seite 158–160.

Verschwenderische Stoffülle
für ein Schlafzimmer

Kein Zweifel: Üppige Stoffe, verschwenderisch um ein Fenster drapiert, geben einem Schlafzimmer einen ganz besonderen Charme. Da regt sich der heimliche Wunsch, einmal in einem rauschenden, bodenlangen Morgenmantel durch ein Boudoir vergangener Zeiten zu schreiten. Am Schlafzimmerfenster darf der Stoff in tiefe, dramatische Falten gelegt werden. Verarbeiten Sie einen schweren dunkelroten Vorhangstoff mit hellem Blattmuster und unterlegen Sie ihn mit cremefarbener Baumwolle.

Leben Sie Ihre Vorliebe für opulente Stoffe aus, den Möglichkeiten für Extravaganzen sind praktisch keine Grenzen gesetzt. Spielen Sie nach Herzenslust im ganzen Raum mit Farben und Mustern. Greifen Sie die Farben in einem angrenzenden Bad oder Ankleidezimmer wieder auf, um eine optische Verbindung und mehr Weite zu schaffen. Verwenden Sie zum Beispiel rotweißen Stoff für den Vorhang am Bett und am Badezimmerfenster. Oder nehmen Sie den Farbton der Tagesdecke in der Tapete wieder auf, mit der die Regale im Ankleidezimmer bezogen werden. Wählen Sie Bettwäsche und Handtücher in schlichtem Weiß, eventuell mit roten Borten, denn allzuviele Muster können das Auge auch ermüden. Eine schöne Alternative für Liebhaber von einfarbigen Stoffen sind Handtücher und Bettwäsche, die Ton in Ton bedruckt sind. Auf dem Boden in Schlafzimmer und Bad liegen weiße und rote Läufer. Porzellan aus dem vorigen Jahrhundert, vergoldete Spiegel- und Bilderrahmen, Messingleuchter und alte Porträts geben dem Raum den letzten Schliff.

Das Innere dieses Schrankes ist voller Überraschungen: die Regale sind mit Tapete bezogen und mit Bogenkanten verziert.

Sommer

Helligkeit

Im Sommer birst die Pflanzenwelt vor Leben und die Stimmung der Menschen setzt zu heiteren Höhenflügen an. Zu dieser Jahreszeit wachen Sie häufig schon vor dem Wecker auf, weil die Sonne durch die Ritzen der Vorhänge, Gardinen oder Jalousien zu Ihnen ins Zimmer scheint, um mit aller Macht anzukündigen, daß der neue Tag bereits ohne Sie begonnen hat. Selbst wenn es draußen kühl ist, muß man allein beim Wort »Sommer« an sanfte, grasbewachsene Hügel denken und an weiße, bauschige Schäfchenwolken, die auf einem strahlend blauen Himmel dahinziehen. Man spürt förmlich den milden Wind, der durch die Bäume streicht, man stellt sich raschelnde Blätter vor, leuchtend grün und kraftvoll, die sich unter der zarten Berührung des Windes bewegen.

Inspiration aus der Natur

Viele haben versucht, den Geruch frischer Wäsche, die zwischen Bäumen in einem sommerlichen Garten trocknet, in Flaschen zu füllen und zu verkaufen. In Wahrheit läßt sich dieser Duft natürlich nicht einfangen. Es gibt jedoch vielerlei Möglichkeiten, das Gefühl von Sommer ins Haus zu holen. Dekorieren Sie Ihre Räume mit Stoffen, die das Charakteristische eines schönen Sommertages beinhalten. Lassen Sie sich von weißem Sand, blauem Meer und strahlender Sonne beeinflussen. Auch die Farben saftiger Wiesen, reifer Früchte, blütenschwerer Blumen und gesunder Bäume gehören zum Sommer. Denken Sie an die heitere Wärme der sommerlichen Gemälde von Rousseau und Duffy, an Nachmittage, die zum Crocket- oder Federballspielen einladen. Und haben Sie keine Angst, das behäbige Gewand eines Winterzimmers zu vertauschen gegen die heiter flatternde Leichtigkeit eines Sommerkleides.

Schlicht und hell

Sommerliche Frische

An heißen Sommertagen sollte das Innere eines Hauses sauber, hell und frisch sein, damit es in der Mittagshitze als belebendes und zugleich beruhigendes Refugium dienen kann. Verzichten Sie auf undefinierbare Muster und Farbschattierungen, lassen Sie lieber reine, klare Farben und leuchtende, schlichte Blütenmuster das Bild bestimmen.

Wählen Sie Stoffe in Weiß und Natur, in kühlem Indigo, in frischem Blau-Weiß oder in saftigem Zitronengelb. Auch exotisch-bunte Blumendrucke holen den Sommer ins Haus. Karomuster sollten großflächig sein und, wie alle anderen Muster auch, an die fröhliche Üppigkeit eines Sommergartens erinnern.

Die Dekoration der Räume sollte insgesamt eher klar und geradlinig sein – zu viel Verspieltheit verwirrt das Auge leicht. Die Schnörkel und Schleifen der frühlingshaften Räume weichen einer ruhigen, urbanen Schlichtheit, die eher kühl als gemütlich wirkt. Aber auch weich verwaschene, sanfte Blütenmuster haben ihren Platz in einem sommerlichen Raum.

Luftig und fest

Gewebe schaffen Kontraste

Lassen Sie sich bei der Auswahl der Stoffe von den Erinnerungen an sommerliche Erlebnisse anregen. Stellen Sie sich vor, wie Sie die Hand ins Kielwasser eines Segelbootes tauchen, und suchen Sie einen Stoff, bei dem Sie dieses seidige, sanft fließende Gefühl wiederfinden – vielleicht eine feine Baumwolle. Lassen Sie leichten, hellen Stoff wie einen Wasserfall auf den Boden rieseln. Wählen Sie Gewebe, die das Sonnenlicht durchlassen, aber allzu grelle Helligkeit filtern. Grobes Naturleinen auf Sitzmöbeln, feineres Leinen für Vorhänge und Kissen erinnern an das Gefühl von weichem Sand unter nackten Füßen. Strahlend weiße Lochstickerei wirkt kühl und trotzdem ein bißchen verspielt – wie sich kräuselnde Schaumkronen auf dem Meer. Luftige Decken und bauschige Kissen bringen eine Atmosphäre ins Haus, die von hellen geblähten Segeln oder einer Wäscheleine im sanften Sommerwind erzählt.

Wenn Bauerngärten aus Stoff bestünden, dann wären sie aus glatten Baumwollstoffen in Rosa und Weiß gemacht. Hier wurde ein ausgedienter Vorhang als stilvolle Tischdecke zweckentfremdet.

Anleitungen für die Kissen auf Seite 158–160, für das Rüschenkissen auf einen Korbsessel auf Seite 166–167 und für das gebundene Stuhlkissen auf Seite 167.

Unter einem Blätterdach

Üppige Blüten **für einen trägen Nachmittag**

Wie zufriedenstellend ist es, wenn ein Rosenbusch oder ein Rhododendron all die Mühe, die man sich mit ihm gegeben hat, schließlich mit üppiger Blütenpracht belohnt! In solchen Momenten möchte man am liebsten für eine Zeitlang aus dem Haus ausziehen und sein Lager im Garten aufschlagen. Warum auch nicht? Genauso können Sie aber auch die Farbenpracht des Gartens ins Haus holen. Wände und Möbel in sattem Grün bilden einen großartigen Hintergrund für rosa Blüten auf feiner, weißer Baumwolle. Oder stellen Sie vor eine Wandverkleidung in sanften, verwaschenen Tönen ein buntes Blumenbord mit Terracotta-Töpfen voller Pelargonien und Stiefmütterchen. Wenn Sie einen Wintergarten planen, lassen Sie sich von den Farben des Gartens anregen und schaffen Sie so einen harmonischen Übergang zwischen drinnen und draußen. Wählen Sie Ihre Stoffe passend zu Ihren Bäumen und Blumen aus, oder stellen Sie sich einfach Ihren Traumgarten vor und gestalten Sie nach dem Bild Ihrer Fantasie. So schaffen Sie den idealen Rahmen für entspannte Sommernachmittage. Und wenn die Pracht des Sommers längst verblüht ist, haben Sie drinnen noch immer die Erinnerung an sonnige Nachmittage und milde Nächte.

Das romantische Rosenmuster auf rosa-weißer Baumwolle erfordert feminine Rüschen und Schleifen.

Verstreute Blumen
für Möbel im Freien

Mit leichten Stoffen läßt sich ganz einfach der Sommer ins Haus holen. Weiche Baumwolle in verblichenen Farben und fließender Voile strahlen Sonnenschein aus. Ziehen Sie den winterlichen Polstermöbeln neue Kleider an. Breiten Sie blumenbedruckte Leinen- und Baumwollstoffe über dunkle Tische und geben Sie dabei auch der Lampe einen neuen, sommerlichen Schirm.

Auch Kissen können die Atmosphäre eines Raumes aufhellen. Frische Polster aus Matratzenstreifen passen gut zu einfachen Stühlen aus Holz oder Metall, für Korbsessel eignen sich paßgenaue Kissen am besten. Mit weichen Polstern wird ein steifer, gerader Stuhl viel einladender, aber auch auf einem Holzfußboden, einem schlichten Sofa oder einer hölzernen Gartenbank können Kissen und Polster das Gefühl von Sommer verbreiten. Tauschen Sie schwere, dunkle Teppiche gegen hellere aus. Hängen Sie freundliche Bilder in hellen Holzrahmen auf, räumen Sie alle düsteren Accessoires weg. Nähen Sie aus Stoffresten Zugbeutel und Taschen, in denen dies und das verwahrt werden kann. In einem Moseskörbchen mit einer Einlage aus weichem Molton und sommerlich gemustertem Stoff hat es auch Ihr Baby kühl und bequem.

Ein schön gedeckter Tisch kommt am besten zur Geltung, wenn das Muster des Tischtuchs auf das Geschirr abgestimmt ist. Unifarbene Servietten und Platzdeckchen in passender Farbe unterstreichen noch die Wirkung. Verstauen Sie die Servietten nach Gebrauch nicht in Schubladen oder Kästen: Locker in Regalen oder auf einer Anrichte arrangiert bringen sie einen harmonischen Farbtupfer in den Raum.

Rosa Blüten auf écrufarbener Baumwolle, Rosen und Kirschen auf blaßrosa und grauem Hintergrund, ein ganzer Rosengarten vor himmelblauem Grund – in der Farbenpracht solcher Stoffe wird die typische Stimmung eines Sommernachmittags eingefangen. Seien Sie nicht zaghaft in der Kombination verschiedener Blumenmuster: je üppiger, desto besser. Große, prachtvolle Blüten sind ein Charakteristikum des Sommers. Mischen Sie unterschiedliche Stoffe, wie es Ihnen gefällt, und rahmen Sie die Muster mit verschiedenen Bogenkanten und Rüschen ein. Stellen Sie unbedingt auch die echten Blüten ins Haus, die Sie zu Ihrer Farbwahl angeregt haben. Eine kleine Vase mit Rosen und üppigem Grün reicht schon aus, um eine Brücke zu schlagen.

Rechts & gegenüber
Der gerüschte Lampenschirm und der Zugbeutel nehmen die Farbtöne des Sesselbezugs wieder auf. Auf der Rückseite der Sessellehne wird der Überwurf mit Stoffschleifen festgebunden.

Anleitungen für den Bezug für den Lehnstuhl auf Seite 178–180, für den Lampenschirm auf Seite 154.

Links
Ein Korb voller Kirschen lieferte die Idee bei der Stoffauswahl für die Kissen und die Decke mit den dekorativen Kanten.
Anleitung für die Kissen auf Seite 158–160.

Unten
Rosen auf himmelblauem Grund wurden für den Zugbeutel und das Baby-Körbchen verarbeitet. Ein gelb-weißer Karostoff als Kante gibt einen sonnigen Kontrast.

Schwelgen in Stoff

Pavillon und Hocker

Ein richtiger Gartenpavillon zum Ausruhen und Träumen ist ein Luxus, den nicht jeder Geldbeutel zuläßt. Wenn Sie Ihren Traumgarten planen, stellen Sie doch an einer besonders geschützten, lauschigen Stelle einen selbstgebauten Pavillon auf. Das ist wesentlich weniger kostspielig als eine massive Laube, aber ebenso wirkungsvoll. Sie brauchen dazu nur ein Dach aus Stoff, das nach mittelalterlichem Vorbild rundum mit Bogenkanten verziert ist, und Seitenwände, die nach Wunsch hochgerollt oder heruntergelassen werden können. Wählen Sie einen Stoff, in dem sich die Farbtöne eines nahe gelegenen Beetes oder einer Hecke wiederfinden. Die Sitze der Hocker wurden aus einem kontrastierenden, aber dennoch passenden Stoff geschneidert. Für den Aufbau des Untergestells müssen drei Personen mit anpacken – eine Aktion für die ganze Familie! Erst wenn das Holzgestell steht, sollten Sie die Bespannung nähen; so können Sie den Sitz am besten kontrollieren.

Material

Für den Rahmen

Zwei Rundhölzer, 3 cm ∅, 30 cm lang, für die senkrechten Streben; drei Rundhölzer, 3 cm ∅, 2,50 m lang, für die langen Dachstreben; zwei Rundhölzer, 3 cm ∅, 1,50 m lang, für die kurzen Dachstreben; vier Rundhölzer, 4,5 cm ∅, 2 m lang, für die senkrechten Stützen; eine Rolle stabiles Klebeband; vier Eckverbinder, dreiseitig; zwei T-Stücke; zwei Knie (90°); vier lange Nägel; stabile Leine, viermal 2,50 m lang; vier Heringe (Campingbedarf); Holzfeile; Bohrer

Für die Bespannung

Stoff 1 für Dach und Seitenwände; Stoff 2 für Bänder und Kanten; dünne Pappe; Schneiderkreide oder Textilstift

Für den Hocker

Kleiner Klapphocker; Stoff; Polsternägel und Hammer

Den Rahmen bauen

1. Die Enden der senkrechten Stützen so abschleifen, daß sie in die Eckverbinder passen. In die jeweils anderen Enden Löcher bohren und die Nägel mit dem Kopf zuerst hineinhämmern. Damit werden die Stützen im Boden verankert.
2. Die Enden der Dachstreben zweifach mit Klebeband umwickeln. Dann die T-Stücke auf die kürzeren Streben schieben, mittig ausrichten und festschrauben. Nun die umwickelten Enden beider kurzen und zwei langer Streben in die Eckverbinder schieben, so daß ein rechteckiger Rahmen entsteht.
3. Je ein Ende der senkrechten Streben in die freien Öffnungen der T-Stücke schieben. An den anderen Enden die Knie befestigen. Zum Schluß die letzte lange Strebe als First in die Knie stecken und alle Verbindungen festziehen.
4. Zur Markierung der Ecken Heringe in den Boden stecken: Dort werden die senkrechten Stützen aufgestellt. In die Enden aller vier Leinen Schlingen knoten, um Spannleinen zu erhalten. Je eine Schlinge über die angespitzten oberen Enden der Stützen legen. Das Dach hochheben und die Eckverbinder auf die senkrechten Stützen setzen. Gut festziehen (Abb. 1). Nun die Leinen spannen und mit Heringen im Boden verankern.

Das Dach anfertigen

Maßnehmen & zuschneiden (Abb. 1 & 2)

An allen Teilen außer den Bändern 2 cm Nahtzugabe zugeben.

Aus Stoff 1

Dachschräge: zweimal zuschneiden. Breite = b, Länge = a + 20 cm.

Giebel: zweimal zuschneiden. Breite = d, Länge = c + 20 cm.

Seitenwände: zweimal zuschneiden. Breite = d, Länge = e + 20 cm.

Aus Stoff 2

Bogenkante an der Dachschräge: zweimal zuschneiden. Breite = 22 cm, Länge = b.

Bogenkante am Giebel: zweimal zuschneiden. Breite = 22 cm, Länge = d.

Seitenkante der Seitenwände: viermal zuschneiden. Breite = 14 cm, Länge = e.

Unterkante der Seitenwände: zweimal zuschneiden. Breite = 14 cm, Länge = d.

Bänder: zehn Streifen zuschneiden, 6 cm x 30 cm.

Raffbänder: vier Streifen zuschneiden, 14 cm x 200 cm.

Abb. 1

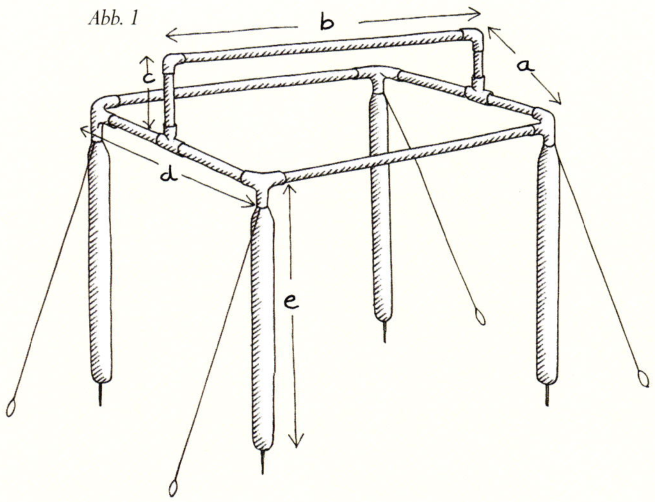

Abb. 2

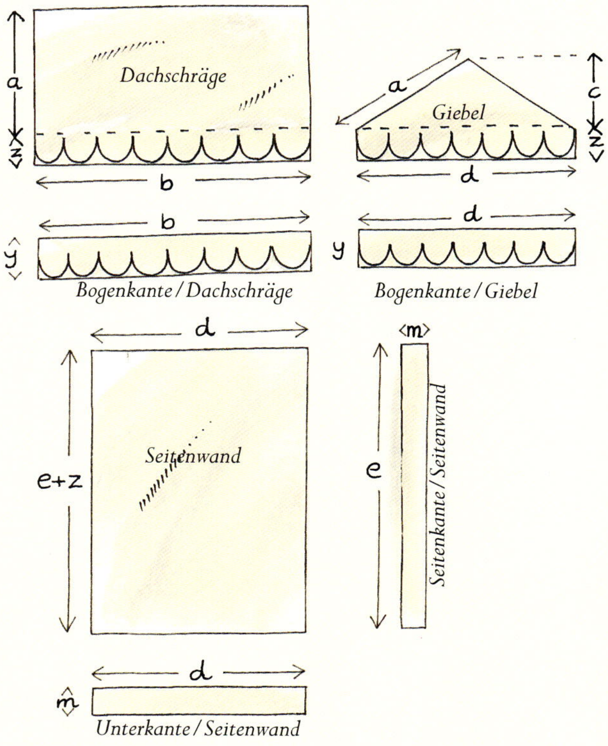

Abb. 3

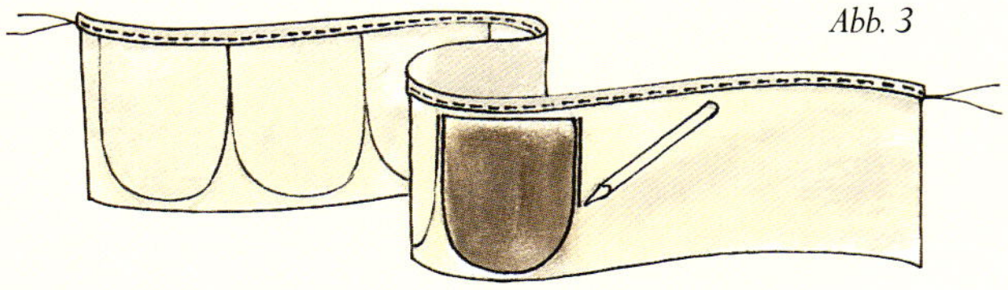

Vorbereiten und nähen

1. Zunächst eine Schablone für die Bogenkante anfertigen: dafür vom Maß d 4 cm abziehen und die verbleibende Breite durch sechs teilen. In dieser Breite und 18 cm Höhe ein Stück Pappe zuschneiden. Eine Schmalseite der Pappe abrunden. An einer Giebelkante oben einen doppelten, 1 cm breiten Saum steppen. Dann 2 cm von der seitlichen Kante entfernt beginnend sechsmal den Bogen mit Hilfe der Pappschablone auf den Stoff zeichnen (Abb. 3).

2. Die so vorbereitete Giebelkante rechts auf rechts an die Unterkante des Giebelteils aus Stoff 1 stecken, knapp neben den vorgezeichneten Bögen heften und steppen. Nun die Bögen ausschneiden. Die Nahtzugaben an den Rundungen v-förmig einschneiden. Die Giebelkante wenden und bügeln. Die gesäumte Oberkante an Stoff 1 festnähen. Den zweiten Giebel entsprechend nähen. Dann an den beiden Dachschrägen Bogenkanten von je neun Bögen entsprechend arbeiten.

3. Die beiden Dachschrägen an der Oberkante rechts auf rechts zusammenstecken und mit einer Nahtzugabe von 2 cm steppen. Dann die Giebelteile ebenso einsetzen. Die vorbereiteten Bänder (siehe Seite 144) doppelt legen und an den in Abb. 4 bezeichneten Stellen befestigen.

4. Den Stoff für die Seiten- und Unterkanten der Seitenwände jeweils längs zur Hälfte falten und bügeln. Die kürzeren Streifen rechts auf rechts an die Unterkanten der Wände heften, auf die Rückseite umschlagen und feststeppen. Die Streifen für die seitlichen Kanten werden oben und unten je 1 cm breit eingeschlagen und ebenfalls angesteppt.

5. Die Raffbänder zum Festhalten der aufgerollten Seitenwände nähen (siehe Seite 144). Die Bänder doppelt legen und je 40 cm von den Außenkanten entfernt auf die Seitenwände heften (Abb. 5). Nun die Oberkanten der Wände an die entsprechenden Teile des Daches stecken und feststeppen. Dabei werden die Raffbänder mitgefaßt. Zum Schluß das fertige Stoffdach am Holzgestell festbinden.

Abb. 4

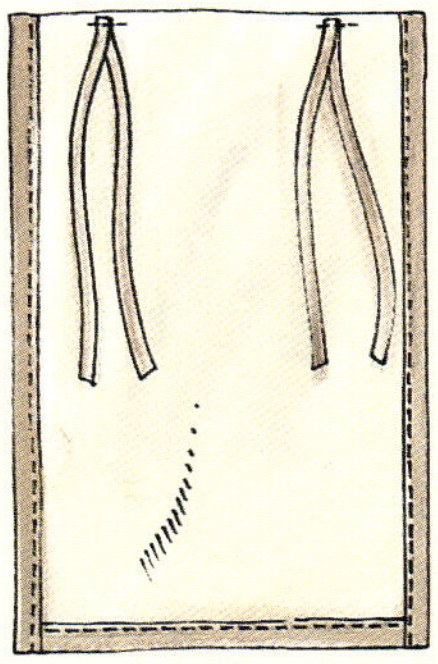

Abb. 5

Den Hocker beziehen

Maßnehmen & zuschneiden

Sitzbezug: den vorhandenen Bezug abnehmen und als Schnittmuster verwenden. Ein Rechteck in doppelter Breite und einfacher Länge zuschneiden, an jeder Seite 3 cm Nahtzugabe einrechnen.

Rüschen: zwei Streifen von 10 cm Breite in doppelter Sitzlänge zuschneiden.

Fertigstellen

1. Den Stoff für den Sitzbezug rechts auf rechts zur Hälfte falten. Die lange Kante feststecken und mit 1,5 cm Nahtzugabe zusammensteppen. Den Bezug wenden und die Naht bügeln. Die Naht soll in der Mitte der Unterseite liegen.

2. Die Streifen für die Rüschen an beiden Quer- und einer Längskante säumen. Nun die offene Längskante auf die Breite des Bezuges aufkräuseln (siehe Seite 142). Die Linien markieren, an denen der Bezug nach hinten um das Gestell des Hockers gefaltet wird. Die Rüschen rechts auf rechts an diese Linien stecken und steppen (Abb. 6). Die Bezüge mit einem Tacker von unten am Gestell des Hockers befestigen.

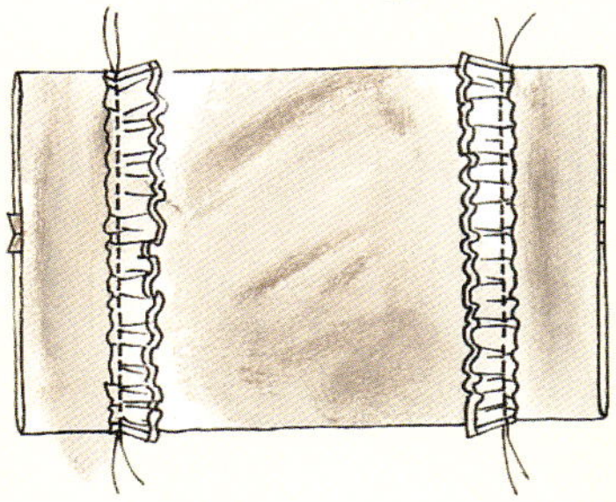

Abb. 6

Ein schlichter Sonnenschutz bildet ein schönes Gegengewicht zur Üppigkeit der Tischdekoration. Für die Schleifen benötigen Sie einen festen Stoff, der nicht in sich zusammenfällt.

Anleitungen für die maßgeschneiderte Tischdecke auf Seite 184–185, für die Schleifen auf Seite 144.

Tischmanieren
Möbel fein herausgeputzt

Im viktorianischen Zeitalter war es fast eine Besessenheit, Tische und Stühle mit bodenlangen Überwürfen zu bedecken, denn in der feineren Gesellschaft galt es als unschicklich, wenn Möbel Bein zeigten. So wie die Beine der Damen unter langen, schwingenden Röcken verborgen waren, so hatten sich auch die Möbel bedeckt zu halten. Eine Begleiterscheinung dieser Mode war, daß sich ursprünglich schlichte, unscheinbare Tische und Stühle mit etwas Stoff in farbenfrohe Kreationen verwandelten.

Mit einer Tischdekoration aus geblümten Baumwollstoffen können Sie den Charme dieser Zeit wiederbeleben. Wählen Sie Farben, die an Erdbeeren mit Schlagsahne erinnern, an reife Pflaumen und frische Kirschen. Verarbeiten Sie Stoffe wie fließende Baumwolle oder glänzenden Chintz, die in schweren Falten bis auf den Boden fallen. Raffen Sie das Tischtuch an den Ecken mit üppigen Schleifen, so daß ein feiner »Unterrock« aus weißer Lochstickerei hervorblitzen kann. So erhalten Sie eine prächtige Dekoration für eine Sommerhochzeit oder ein rauschendes Gartenfest. Perfekt wird die Wirkung, wenn Sie eine Auswahl an altem Porzellan und Glas auf Flohmärkten und bei Trödlern zusammensammeln. Als Sonnenschutz dient ein Pavillon oder eine Markise in Weiß oder Himmelblau. Schlichte, zeitgemäße Formen bilden ein gutes Gegengewicht zur Tischdekoration.

Die Idee läßt sich auch im Schlafzimmer einsetzen. Geben Sie dem Bett eine prächtig geblümte Tagesdecke mit Rüschen und Schleifen und spannen Sie darüber einen schlichten, weißen Leinenhimmel. Dafür müssen Sie kein Himmelbett mit vier hohen Pfosten besitzen – es genügt auch schon, über dem Kopfende eine Krone anzubringen. Kombinieren Sie Muster und Stoffe, so viel Sie wollen. Auch der Frisiertisch kann einen Rock aus einfacher Baumwolle mit einer gerüschten Überdecke aus Blumenstoff bekommen. Eine Paspel im Farbton der Unterdecke schafft die Verbindung. Greifen Sie Farbtöne und Muster auf Lampenschirmen und Bilderrahmen wieder auf. Wenn Sie auch den Hocker am Frisiertisch verkleiden wollen, kombinieren Sie die Muster doch in umgekehrter Reihenfolge als beim Tisch.

Einfache karierte Baumwolle steht in Kontrast zu den weichen Blumenmustern im Schlafzimmer. Die sommerlichen Rosatöne kommen vor einem gelben Hintergrund besonders gut zur Geltung. Frische Blumen und kleine Accessoires in passenden Farben vervollständigen das Bild.

Anleitung auf Seite 184–185.

Verblichener Charme
Ein Tisch unter Bäumen

Im Sommer brauchen die Gartenmöbel genauso viel Beachtung und Liebe wie die Möbel im Wohnzimmer. Da wir mehr Zeit draußen an der frischen Luft verbringen, lohnt es sich, eine wohnliche Ecke im Garten einzurichten. Behalten Sie bei der Auswahl der Stoffe immer den Stil Ihrer Gartenmöbel im Auge. Zu den fantasievollen Schnörkeln alter Schmiedeeisen-Möbel passen romantische Chintzstoffe besonders gut. Häufen Sie Kissen und Decken in verblichenen Rosétönen auf die Sitze und bedecken Sie den Tisch mit mehreren Lagen aus schlichtem, ländlichem Tuch. Die schönsten Stoffe finden Sie auf Flohmärkten und bei Trödlern. Suchen Sie auch nach alten Sommerkleidern und Vorhängen! Ehe Sie Ihre Fundstücke zu Kissen und Decken verarbeiten, sollten Sie sie allerdings reinigen lassen. Beim Auftrennen werden Sie feststellen, daß im Bereich von Saum- und Nahtzugaben manchmal Farbveränderungen auftreten. Schneiden Sie diese Bereiche ab – oder verwenden Sie sie als zusätzlichen Blickfang. Moderne, unbehandelte oder auch gestrichene Tische und Bänke aus Holz lassen sich mit einfachem Leinen ebenfalls ins sommerliche Zimmer integrieren: Verwenden Sie dafür einfarbige Stoffe oder schlichte grafische Muster. Und bei schlechtem Wetter nehmen Sie die Kissen und Decken einfach mit ins Haus und fangen so den Sommer ein.

Gegenüber
Schmiedeeiserne Möbel, ein Strohhut und eine Vase voll glänzender Rosen regen zu immer neuen Gestaltungsideen für die wohnliche Ecke im Garten an.

Ein schöner Korb kann mit einem Stoffrest ausgelegt werden.

Flache Kissen werden mit Bändern an den Stühlen befestigt. So können sie schnell ins Haus geräumt werden, wenn das Wetter umschlägt.

Anleitung für das gebundene Stuhlkissen auf Seite 167.

Ein alter Paravent bekommt ein neues Kleid aus gemustertem Stoff.

Anleitung auf Seite 143.

Indigo-Blau

Klare Ideen **in kühlen Farben**

Und wenn es am Strand noch so heiß ist: Solange Sie das kühle Blau des Meeres vor Augen haben, hier und da eine weiße Schaumkrone, liegt immer ein Hauch von Frische in der Luft. Wollen Sie diese Atmosphäre einfangen und der Hitze des Tages entfliehen, wählen Sie eine Mischung aus Blau- und Indigotönen, dazu reines Weiß und sanftes Naturweiß in Materialien wie Leinen, Baumwolle, Voile und Köper. Klare Blautöne strahlen eine unvergleichliche Kühle aus. Haben Sie keine Bedenken, unterschiedliche Schattierungen desselben Farbspektrums zu kombinieren. Hier und da ein kleiner Farbtupfer in warmem Gelb, auf einem Bilderrahmen, einem Lampenschirm oder in einer Blumenvase, bringt einen sonnigen Blickfang in den Raum.

Auch ein Schlafzimmer können Sie in ein kühles Refugium verwandeln: durch transparent-blaue Vorhänge, durch unterschiedliche Nuancen von Indigo und Blau in Baumwolle und Köper für Kissen und durch einen weich gefältelten Volant am Bett. Einige Tupfer in reinem Weiß auf der Tagesdecke oder einzelnen Kissen machen die Atmosphäre perfekt. Ein sandfarbener Fußboden und helle Holzmöbel bringen Wärme ins Zimmer. Achten Sie darauf, daß die Fenster nicht mit schweren Stoffen verhängt werden. Blau ist eine Farbe, die das Licht absorbiert – lassen Sie darum viel Sonnenlicht in den Raum fluten.

Eine Reihe von Stühlen gibt eine Abendvorstellung in Kostümen aus blau-weiß bedruckten Stoffen.

Anleitung für gebundene Stuhlkissen auf Seite 167.

Friedliche Sommerstimmung herrscht in diesem Schlafzimmer in verwaschenen Blautönen. Bettvorhänge aus unterschiedlichen transparent-blauen Stoffen passen gut zur weiß-blauen Bettwäsche und der indigo-blauen Decke. Die Vorhänge sind mit geknöpften Schlaufen am Bettrahmen befestigt.

Anleitungen für die ungefütterten Vorhänge auf Seite 149, für die geknöpften Schlingen auf Seite 150 und für die Kissenbezüge auf Seite 155–157.

Vorhänge und Sitzgelegenheit am Fenster tragen Partnerlook. Die Kissen mit Paspel führen die kühlen Farben des Raumes zwar fort, verhindern aber Einförmigkeit. Weiße Leinenrollos mildern das einfallende Sonnenlicht.

Anleitungen für das maßgeschneiderte Sitzpolster auf Seite 165, für das Paspelkissen auf Seite 160, für das gefütterte Faltrollo auf Seite 147 und für dieVorhänge mit losem Futter auf Seite 149.

Lichtreflexe
auf kühlem Grund

Wenn die Augen die Spiegel der menschlichen Seele sind, dann wären die Fenster die Spiegel der Seele eines Hauses. Besonders im Sommer haben die Fenster eine große Bedeutung. Wenn wir am Morgen aufwachen, lassen sie das Licht des Tages zu uns ins Haus. Mit verschlafenen Augen sehen wir als erstes aus dem Fenster, noch bevor wir uns auf etwas anderes konzentrieren können, und nehmen die Farbe des Himmels, die Bewegungen der Blätter wahr.

Oben
Das Faltrollo aus feinem Voile wurde abgefüttert, damit es genug Festigkeit erhält.

Oben rechts
Am Abend werden die Kissen der Gartenmöbel in einem Korb ins Haus gebracht.

Richten Sie einen Platz ein für diesen ersten Blick in den Morgenhimmel, vielleicht einen Sitzplatz am Fenster mit einem Berg behaglicher Kissen. Ein gemütliches Wochenendfrühstück mit warmen Croissants und frischem Obst schmeckt unvergleichlich gut, wenn die Sonne durch frische Blätter zu Ihnen ins Zimmer scheint. Auch am Abend ist ein Tisch am geöffneten Fenster, durch das die Abendluft hereinströmt, ein wunderbarer Platz für ein Essen mit Gästen.

Einfache Faltrollos aus hellem Leinen oder ungefüttertem Voile schützen an heißen Tagen vor zu viel Sonne, sperren das Licht aber nicht aus. Rahmen Sie die Fenster mit Stoffen in Marineblau und Weiß ein, um die hereinfallenden Strahlen noch besser zur Geltung zu bringen. Wenn Sie für die Vorhänge den gleichen Stoff verwenden wie für Ihren Sitzplatz am Fenster, dann sollten Sie einige Kissen in anderen Mustern und anderen Blautönen als Akzente hinzufügen. Schlichte, leichte Stoffe und klare Muster passen gut an ein Fenster und lenken den Blick nicht von einer besonders schönen Aussicht oder einem dekorativen Fensterrahmen ab. Weiße oder cremefarbene Rollos sind ideal für Sommertage: Sie lassen den Blick frei auf die Konturen der Bäume und Blumen draußen und schützen den Raum dennoch vor sengender Hitze, ohne ihn in trübes Halbdunkel zu tauchen. Wenn Sie nur in einem abgedunkelten Zimmer schlafen können, sollten Sie zusätzlich unauffällige Verdunklungsrollos anbringen.

Der Gartenstuhl hat in den Seitenteilen seines gestreiften Kleides geräumige Taschen – für ein Buch und die Lesebrille oder für die Rosenschere und Gartenhandschuhe. Der blau-weiße Stoff wirkt kühl und erfrischend, das Gelb der Sonnenblumen bricht das Eis.

Anleitung für den strengen Stuhlbezug auf Seite 172–173.

Zitronengelb

Sonniges Leuchten **in einem Stadthaus**

Zitronengelb ist eine Farbe, die durch und durch modern, frisch und lebhaft wirkt und eine freundliche Sommerstimmung ins Haus zaubert. Am besten eignet sich Gelb für den Wohnbereich, für Schlafräume sollten Sie dagegen beruhigendere Töne verwenden.

Gehen Sie von einem einfachen Sessel mit einem gelben Bezug aus und verteilen Sie die Farbe von hier aus über das ganze Zimmer. Verwenden Sie unterschiedliche Töne, vom warmen Gelb reifer Zitronen an den Wänden über ein frisches, grünliches Gelb auf den gestrichenen Möbeln bis hin zum blassen Gelb eines Zitronensorbets für die Vorhänge. Wie immer sind es die Accessoires, die die Brücken zwischen den einzelnen Farbtönen schlagen. Im Eßzimmer oder in der Küche paßt cremefarbenes Geschirr, offen in Regalen aufgestellt, perfekt in die Farbharmonie. Das Tüpfelchen auf dem i ist ein Stapel von Servietten in unterschiedlichen Gelbtönen sowie eine Schale mit frischen Äpfeln, Birnen und natürlich Zitronen.

Wenn eine Farbe so beherrschend im Raum ist, bringen Sie Abwechslung durch verschiedene Stoffstrukturen ins Spiel. Kombinieren Sie feinsten Musselin mit grobem Naturleinen, weiche Baumwolle mit glänzendem Chintz. Ein Vorhang aus glatter Baumwolle, der am Tag zur Seite gezogen wird, ist ein idealer Hintergrund für verschiedene Grüntöne, aber eine hauchfeine Gardine aus Voile mit einem grafischen Muster aus dichter gewebten Karos bricht spielerisch die Sonnenstrahlen und wirkt viel luftiger. Die zitronen- und naturgelben Karos sind unterschiedlich auffällig je nach Einfall des Sonnenlichts. Reizvoll ist dieser Gardinenstoff gerade vor einem Sprossenfenster, weil er das Muster der Sprossen in verkleinerter Form wiederholt. Grundsätzlich sollten Sie sich die Formen und Strukturen, die Ihr Raum von sich aus bietet, genau ansehen, ehe Sie mit dem Dekorieren beginnen. Die Rundung einer Stuckleiste oder ein Astloch im Dielenfußboden kann schon Ausgangspunkt für eine Gestaltungsidee sein. Helle Holzfußböden mildern die Intensität des Gelbtons, dasselbe gilt für Stuhlkissen oder Tischdecken aus schlichtem Naturleinen. Denken Sie daran: An einer allzu dominanten Farbe sieht man sich leicht satt.

Links, von oben nach unten

In dieses Zimmer paßt ein Raffhalter aus geschwungenem Schmiedeeisen perfekt. Polster und Tischdecken aus grobem Naturleinen nehmen dem intensiven Gelb etwas von seiner Dominanz. Baumwollstoffe und Keramik in weicheren Gelbtönen bilden ein Gegengewicht zum grelleren Zitronengelb der Sessel.

Anleitungen für den Bezug für einen Korbsessel auf Seite 173–174, für die rechteckige Tischdecke auf Seite 184.

Wände, Möbel und Vorhänge in Zitronengelb bringen auf sehr zeitgemäße Weise den Sommer ins Haus. Der Vorhang hat ein gekräuseltes Köpfchen, die feinere Gardine ist an der glatten Oberkante mit Schlaufen befestigt.

Anleitungen für den Vorhang mit Rüsche auf Seite 151, für den Vorhang mit Bändern an einer geraden Kante auf Seite 150.

Zackenkleid für eine Tischdecke

Ein Tischtuch, das an das Kostüm der Hofnarren vergangener Zeiten erinnert, macht aus einem langweiligen Tisch im Handumdrehen einen vergnüglichen Blickfang. Die untere Decke besteht aus schlichtem Leinen, darüber liegt, aus feinerem Stoff und in einem anderen Farbton, eine Überdecke mit frecher Zackenkante. Die obere Decke wird abgefüttert, denn so bekommt sie mehr Stabilität und die Zacken verziehen sich nicht. Naturleinen und Limonengrün bilden einen faszinierenden Kontrast, kleine Perlen, Quasten oder sogar Glöckchen an den Spitzen der Zacken sind ein augenzwinkernder Akzent. Eine solche Decke läßt sich ebensogut in verschiedenen Komplementärfarben oder aus breiten blauweißen Streifen arbeiten. Statt der Zacken können Sie auch eine Bogenkante ansetzen.

Material

Stoff 1 für die Tischdecke; Stoff 2 für die Überdecke; Futterstoff (Baumwolle); 20 Glasperlen, 1 cm ∅; dünne Pappe; Bleistift

Maßnehmen & zuschneiden (Abb. 1)

Tischdecke

Oberteil: einen Kreis aus Stoff 1 zuschneiden. Durchmesser entsprechend dem Durchmesser des Tisches (a) zuzüglich 5 cm Nahtzugabe (siehe Seite 184).
Seitenteil: aus Stoff 1 zuschneiden. Länge = c + 24 cm, Breite = b + 3 cm.

Überdecke

Oberteil: einen Kreis aus Stoff 2 zuschneiden. Durchmesser = a + 7 cm.
Kante: je einmal aus Stoff 2 und Futterstoff zuschneiden. Länge = c + 3 cm, Breite = 25 cm.

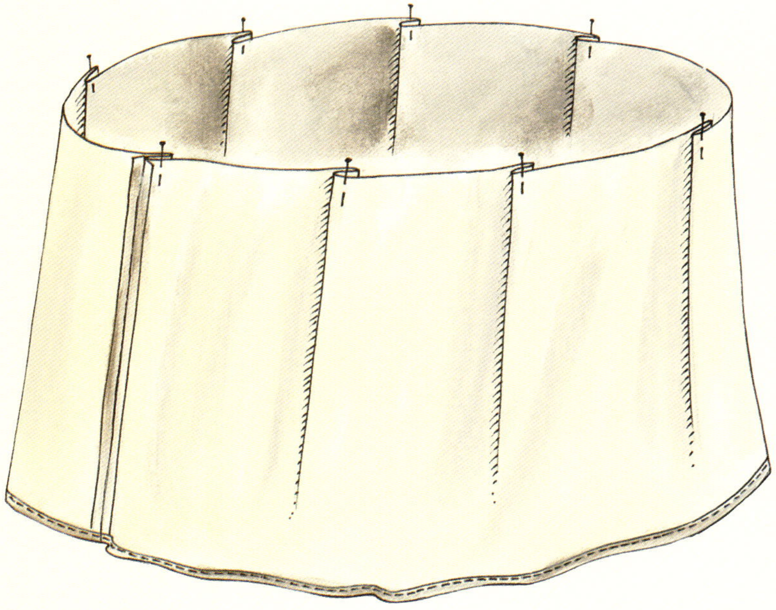

Abb. 1

Die Tischdecke nähen

1. Die Schmalseiten des Seitenteils rechts auf rechts mit 1,5 cm Nahtzugabe zusammennähen, so daß ein Ring entsteht. Dann eine Kante 2 cm breit umsäumen. Die Weite des Rings von der Naht ausgehend in acht gleiche Abschnitte einteilen und die Teilungspunkte mit Stecknadeln markieren. An den Markierungspunkten je eine 1,5 cm tiefe Falte legen und feststecken (Abb. 1).
2. Das runde Oberteil zur Hälfte falten, dann zu Vierteln und zu Achteln. Die Bruchlinien an der Außenkante mit Stecknadeln markieren. Das Seitenteil rechts auf rechts an das Oberteil stecken, die Falten treffen auf die Markierungsnadeln des Oberteils. Falls nötig, die Tiefe der Falten ändern und die Teile mit einer Nahtzugabe von 1 cm zusammensteppen.

Hinweis: Wenn Sie bei einem feineren Stoff mehr Weite erhalten wollen, wird das Seitenteil in doppelter Weite zugeschnitten und aufgekräuselt.

Abb. 2

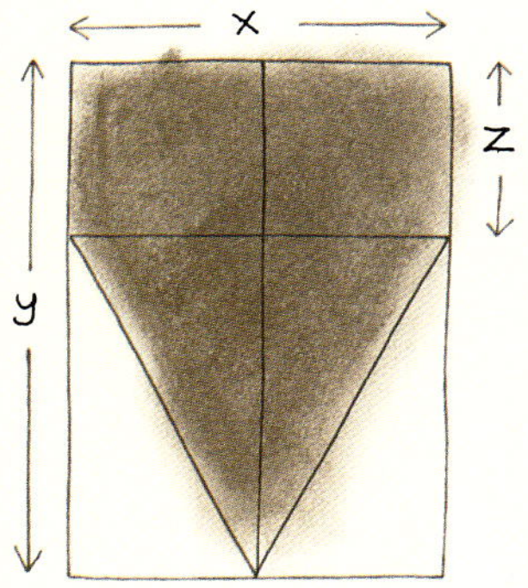

Die Überdecke nähen

1. Um die Größe der einzelnen Spitzen festzulegen, 3 cm von der Gesamtlänge des Randstreifens abziehen. Die verbleibende Länge ausmessen und durch 20 teilen. Für die Schablone ein rechteckiges Stück Pappe in der errechneten Breite x und 23 cm Länge zuschneiden. 10 cm von der Oberkante der Pappe entfernt eine waagerechte Linie ziehen, eine zweite Linie halbiert die Pappe senkrecht. Nun von der waagerechten Linie ausgehend ein Dreieck zeichnen (Abb. 2) und Schablone ausschneiden.
2. Auf die Rückseite des Stoffes, 1,5 cm von der Schmalseite entfernt beginnend, an Hand der Schablone 20 Dreiecke aufzeichnen. Am Ende des Streifens bleiben wieder 1,5 cm frei (Abb. 3).
3. Den Streifen an den Schmalseiten rechts auf rechts mit 1,5 cm Nahtzugabe zu einem Ring zusammennähen. Die Naht flachbügeln.

Abb. 3

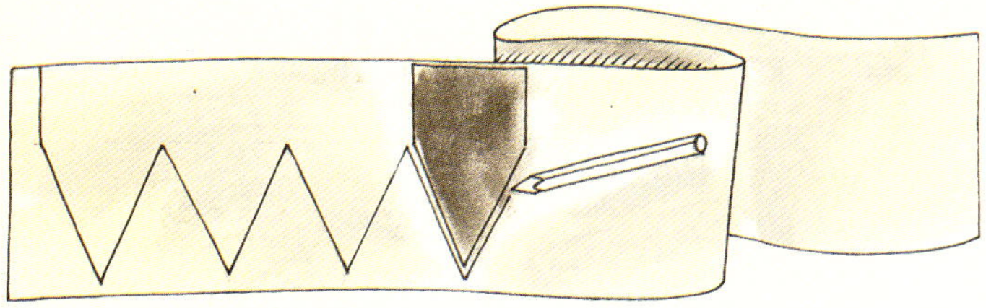

4. Den Streifen aus Futterstoff rechts auf rechts auf den Ring stecken und dicht neben der Zackenlinie entlangheften und -steppen (Abb. 4). Den überschüssigen Stoff wegschneiden (siehe Seite 139) und die Ecken abschrägen. Jetzt die Zackenkante wenden und die Oberkanten zusammensteppen.

5. Die Kante mit einer Nahtzugabe von 1 cm rechts auf rechts auf das runde Mittelteil steppen. Den Stoff bügeln und an jede Spitze eine Perle nähen.

Abb. 4

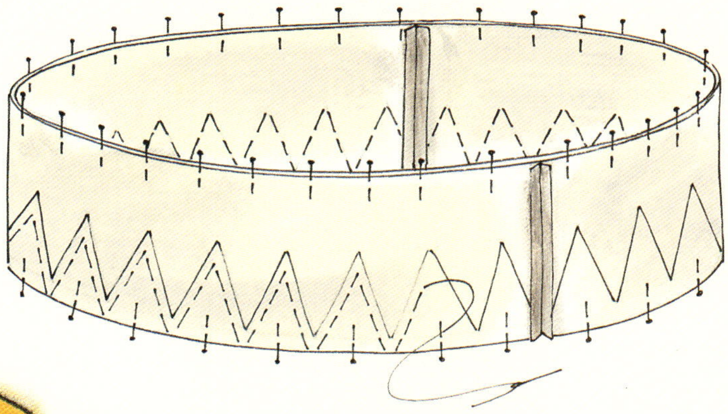

Friedliches Weiß

Entspannende Ruhe
in einem schlichten Gästezimmer

Weiß ist eine Farbe, die Ruhe und Frieden ausstrahlt, darum bietet sie sich besonders für ein Schlafzimmer an. In weißer Baumwolle und hellem Leinen schlafen Sie gut und wachen am nächsten Morgen frisch und entspannt auf.

Beginnen wir mit weißen Wänden. Je nachdem, in welchem Teil der Welt Sie leben, kann eine leichte Abtönung Wunder wirken: In warmen Gegenden sorgt ein Hauch Blau oder Gelb für Frische, Creme- oder Porzellantöne eignen sich besser für kühleres Klima. Die Geschichte der Innenarchitektur weiß zu berichten, daß die Franzosen ihre Wände gern mit Stoff bespannten, während sich die Briten lieber mit Tapete, Kleister und Farbe abplagten. Damit Wände wirklich weiß werden, sind dafür mehrere Anstriche nötig. Halten Sie es darum lieber mit den Franzosen und bespannen die Wände mit feiner, weißer Baumwolle. Sie können dazu ein Leistengerüst auf die Wand dübeln und den Stoff darauf festtackern. Einfacher ist es, feine Drähte von Wand zu Wand zu spannen und die gesäumten Stoffbahnen darauf aufzufädeln. Auch sichtbare Leistenrahmen, die den Stoff auf der Wand halten, können sehr attraktiv aussehen. Stoffbespannte Wandschirme lassen außerdem die Ecken eines Raumes weicher wirken. Quadratische Kissen und Polster setzen den französischen Stil fort. Aus einer alten Tischdecke mit weißer Lochstickerei wird eine edle Tagesdecke. Ein Stich Farbe in der Beize des Fußbodens gibt dem Raum Wärme, die gleiche Wirkung erzielen Sie mit einem gestrichenen Möbelstück oder einigen Bildern.

Romantik im Kerzenschein – ein Himmelbett aus Messing wurde neu eingekleidet in frischer Baumwolle, feiner Spitze und durchscheinenden Organza.

Anleitung für die Kissenhülle mit Stehsaum auf Seite 156.

Unten

Auch im angrenzenden Badezimmer läßt sich das Gestaltungsprinzip »weiß« leicht durchhalten. Wenn Sie die feine Weißstickerei der Kissen und Bettwäsche nicht selbst ausführen wollen, stöbern Sie doch einfach in Omas Wäscheschrank.

Weiß – Ton in Ton
Schlichtheit und Luxus

Ein weißes Sofa hat denselben luxuriösen Charme wie ein dickes, weißes Handtuch in einem Hotel. Es ist die Art von Luxus, die man im Urlaub genießt, sich zu Hause aber viel zu selten leistet. Die meisten Menschen meiden Weiß als Wohnfarbe. Zum ersten fürchten sie, daß weiße Möbel schwer sauber zu halten sind und darum schnell unansehnlich werden. Dabei sieht man Staub auf weißen Möbeln deutlich weniger als auf dunklen und die losen Bezüge aus vorgewaschener (und darum einlaufsicherer) Baumwolle lassen sich leicht waschen und trocknen. Zum zweiten halten viele Menschen an dem Vorurteil fest, daß Weiß, besonders in kleinen Räumen, zu kühn und dominant wirkt.

In Wirklichkeit kann zum Beispiel ein weißes Sofa Licht und Leichtigkeit in einen Raum bringen, ihn frischer und größer wirken lassen. Bringen Sie mit weiteren Details eine Urlaubsstimmung ins Zimmer: Kissenbezüge aus Naturfasern in Dunkelblau und Weiß, gemusterte Tapeten und anderes Zubehör erinnern an Wellen und Schaumkronen; Vorhänge und Teppiche aus grob strukturierten naturfarbenen Materialien lassen an einen Sandstrand denken. Ein frischbezogenes Bett mit weißen Leinenbezügen ist einer der einladendsten Anblicke, die man sich für ein Schlafzimmer vorstellen kann. Hier wurde eine Sammlung von Resten alter Spitze und Weißstickerei zu einer dekorativen Tagesdecke zusammengesetzt. Nähen Sie die einzelnen Teile auf eine Unterlage aus weißer Baumwolle, damit die zarten Kanten der Spitze beim Waschen und Bügeln nicht beschädigt werden.

Links, von oben nach unten
Kissen, Decken und Tücher in allen Schattierungen von Blau und Weiß verleihen der antiken Liege neues Leben. Fundstücke aus einer halb-vergessenen Schublade tummeln sich auf dieser dekorativen Tagesdecke: besticktes Leinen und Spitzenreste, Servietten und Tischläufer.

Ein bequemes Sofa muß nicht wuchtig aussehen. Nähen Sie abnehmbare Bezüge aus strukturiertem weißen Stoff, die in der Wäsche garantiert nicht einlaufen.

Anleitung für den losen Sofaüberzug auf Seite 180.

Vergnügte Karomuster **für ein ländliches Schlafzimmer**

Das Grundrezept für ein gemütliches Schlafzimmer – egal, ob in der ländlichen Provence oder im Herzen von Manhattan – umfaßt nur drei Zutaten: ein unbehandelter Fußboden aus Naturholz, großkarierte Stoffe sowie altmodische Nachtschränkchen und Stühle aus poliertem Holz. Dazu kommen vielleicht noch ein kleiner Schrank und einige Spiegel, die den Raum optisch vergrößern. Schwere Kleiderschränke und sonstiges Gerümpel werden verbannt – fertig ist das sommerlich-leichte Schlafzimmer. Legen Sie den Grundriß des Zimmers nicht fest – so können Sie, wenn Sie einmal Lust dazu haben, einfach das Bett verrücken, etwa um der Helligkeit der Morgensonne noch einen Moment lang zu entfliehen.

Ein Zimmer mit hoher Decke, Holzfußboden und großem Fenster eignet sich besonders gut für ein helles Kinderzimmer. Aber das ist nur der Rahmen: Die wirkliche Kunst besteht darin, ein Zimmer so zu gestalten, daß sich auch mehrere Kinder darin heimisch fühlen. Stellen Sie zum Beispiel verschiedene alte Eisenbetten auf – nach Möglichkeit sollte jedes Kind sein Bett selbst aussuchen dürfen – und überlassen Sie den Kindern auch die Wahl der Farben für Kissen und Tagesdecke. Achten Sie selbst aber darauf, daß der Raum ein einheitliches Gesicht behält. Schlichte Holzfußböden und Fenster ohne Vorhänge machen den Raum klarer und heller, außerdem vermeiden Sie auf diese Weise unnötige Staubfänger. Praktisch im Kinderzimmer sind vor allem waschbare Teppiche. Für die Dekoration sollte jeder der kleinen Bewohner in seinem persönlichen Bereich selbst sorgen dürfen.

Der romantisch geschwungene Paravent ist auf einer Seite mit besticktem Leinen, auf der anderen glatt bespannt.

Anleitung auf Seite 143.

Die orangefarbenen Karos am Fenster tauchen den Raum in warmes, sonniges Licht. Weiße Wände sorgen für ein ruhiges Gegengewicht.

Anleitung für den Vorhang mit hängender Rüsche auf Seite 152.

Ein Kinderzimmer wirkt gemütlich und hell mit unterschiedlich großen Karomustern in Schwarz, Weiß und Rot.
Anleitungen für die Kissenbezüge auf Seite 155–157, für den Bettbezug mit Schleifen auf Seite 182.

Herbst

Wärme

Ganz gleich, was im Kalender steht – der Herbst ist zweifellos der natürliche Beginn des Jahreslaufes, denn jetzt kehrt jeder nach den Zerstreuungen des Sommers wieder zurück an die Arbeit. Noch sind die Abende hell, aber die Luft wird schon schärfer und das kühle Blau des Himmels mahnt zur Eile. Auf dem Lande reifen die Früchte, die geerntet werden wollen. Manche Tage sind dunstig, als ob die Morgendämmerung nicht enden möchte. Und selbst die Blätter, die von den Bäumen fallen und sterben, tun dies mit solcher Pracht, daß es eigentlich ihre schönste Zeit ist.

Inspiration aus der Natur

Der Herbst bewahrt sich etwas vom Licht der heißen Sommersonne, um die regenfeuchten Hecken, Gras- und Moosflächen schimmern zu lassen.

Rote und goldene Bäume leuchten prachtvoll, das Gras wirkt grüner und die Erde brauner als in jeder anderen Jahreszeit. An klaren Tagen, wenn der Himmel strahlend blau und die Luft klar und ruhig ist, fühlt sich die Natur friedlich und reif an. An den dunstigen Morgen aber scheint die Erde zu träumen, alle Farben sind weich und verschlafen. Dennoch quillt die Natur zu jeder Tageszeit, bei jedem Wetter, von reifen Früchten über. Dicke Pflaumen fallen zu Boden, rosige Äpfel biegen die Zweige der Bäume nach unten, Beeren hocken im Gebüsch. Herbstliche Farben und Muster bieten eine Unmenge von Anregungen. Sammeln Sie die Pracht des Herbstes mit beiden Armen ein, füllen Sie Körbe, Krüge und Schalen mit den herrlichen Farben dieser Jahreszeit.

Klassisch und modern

in neuen Variationen

Die Farben und Muster der herbstlichen Stoffe sind alle inspiriert durch die Natur. Sie erinnern an fallende Blätter, silbrig glänzende Samenstände, goldene Kürbisse, blutrote Beeren, an grün-violettes Heidekraut und die verblaßten Farben von Hortensien und Artischocken. Textildesigner schöpfen aus dem vollen, wenn sie sich an den Farben des Herbstes orientieren. Klassischer Tweed kommt plötzlich in leuchtendem Grün und Pink daher. Traditionelle Schottenkaros spielen mit neuen Kombinationen aus Rot, Blau, Mauve, Grün und Gelb.

Die großartigen Kontraste und Harmonien der herbstlichen Landschaft lassen sich in jedes Haus tragen, ganz gleich, in welchem Stil es erbaut wurde. Zu Beginn jeder Herbstsaison erobern klassische Tweed- und Schottenstoffe in zeitgemäßen, überraschenden Farbkombinationen den Markt – und laden dazu ein, auch die Wohnung neu zu gestalten.

Rauh und sanft
Gewebe schaffen Kontraste

Der Herbst verlangt nach schweren Stoffen, die rauh und erdig wirken. Wenn sich die Nacht wie eine Decke über das Land legt, sollten Möbel und Stoffe für die gemütliche Kaminfeuer-Atmosphäre sorgen, die so reizvoll an dieser Jahreszeit ist. Damit jedoch die Stimmung nicht allzu rustikal wird, gehören auch feinere, glattere Gewebe als Gegengewicht dazu.

Relativ neu auf dem Markt sind Webpelze, die dem Fell von echten, exotischen Tieren täuschend ähnlich sehen. Solche Stoffe bilden einen aufregenden Kontrast zu den traditionellen Tweeds und anderen Wollstoffen. Gestrickte Stoffe, die an irische oder norwegische Fischerpullover erinnern, lassen sich ebenfalls gut mit glatteren Materialien kombinieren. In einem großen Zimmer können Sie nach Herzenslust Muster und Strukturen mischen. In einem kleinen Raum sollten Sie sich dagegen auf zwei vorherrschende Elemente beschränken, etwa Schottenkaro und Flanell oder Strickmuster und Wildleder.

Charakter-Studie

Moderne Muster
in einem altmodischen Zimmer

Schottentuch gehört zu den berühmtesten Stoffen überhaupt. Um jedes Muster ranken sich die Geschichten alter schottischer Clans und ihrer exzentrischen und beeindruckenden Persönlichkeiten. Ein Stoff mit so viel Charakter kann nicht einfach in die Gestaltung eines Raumes integriert werden – er bildet immer einen besonderen Blickfang. Unter dieser Voraussetzung brauchen Sie keine Angst mehr vor unkonventionellen Farbkombinationen zu haben. Inzwischen können Sie aus einer unübersehbaren Vielfalt an Mustern auswählen, und das Typische an Schottenkaros ist, daß sich die Farben eines Stoffes nie schlagen – anders als die Clanmitglieder!

Dieses altmodische Wohnzimmer mit seinen dunklen Holztüren und Möbeln hat einen Fußboden in den Farben von Moos und blühender Heide bekommen. Das blasse Blau der Wände erinnert an das kühle Meer der nördlichen Inseln. Frech und modern wird das Zimmer durch das leuchtende Schottenkaro in Rot und Blau auf dem Sessel. Der Raum verliert dadurch nichts von seinem traditionellen Charakter, aber die Schwermut einer dunklen Herbstnacht wird durch die intensiven Farben gemildert. Den gleichen Effekt erzielen Sie, wenn Sie zum Beispiel ein schlichtes, altes Sofa mit einer karierten Wolldecke in kraftvollen Farben bedecken oder eine schottische Tischdecke über einen kleinen Beistelltisch drapieren.

Links
Ein traditionelles Wohnzimmer, ursprünglich recht düster, bekommt mit frischen Polsterbezügen neuen Pep. Der alte Lieblingssessel ist zwar immer noch derselbe geblieben, aber sein neuer Überwurf in kräftigen Farben macht die langen, dunklen Nächte nun viel fröhlicher.
Anleitungen für den Bezug für den Lehnstuhl auf Seite 178–180, für das gepaspelte Kissen auf Seite 160.

Rechts
Ein schlichtes Ankleidezimmer wird gleich viel wärmer, wenn der Tisch eine karierte Decke in leuchtenden Farben erhält. Oberteil und Seiten werden getrennt zugeschnitten, damit die Decke wie ein weiter Rock in schönen Falten fällt. Wandeln Sie die Anleitung für die Decke mit Zackenrand **(Seite 70–71)** *entsprechend ab.*

Gemütliche Nächte

unter einer warmen Decke

Dieses Bett ist eine Liebeserklärung an Schottenkaros und langes Ausschlafen. Warme Gemütlichkeit steht im Vordergrund bei der Gestaltung dieses Schlafzimmers. Ein alles verhüllender Vorhang, üppige Kissen und eine dicke Decke schaffen eine behagliche Schlafhöhle. Die Vorhänge lassen weder Licht noch Zugluft durch, die ruhigen Blautöne bilden einen harmonischen Hintergrund für die Pflaumen- und Beerenfarben des Betts. Der karierte Bettbezug ist mit einem frischen weißen Überschlaglaken aus Leinen unterlegt, handgestickte Knopflöcher passen perfekt zu den großen Perlmuttknöpfen am oberen und unteren Ende des wollenen Bezuges. Dieses Bett kann sowohl in einem kleinen Schlafzimmer oder, durch Vorhänge abgetrennt, auch in einem größeren Wohnraum stehen. Die Vorhänge sind gedoppelt (siehe Seite 143) und mit geknöpften Schlaufen am Bettrahmen befestigt.

Material

Stoff für den Bezug der Decke; Leinen oder Baumwolle für das Überschlaglaken; rotes Stickgarn; 32 Knöpfe, 2 cm ∅

Maßnehmen & zuschneiden

Falls Sie mehrere Stoffbahnen zusammensetzen müssen, arbeiten Sie Kappnähte.

Bezug: zwei Teile zuschneiden. Breite = a + 16 cm, Länge = b + 20 cm.
Überschlaglaken: ein Teil zuschneiden. Breite = a + 120 cm, Länge = b + 120 cm.

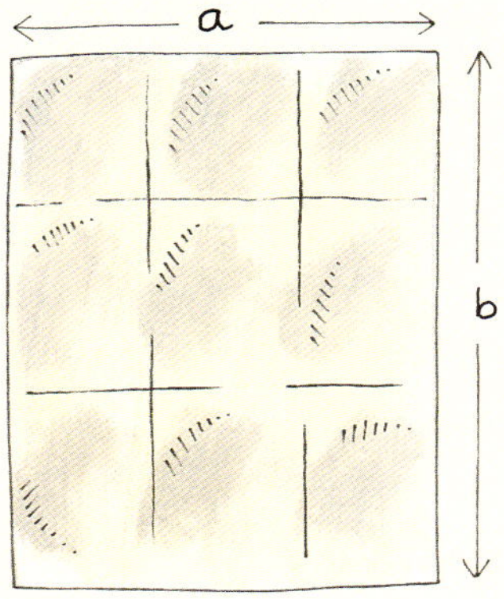

Die Decke nähen

1. Beide Teile des Bettbezuges rechts auf rechts aufeinander stecken und mit 1,5 cm Nahtzugabe an beiden Längs- und einer Schmalseite zusammensteppen. Dann die Nahtzugabe mit einer Zackenschere sauber beschneiden.
2. Die offene Kante zunächst 1 cm breit und dann 6 cm breit umbügeln. Den Umschlag knappkantig absteppen und bügeln. Von Hand oder mit der Maschine 2 cm von der Kante entfernt sechs Knopflöcher in gleichmäßigen Abständen arbeiten. Sechs Knöpfe an den gegenüberliegenden Einschlag nähen.
3. Auf die Oberseite des Bezuges, 50 cm von der Ober- bzw. Unterkante entfernt, je acht Knöpfe aufnähen.
4. Die Kanten des Überschlaglakens doppelt 3 cm breit umbügeln. Die Ecken können bei Bedarf als Briefecken gearbeitet werden (siehe Seite 140). Knopflöcher, mit denen das Laken am Bettbezug befestigt wird, von Hand oder mit der Maschine in die umgeschlagene Kante arbeiten. Zum Schluß das Federbett in den Bezug schieben und das Laken daran festknöpfen.

Schottenkaro überall

Klassisch oder unkonventionell
für Schloß oder Landhäuschen

Mit Schottenkaros verbindet man meist gewaltige backsteinerne Herrenhäuser mit himmelhohen Decken. Dabei braucht dieser Stoff gar keine riesigen Hallen, um zur Geltung zu kommen. Auch in ein kleines Landhaus oder eine schlichte Stadtwohnung paßt er perfekt. Kombinationen von Blau, Pink, Gelb, Grün, Lila und Rot bringen Farbe, Leben und Gemütlichkeit in jeden Raum. Ein Stapel karierter Decken für kalte Abende, offen in einem Regal liegend, reicht schon aus, um Atmosphäre zu schaffen. Es müssen nicht die dunklen, klassischen Muster wie Black Watch oder Royal Stewart sein. Probieren Sie doch stattdessen Karos in Taubenblau, Olivgrün, Grau und Bordeaux-Rot aus. Lassen Sie sich in der Wahl der Stoffe von anderen Elementen des Raumes oder persönlichen Stücken anregen – das könnte auch der Lieblingsbademantel sein, der im Schlafzimmer hängt.

Die Matratze dieses Bettes ist mit blau-weißem Vichy-Karo bezogen, der Volant wiederholt die Farben, aber als Schottenmuster, aufgelockert durch cremeweiße Linien und Quadrate. Halb versteckt in den Falten, an den Ecken des Volants, wurde als Blickfang das klassische Muster Royal Stewart verarbeitet. Das warme Dunkelrot dieses Schottentuches sollte sich in anderen Elementen des Zimmers wiederholen, etwa in einem Überwurf für einen Sessel, in einer Tischdecke auf einem Beistelltisch oder in einer Schabracke über dem Fenster mit dem blau-weiß karierten Raffrollo. Schon ein rotes Kissen oder eine rote Wolldecke auf dem Bett kann ausreichen, um die Wirkung zu verstärken. Die Wände werden blaßblau wie der Herbsthimmel oder grauweiß wie der Morgennebel gestrichen. Der Fußboden aus Naturholz und die Fensterbänke aus blankem Stein heben die Wärme des Dunkelrot noch hervor.

Rechts
Streifen von dunkelrotem Royal Stewart-Tuch sind in die Ecken des Volants eingesetzt und lassen das blau-gelbe Karo noch frischer erscheinen.
Anleitung für den Volant mit Falten **auf Seite 183–184.**

Links

Ein kariertes Kissen auf der Fensterbank macht eine kühle Stadtwohnung gleich viel gemütlicher.

Anleitung für das maßgeschneiderte Sitzpolster auf Seite 165.

Unten

Fußbänkchen sind bequem und praktisch zugleich. Hier wurden Reste von Schottenkaro für einen üppigen Bezug verwendet.

Anleitung auf Seite 104–105.

Für ein Picknick auf der Heide sind dicke karierte Wolldecken ein absolutes Muß. Sie passen zur herbstlichen Umgebung und halten die neblig-feuchte Kälte ab.

Ein Fleckchen Heide

Einladung zum Picknick

Eine karierte Wolldecke, ausgebreitet unter einem Kastanienbaum auf einem Flecken Heidekraut, ist eine Oase, die zum herbstlichen Picknick einlädt. Eingepackt in warme Jacken macht man einen Spaziergang und läßt sich anschließend zu einer gemütlichen Pause nieder, um die frische, kühle Luft und den guten Appetit zu genießen. Weiche Decken mit Fransen oder Troddeln sind die idealen Begleiter beim Pilzesammeln am frühen Morgen oder bei der Blaubeersuche am Nachmittag. Und darum schaffen Decken mit Schottenkaro auch eine so behagliche Atmosphäre im Haus: Sie beschwören die gesunde, erfrischende Stimmung eines Herbstspazierganges.

Diese Decken führen ein Doppelleben: Einerseits sind sie Unterlage beim Picknick, andererseits Überwürfe für Bett oder Sofa. Sie sind aus schwerer Wolle gemacht und mit handgeknüpften Fransen oder Quasten verziert. Sie sind nicht nur schön, sondern auch ungemein warm und gemütlich. Füttern Sie doch einmal einen Webpelz mit Flanell ab – das ist die ideale Decke für ein schläfriges Kind. Verstecken Sie einen schlichten Regiestuhl unter einer karierten Decke, und Sie können den Ausblick auf die Heide stilvoll genießen. Etwas anspruchsvoller, aber trotzdem nicht allzu schwierig, ist der maßgeschneiderte Überzug für einen Stuhl. Ein Kleid aus erikafarbenem Karo läßt den sachlichen Regiestuhl mit seinem schwarzen Segeltuch-Sitz gleich viel ländlicher wirken. Seien Sie nicht zu zaghaft bei der Wahl des Stoffes. Sehen Sie sich die Farben von Heidekraut genau an, nehmen Sie ruhig ein Sträußchen zum Stoffeinkauf mit. Und dann suchen Sie nach einem Schottenkaro oder Tweed, der dieser intensiven Farbe gerecht wird.

Ein einfacher Regiestuhl wurde mit einem Überzug aus erikafarbenem Karo neu herausgeputzt. Schneiden Sie karierte Stoffe sorgfältig zu, damit das Muster symmetrisch verläuft. Die tiefen Kellerfalten an den Ecken geben dem Überwurf lockere Weite.

Anleitung für den Bezug für den Regiestuhl auf Seite 174–175.

Warm angezogen
Wollkaros und Webpelze

Stoffreste und Bänder in Schottenkaro eignen sich großartig, um einen Raum gemütlich und einladend zu gestalten. Nähen Sie Tischsets, Servietten, Raffhalter für Vorhänge, eine Kante für den Lampenschirm, ein Futter für einen Kaminholz- oder Picknick-Korb. Dunkles Violett und sattes Grün bilden eine Farbkombination, die auf Karostoffen besonders intensiv wirkt. Hier zeigen wir Ihnen Bestecktaschen fürs Picknick, die aufgerollt und mit einem Band zusammengebunden werden können. Wenn die Taschen gerade nicht zum Picknick gebraucht werden, eignen sie sich auch sehr schön als Tischsets.

Zu den interessantesten Neuerungen des Stoffmarktes gehören sicherlich die Webpelze, die wirkliche Felle täuschend echt imitieren. Die Auswahl ist mittlerweile gewaltig: Es gibt einfarbige und gemusterte Stoffe mit den verschiedensten Florlängen. Diese Stoffe sind so wunderbar weich, daß sie sich für gemütliche Decken und Überwürfe besonders anbieten. Mit Flanell oder einem Wollstoff abgefüttert passen sie genauso gut in ein modernes Appartement in der Stadt wie in ein Haus im ländlichen Stil.

Eine Decke aus Webpelz ist mit weichem Flanell abgefüttert.

Anleitung für den Überwurf auf Seite 182.

Gegenüber
Ein Bestecktäschchen in Violett und Tannengrün ist ein praktischer Begleiter beim Picknick, aber es eignet sich ebensogut als Tischset. Besonders edel sieht darin Silberbesteck mit Horngriffen aus.

Anleitung für die Bestecktasche auf Seite 185.

Moderne Exzentriker

Frische Tweed-Mode **in der Stadtwohnung**

Wenn man an Tweed denkt, dann fallen einem meist etwas spießige, konservative Menschen ein, Bücherwürmer und Sonderlinge. Eine entsprechende Atmosphäre entsteht leicht, wenn Möbel mit Tweed bezogen sind. Nun haben aber in der letzten Zeit die Modedesigner diese Vorurteile auf den Kopf gestellt, und auch in der Inneneinrichtung ergeben sich ganz neue Perspektiven. Moderner, farbenfroher Tweed und ein paar andere lebhafte Stoffe als Kontrast lassen den guten alten Fischgrät- oder Pfeffer-und-Salz-Tweed in einem neuen Licht erscheinen. Wichtig beim Gestalten mit Tweed ist die Verarbeitung: Der Bezug muß ganz exakt sitzen und Details wie Paspeln, Knöpfe und Fransen spielen eine große Rolle.

Die Vorhänge wurden aus klassischem Fischgrät-Tweed genäht, die Farben finden sich in dem Stoff wieder, der für den Sesselbezug verarbeitet wurde: ein hochwertiger, schottischer Tweed mit einem auffälligen Karo. Das klassische Sofa hat einen Bezug in schlichtem Grau, Kissen und Decken in kräftigeren Farben sorgen für Lebendigkeit. Die Kissen aus Tweed sind mit einem Fransenrand und Knöpfen verziert. Auch die Vorhänge haben Fransen, an der Oberkante sind sie auf ein Faltenband gesteppt. Dekorative Knöpfe aus polierter Kokosnuß-Schale halten die einzelnen Falten und bilden einen zurückhaltenden, aber interessanten Blickfang. Der Vorhang ist ungefüttert; wenn Sie es gemütlicher und dunkler lieben, füttern Sie ihn mit einem dezenten Karo in passenden Tönen ab.

Oben und rechts
Der Stoff für die Vorhänge ist eigentlich ein Anzugstoff: Fischgrät-Tweed. Fransenkanten lassen sich besonders leicht arbeiten. Der Bezug des Sessels greift die Farben des Vorhangs wieder auf.

Anleitungen für den Vorhang mit geknöpften Falten auf Seite 151, für den Bezug für einen Lehnstuhl auf Seite 178–180.

Oben
Decken und Kissen in farbenfrohen Stoffen lassen das schlichte Sofa moderner und den Raum heller wirken.
Anleitungen für den Überwurf auf Seite 182, für die Kissen auf Seite 158–160.

Links
Diese Kissen sind wie Wäschebeutel genäht, Fransen und Knöpfe passen zum Vorhang.

Rot, Weiß und Blau **fürs Kinderzimmer**

Streichen Sie die Wände im ganzen Haus im gleichen, creme-goldenen Farbton, und ein sanftes, warmes Leuchten wie von herbstlicher Sonne wird sich ausbreiten. Anschließend bekommt jeder Raum – sogar Diele und Treppenhaus – seine eigene, individuelle Gestaltung in Schottenkaro und Tweed. Das Schlafzimmer eines Babys sollte in den gleichen Farben gestaltet werden wie das Elternschlafzimmer, in dem es die ersten Monate seines Lebens verbracht hat. Die vertrauten Farben und Muster geben dem Kind ein Gefühl von Sicherheit. Größere Kinder sind stolz, wenn sie in ihrem Zimmer die gleichen Stoffe finden wie im Schlafzimmer der Eltern. Außerdem ist eine solche Lösung einfach und preiswert, weil auch Stoffreste effektiv verwendet werden können.

Beim Kinderbettchen herrschen Blautöne vor. Zum Laken aus blau-weißem Vichy-Karo paßt die warme Decke mit einem Schottenmuster in Blau und Creme, unter der ein weißes Laken als Wäscheschutz befestigt ist. Das kräftige Rot im Muster der Schabracke wiederholt sich auf den Polstern des Stuhles. Bunte Troddeln und Leinenstickerei geben dem schlichten Faltrollo mehr Leben. Der Sitzplatz am Fenster ist zugleich ein gemütliches Bett für Teddybären und Puppen. Ein Kinderzimmer sollte nicht allzu niedlich gestaltet werden: Denken Sie daran, daß die kleinen Bewohner schnell größer werden und sich ihr Geschmack ändert. Das Kinderzimmer ist dann ideal eingerichtet, wenn es mit wenig Aufwand in ein Gästezimmer verwandelt werden kann.

Oben
Eine Schabracke mit Zackenkante und lustigen Troddeln verziert das Fenster. Am Abend wird das Faltrollo aus besticktem Leinen heruntergelassen.

Anleitungen für die Schabracke auf Seite 152, für das Faltrollo ohne Leisten auf Seite 146.

Links
Ein einfacher hölzerner Küchenstuhl wurde für das Schlafzimmer fein gemacht: Er trägt einen Überwurf aus rotem Karostoff, der mit Schleifen auf der Rückseite gehalten wird.

Anleitungen für den strengen Stuhlbezug auf Seite 172–173, für das maßgeschneiderte Sitzpolster auf der Fensterbank auf Seite 165.

Gegenüber und links
Das Überschlaglaken im Kinderbett aus einfacher, weißer Baumwolle wird von dekorativen Schleifen gehalten. Stickerei und Zickzackmuster tauchen wieder auf, um die Raumgestaltung abzurunden.

Dieser Mahagonistuhl mit dem frech gerüschten Polster ist der Blickfang einer Diele. Zu dem dunklen Holz paßt das klassische Karo besser als ein weiches Blumenmuster oder kühle Streifen.

Anleitung für den Sitzbezug mit Kellerfalten auf Seite 169.

Der schlichte Sessel hat einen Bezug aus dicht gewebtem Wollstoff bekommen. Mit der Zeit verblassen die leuchtenden Farben des Stoffes, aber das Alter steht dem Karo gut.

Anleitung für den Bezug für einen Cocktailsessel auf Seite 176–177.

Allerlei Sessel
mit Schottenkaros aufgepeppt

Die Farbe Rot hat viele offiziell anerkannte Schattierungen: Scharlachrot, Bordeaux, Kirschrot... Einen neuen Namen müßte man erst noch erfinden für das wunderbar satte Rot der Ahornblätter im Herbst, das sich im glatten Wasser von Seen und Teichen spiegelt. Es ist ein leuchtendes Rot, in das sich Nuancen von Goldgelb, Braun und Grün mischen.

Hier wurde ein karierter Stoff in eben dieser Farbe für den Bezug des prächtigen alten Stuhles verwendet. Der Bezug sitzt genau und paßt dadurch zum strengen Stil des Sessels. Nur der gekräuselte, breite Saum ist ein freundlicher Tribut an das ländliche Stoffmuster. Nähen Sie zuerst aus einem alten Bettlaken einen Bezug zur Probe, den Sie dann als Schnittmuster verwenden können. Bei helleren Stoffen empfiehlt sich ein abnehmbarer Bezug, der sich leicht waschen läßt. Wichtig ist, daß der Bezug ganz fest auf dem Polster des Sessels oder Sofas sitzt, so daß die Form des Möbelstücks sichtbar bleibt. Nehmen Sie genau Maß und stecken Sie den Musterbezug solange ab, bis er genau paßt. Für den Verschluß verwenden Sie am besten Klettband oder einen Reißverschluß.

Es gibt unzählige Möglichkeiten, alte Möbel mit Schottenkaros oder Tweed aufzufrischen. Beziehen Sie die Polster eines alten Sofas mit einem neuen Muster und häufen Sie passende Kissen darauf. Geben Sie einem alten Dielenstuhl ein neues Gesicht, indem Sie maßgeschneiderte Polster mit breiten Rüschen daran festbinden. Rüschen und Stehsäume sollten dabei immer zuletzt angebracht werden. Experimentieren Sie mit unterschiedlichen Breiten, bis Ihnen die Proportionen gefallen. Wenn ein Stuhl oder Sessel häßliche Beine hat, verstecken Sie sie unter einem Überwurf. Hat er schöne Beine, soll er sie auch zeigen dürfen.

Schottenkaro und Tweed haben einen ländlichen Charme, aber sie passen ebensogut in eine andere Umgebung. Denken Sie nur an einen edlen Smoking aus dunklem Karo mit einem Revers aus passendem Satin! Mit ungewöhnlichen Kombinationen können auch diese Stoffe durchaus stadtfein gemacht werden – die Resultate sind verblüffend.

Unten
Das Polster dieser gestrichenen Sitzbank wurde mit kariertem Stoff neu bezogen. Dazu passen die verschiedenen Kissen mit gepaspelten Kanten. Interessant und effektvoll ist die Kombination von unterschiedlichen Mustern und Farben.
Anleitungen für das maßgeschneiderte Sitzpolster auf Seite 165, für die gepaspelten Kissen mit dekorativer Kordel auf Seite 141 und für die Rollen mit gekräuselten Enden auf Seite 162–163.

Ein neues Schottenkleid für Frisiertisch und Hocker

Ein altmodischer Frisiertisch mit passendem Hocker steht im Bad oder in einem Ankleidezimmer neben dem Schlafzimmer. Das Ensemble bietet sich an, um die Farbgestaltung des angrenzenden Raumes aufzugreifen und fortzuführen. In unserem Fall wird es mit dem gleichen Stoff dekoriert, aus dem auch der Bezug des Sessels im Schlafzimmer geschneidert ist. Durch dieses Bindeglied schließen sich die beiden Räume wie eine Suite aneinander an. Eine andere Möglichkeit besteht darin, eine oder mehrere Farben aus dem Teppich des Schlafzimmers aufzunehmen und für die Gestaltung des Frisiertisches zu verwenden. Grundsätzlich sollten die Bezüge zum Waschen leicht abnehmbar sein.

Material

Stoff I für die Schabracke; Stoff 2 für Oberteil und Rüsche; Paspelkordel,
Länge = a + 2c + 15 cm

Maßnehmen & zuschneiden (Abb. 1 & 2)

Für die Deckflächen von Tisch und Hocker je eine Papierschablone zuschneiden (siehe Seite 166). Wenn am Frisiertisch ein Spiegel fest montiert ist, Ober- und Seitenteil separat zuschneiden und an den Ansatzstellen des Spiegels Schlitze offen lassen. Die Maße a und c von der Papierschablone abnehmen und zuzüglich zur Nahtzugabe nochmals je 1 cm zugeben, damit die Bezüge nicht zu fest sitzen.

Tisch

Oberteil: nach der Schablone aus Stoff 2 zuschneiden, dabei rundum 2,5 cm Nahtzugabe berücksichtigen.
Rüsche: aus Stoff 2 zuschneiden. Breite = 22 cm, Länge = 1,5a.
Schabracke: aus Stoff I zuschneiden. Breite = b + 5 cm, Länge = 2a.

Die Tischdecke nähen

1. Einen Streifen Paspelkordel in der Länge a + 5 cm zuschneiden und mit Stoff I beziehen. Die Paspel rechts auf rechts an die Kante des Oberteils stecken, die Rundungen einschneiden und die Enden verbinden (siehe Seite 141). Dann die Paspel mit dem Reißverschlußfuß aufsteppen.
2. Die Seitennaht der Rüsche rechts auf rechts schließen, so daß ein Ring entsteht, und die Naht auseinanderbügeln. Eine Längskante der Rüsche mit Zickzackstichen versäubern und 2 cm breit als Saum umsteppen. Die andere Kante der Rüsche rechts auf rechts an das Oberteil stecken. Alle 5 cm eine Falte mit 1 cm Tiefe legen. Den Umfang der Oberfläche durch acht teilen, dann der Anleitung auf Seite 142 folgen, um die Weite der Rüsche gleichmäßig zu verteilen (Abb. 3). Rüsche 1 cm neben der Kante mit dem Reißverschlußfuß feststeppen.
3. Die Schmalseiten und eine Längsseite der Schabracke mit Zickzackstichen versäubern und mit der Maschine 2 cm breit säumen. Die beiden unversäuberten Ecken rechts auf rechts an die vordere Mitte des Oberteils stecken. Die Schabracke auf der linken Seite der Rüsche rundum festheften, dabei alle 7 cm eine Falte von 3 cm Tiefe einlegen, damit die Weite gleichmäßig verteilt wird. Die Tischdecke über den Tisch legen, prüfen und gegebenenfalls Sitz und Fall ändern. Anschließend durch alle Lagen zusammensteppen, dabei wird auch die Paspel mitgefaßt.
Die fertige Decke bügeln.

Abb. 1

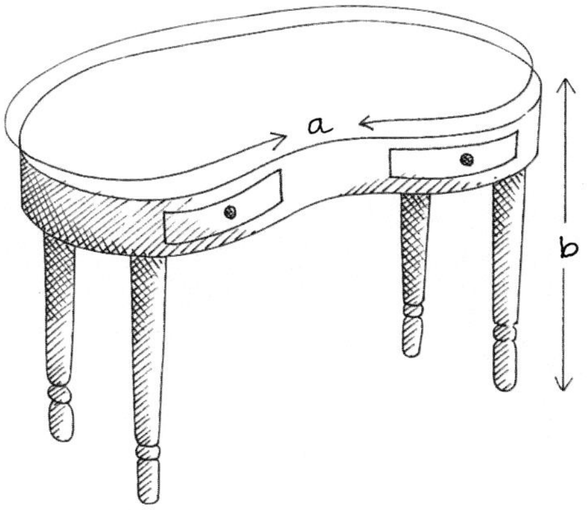

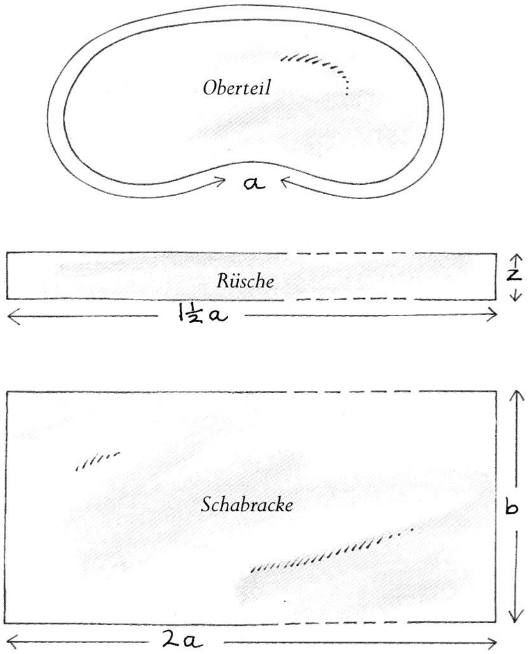

Abb. 2

Abb. 3

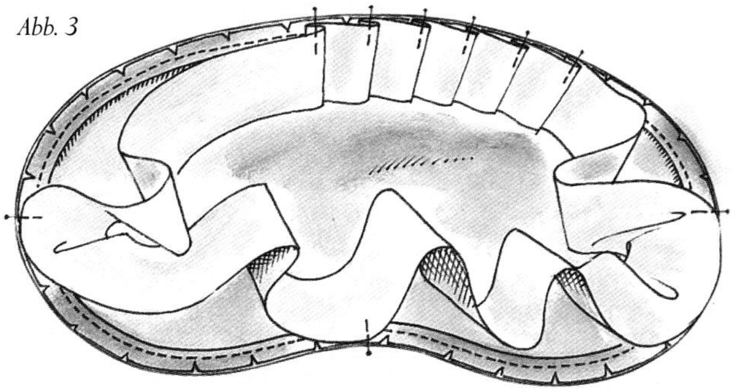

Hocker (Abb. 4)

Oberteil: nach der Schablone aus Stoff I zuschneiden, rundum 1,5 cm für lockeren Sitz zugeben.

Seitenteil: aus Stoff I zuschneiden. Breite = d + 3 cm, Länge = c + 3 cm.

Rüsche: aus Stoff I zuschneiden. Breite = 20 cm, Länge = 1,5 c + 3 cm.

Schabracke: aus Stoff 2 zuschneiden. Breite = e + 4 cm, Länge = 2c + 5 cm.

Abb. 4

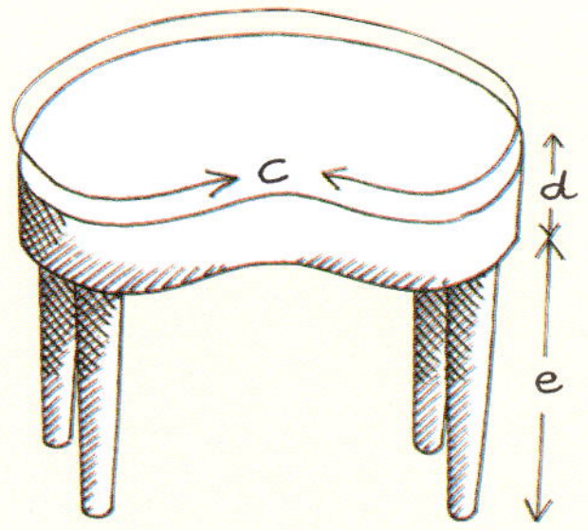

Den Bezug für den Hocker nähen

1. Die restliche Paspelkordel mit Stoff 2 beziehen und halbieren. Ein Stück auf die rechte Seite des Oberteils nähen und die Enden verbinden. Die Schmalkanten des Seitenteils 1,5 cm neben der Schnittkante rechts auf rechts zusammensteppen. Die Naht auseinanderbügeln, dann das zweite Stück Paspel auf die Unterkante des Seitenteils steppen. Ober- und Seitenteil zusammenstecken. Vor dem Steppen die Paßform prüfen und gegebenenfalls neu abstecken (Abb. 5).

2. Rüsche und Schabracke an den Schmalseiten jeweils zum Ring schließen. Die Unterkanten doppelt 2 cm breit umschlagen und steppen. Die Rüsche auf das Seitenteil stecken und die Weite gleichmäßig verteilen. Dazu alle 8 cm eine Falte von 2 cm Tiefe einlegen. Danach die Schabracke feststecken (siehe Seite 104, Schritt 3), mit Falten von 2,5 cm Tiefe im Abstand von 5 cm wird die Weite eingehalten. Durch alle Stofflagen steppen und bügeln.

Abb. 5

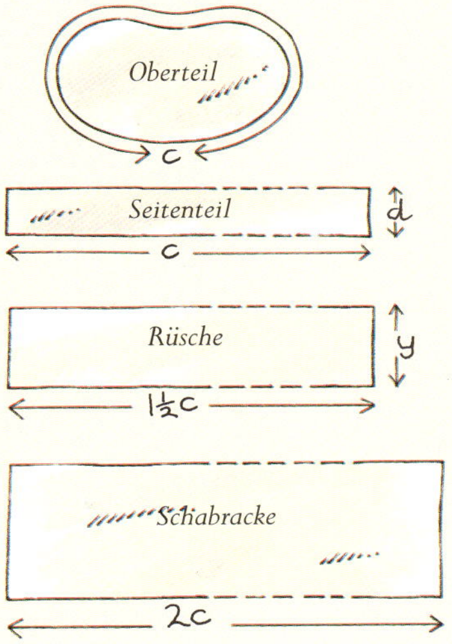

Abb. 6

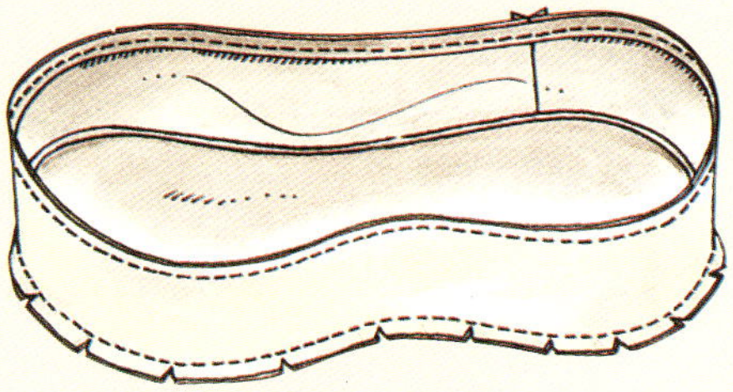

Winter

Leuchten

Der Winter wird oft als tote Jahreszeit bezeichnet: Das Leben der Natur ist in der Erde begraben, die Landschaft ist kahl und der Blick aus dem Fenster eintönig. Sieht man jedoch von draußen durch die Fenster nach innen, dann gibt es keine Jahreszeit, die wärmer und einladender wäre.

Kaminfeuer, dicke Wolldecken, Kerzenlicht, Punschgläser, duftende Gewürze, weihnachtlich geschmückte Zweige und bunt verpackte Päckchen – all das entschädigt uns für das unwirtliche Wetter draußen. Für einen Besuch bei Freunden oder Verwandten nimmt man gerne einmal einen Spaziergang durch die beißende Kälte in Kauf – und gerade diese Geselligkeit macht den Winter eigentlich zur wärmsten aller Jahreszeiten.

Inspiration aus der Natur

Um zu verhindern, daß Ihnen die winterliche Kälte aufs Gemüt schlägt, schaffen Sie sich einfach Ihr eigenes Wintermärchen. Überstehen Sie die kalte Jahreszeit bei guter Stimmung und mit leckeren Näschereien, eingewickelt in eine warme, gemütliche Wolldecke. Es ist die Zeit, um gemeinsam am Klavier zu singen – oder auch allein in der Badewanne im duftenden Wasser – die Zeit, um Maroni auf dem Feuer zu rösten, um dunklen Schokoladenkuchen mit dickflüssiger Karamelsauce zu genießen und um sich auch sonst alles zu gönnen, was bei Laune hält. Dazu gehört auch, daß das Haus warm und behaglich gestaltet wird: Schwelgen Sie also in opulenten Stoffen und kräftigen Farben!

Üppig und exotisch

Dramatische Effekte

Viele Anregungen für die Stoffe in diesem Kapitel stammen von den Straßenmärkten Asiens, wo schwer duftende Gewürze in feurigen Farben angeboten werden. Nicht dezentes Understatement ist die Grundlage dieser Gestaltungsideen, sondern Farbenpracht und Lebensfreude – das genaue Gegenteil also zum blaßgrauen Winterhimmel, zu den kahlen Bäumen und zur gefrorenen Erde. Wählen Sie kräftige, festliche Farben und experimentieren Sie ganz unbekümmert, mit der gleichen kindlichen Freude wie beim Schmücken des Weihnachtsbaumes. Wir haben Gold und Scharlachrot verwendet, dazu Silber, Bronze und Karamelbeige, hier und da ein frecher Schuß Grün, Blau, Pink oder Kardinalsrot. Auch die Muster – Streifen, Paisleys und gestickte Blütenmotive – sind auffällig. Viele Details bieten dem Auge immer etwas Neues zum Entdecken. Dieser Stil erinnert an den theatralischen Prunk der Renaissance, einer Ära, die ebenfalls stark von fremdländischen Einflüssen geprägt war.

Fein & edel

Gewebe schaffen Kontraste

Manche Menschen werden mit einem silbernen Löffel im Mund geboren. Gewiß ist es aber viel angenehmer, zwischen weichem, fließendem Samt, farbenprächtigem Brokat, glänzendem Taft und feiner Seide zur Welt zu kommen. In diesem Kapitel sehen Sie, wie einfach es ist, mit der richtigen Auswahl von Stoffqualitäten und -strukturen eine Atmosphäre von Behaglichkeit und Luxus zu schaffen. Gerade im Winter spielen Optik und Oberfläche eines Stoffes eine wichtige Rolle. Achten Sie darauf, wie ein Stoff sich anfühlt, wie er glänzt oder wie eine Stickerei im Kerzenlicht wirkt. So wie die Weihnachtspäckchen unter dem Tannenbaum erst mit üppigen Bändern und Schleifen richtig schön sind, so kommen auch diese Stoffe mit gelungenem Beiwerk wie Troddeln und Quasten, Paspeln und Borten erst richtig zur Geltung. Wenn Sie sich Ihre Lieblingsstoffe aussuchen, denken Sie daran, daß Sie große Mengen davon brauchen. Ein Vorhang, der in schweren Falten auf den Boden fällt, wirkt viel wärmer und gemütlicher als ein gerade fensterfüllendes Rollo. Seien Sie also großzügig!

Wintermärchen

Vornehm & schimmernd
Alte Möbel in neuen Kleidern

Stellen Sie sich einmal frisch gefallenen Schnee vor, der Bäume und Felder wie Puderzucker bedeckt. Der Himmel ist leuchtend blau, die Schneeflocken glitzern im Sonnenlicht wie Kristalle. Wenn der Winter draußen ganz anders aussieht, grau und matschig vielleicht, dann schaffen Sie diesen märchenhaften Zauber doch im Haus. Schimmernde Stoffe wie Taft, Seide und Organza reflektieren das Tageslicht, aber auch den Schein von Kerzen und Lampen. Transparente Stoffe, in die Lurexfäden eingewebt sind, haben denselben Effekt. Ein so zauberhafter Schimmer kommt vor creme- oder zart pastellfarbenen Wänden am besten zur Geltung.

So wie das »kleine Schwarze« ein Klassiker der Damenmode ist, wird für edle Tischwäsche traditionell weißes Leinen verwendet. Zu besonderen Anlässen lohnt es sich aber, mit den überraschenden Effekten unterschiedlicher Farben und Strukturen zu spielen. Um eine ganz besondere Partyatmosphäre zu schaffen, geben Sie Ihrem Tisch doch einmal ein Festkleid aus einer silbrig schimmernden Seidendecke. Das Oberteil ist wie ein Rock mit einem spitzen Sattel geschnitten, darunter fällt die Seide in raschelnden Falten herab. Die Decke ist so lang, daß sie bauschig auf dem polierten Holzfußboden aufsteht: Sie erinnert an ein Ballkleid, das ja auch tatsächlich die Inspiration für Schnitt und Stoff lieferte. Suchen Sie auf Flohmärkten und bei Trödlern nach funkelnden Kristallgläsern oder alten, schmiedeeisernen Leuchtern, um einen solchen Tisch würdig zu decken.

Rechts
Die silbrig schimmernde Seidendecke mit der perlenbesetzten Überdecke aus Organza lädt zu einem festlichen Weihnachtsmenü ein. Die gekräuselte runde Tischdecke ist eine Variante der Decke mit Zackenkante
(siehe Seite 70–71).

Eine alte, schmiedeeiserne Wiege, von Generation zu Generation weitergegeben, wird geschmückt mit traumhaften orientalischen Stoffen: flieder- und hibiskusfarbener Chiffon und Brokat. Die Vorhänge aus orangefarbenem Musselin und gelber bestickter Baumwolle tauchen das Kinderzimmer in ein sanftes, warmes Licht.

Anleitung für die ungefütterten Vorhänge auf Seite 149.

Dornröschenschlaf **in Wiege und Himmelbett**

In diesen beiden »himmlischen« Schlafzimmern sieht man, wie schön Stoffe wirken, die das Licht reflektieren: Musselin, Chiffon und Seide. Die Wände, in zartem Gelb und Lila gestrichen, verwandeln das kalte, farblose Winterlicht in ein sanftes, warmes Leuchten. Wenn aber erst die Sonne ins Zimmer scheint, kommen die Farben der verschiedenen exotischen Stoffe richtig zur Geltung. Die Wiege hat einen Himmel aus zartem Chiffon in Hibiskusrosa und Flieder. Mit diesen sanften Mischtönen kann die starre Regel Rosa für Mädchen, Hellblau für Jungen, unterlaufen werden. Hier wurde eine alte, schmiedeeiserne Wiege mit intensivfarbigen, transparenten Stoffen und raffiniertem Brokat in einen Traum aus Tausend-und-einer-Nacht verwandelt. Solche dekorativen Stoffe finden Sie auf Flohmärkten oder in Indienläden.

Die zweilagigen Vorhänge bestehen aus orangefarbenem Musselin und gelber, bestickter Baumwolle. Kaum jemand würde hierzulande auf die Idee kommen, diese Farben mit Lila und Rosé zu kombinieren. Im Orient allerdings haben die Menschen schon längst festgestellt, wie schön die Töne miteinander harmonieren und wie warm und farbenfroh sie wirken. Die Stoffmischung von Betthimmel und Vorhängen erinnert an einen glühenden Sonnenuntergang irgendwo im fernen Indien. Der Rest des Raumes bleibt schlicht. Die Wände sind blaßlila gestrichen, nur ein einzelner vergoldeter Raffhalter dient als Blickfang. Der einfache Holzfußboden läßt sich leicht sauber halten.

Das bemalte Bett mit dem locker drapierten Himmel aus halbtransparenten, golddurchwirkten Stoffen lädt zu einer Traumreise in ferne Länder ein. Handgewebte Kelim-Teppiche liegen auf dem schlichten Holzboden, von den gelb gestrichenen Wänden scheint ein beständiger Sonnenschein auszugehen.

Rechts
Die Wintersonne strömt durch die hohen Fenster und bringt die Draperien mit fremdländischen Mustern aus Seide und Chiffon auf dem Himmelbett zum Leuchten.

Gemütliche Ecke in blassem Grau, Flieder, Blau und Weiß läßt den französischen Empire-Stil wieder aufleben. Die Brokat- und Damaststoffe stammen teilweise tatsächlich aus dieser Epoche.

Anleitungen für den bodenlangen Stuhlüberwurf auf Seite 170 – 171, für die Kissen auf Seite 158 – 160.

Frisch und edel

Ein ruhiges Wohnzimmer

Am frühen Morgen weit über schneebedeckte Felder zu blicken, ist ein geradezu meditatives Vergnügen. Das liegt sicher auch daran, daß der Schnee alle Geräusche absorbiert und die Welt ganz still daliegt.

Statt der Kühle des Winters im Haus kraftvolle, exotische Farben entgegenzusetzen, können Sie auch die friedliche Ruhe von draußen einfangen. Sanftes Grau, Silber und Weiß eignen sich dazu am besten. Die geraden, schlichten Stühle in diesem Wohnzimmer sind in silbrig schimmernde Gewänder gehüllt, die an den Kanten wie Ballkleider mit Goldbrokat verziert sind. Die Chaiselongue sowie auch der Sessel haben weiße Bezüge mit grauen Paspeln bekommen: Weicher, elfenbeinfarbener Samt oder Seidenmoiré würden sich ebenfalls eignen. Ein gewaltiger Spiegel in vergoldetem Rahmen fängt die stille, kühle Atmosphäre ein. Die Wände sind in reinem Weiß gestrichen, Decke und Fußboden schimmern blaßgrau.

Der blaue Tisch ist ein Farbtupfer, der die kühle Atmosphäre in diesem Zimmer nicht stört. Die Vorhänge aus weicher Baumwolle bilden einen willkommenen Kontrast zu den glatten, glänzenden Bezügen der Möbel.

Wenn Ihnen ein Raum in so blassen Tönen zu kühl und leblos wirkt, bringen Sie durch ein Bild oder einen Teppich etwas Farbe ins Spiel. Der Tisch am Fenster sorgt mit seinem blauen Anstrich für ein wenig Süße, die grau-weißen Vorhänge mit Zackenkante strahlen einen Hauch ländlicher Verspieltheit aus. Ein Tisch mit Marmorplatte oder ein Kaminsims aus grauem Stein würden ebenfalls gut zur Stimmung dieses Zimmers passen, denn Stein wirkt nüchterner als gestrichenes Holz und nimmt der Gestaltung des Raumes nichts von ihrer Leichtigkeit.

Rechts
Eine schneebedeckte Landschaft, übersetzt in Stoff: Dazu eignet sich besonders graue oder weiße Seide, die hier für die Stühle und die Chaiselongue verwendet wurde.

Anleitungen für den Stuhlüberwurf mit gefälteltem Volant auf Seite 171, für die Rollen auf Seite 161 – 163.

Paspeln und Knöpfe

für eine luxuriöse Steppdecke

Seide ist ein Material, das hauptsächlich für Kleidung verwendet wird, aber auch zur Gestaltung des Wohnbereiches eignet sich dieser Stoff hervorragend. Er ist leicht und trotzdem warm, daher ideal für den Winter. In den letzten Jahren sind die Preise für Seide, speziell für waschbare Qualitäten, deutlich gefallen, so daß dieser Stoff heute für jedermann erschwinglich ist. So wie auf Baumwollstoffen sanfte, verwaschene Blütenmotive besonders schön zur Geltung kommen, hat Seide eine Affinität zu intensiven Farben und auffälligen Mustern. Diese Decke besteht aus breit gestreifter indischer Seide in Rot und Ocker.

Material

Stoff 1 für die Oberseite der Decke; Stoff 2 für die Unterseite; Paspel für den gesamten Umfang zuzüglich 5 cm; Nähgarn; 12 Knöpfe zum Beziehen (3 cm Ø)

Maßnehmen & zuschneiden

Ober- und Unterseite in der Größe des Federbetts, das bezogen werden soll, zuschneiden, an allen Kanten 1,5 cm zugeben.

12 Kreise aus Stoff zum Beziehen der Knöpfe zuschneiden.

(Verwenden Sie hierfür die den Knöpfen beiliegende Schablone.)

Die Decke nähen

1. An den Längskanten beider Stoffteile drei Punkte markieren: je einen 40 cm von der Ober- bzw. Unterkante entfernt, einen dritten in der Mitte dazwischen. Dann die Paspel von rechts an die Kante des Oberstoffes stecken und mit dem Reißverschlußfuß feststeppen (Abb. 1). Die Ecken leicht abrunden und die Enden der Paspel verbinden (siehe Seite 141).

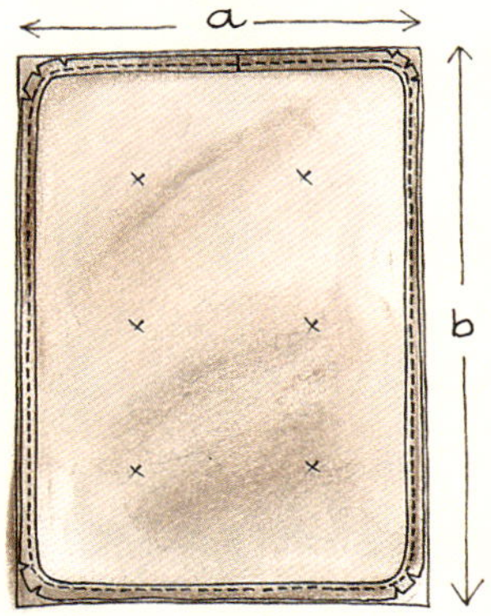

Abb. 1

2. Ober- und Unterseite der Decke rechts auf rechts zusammenstecken und knapp neben der ersten Naht aufeinandersteppen. An einer Schmalseite bleibt ein Schlitz von 1 m Länge offen. Die Nahtzugabe ins Vorderteil bügeln und an den Ecken einschneiden. Nun das Federbett einziehen und den Schlitz von Hand schließen.
3. Die Knöpfe gemäß der Anleitung auf der Packung beziehen. Stabiles Nähgarn doppelt in eine Nadel fädeln und den Faden sicher am ersten Knopf befestigen. Die Nadel bei der ersten Markierung durch Stoff und eingezogene Decke stechen. An der Ausstichsstelle einen zweiten Knopf auf die Nadel fädeln. Mehrmals zwischen den Knöpfen hin und hernähen, bis sie fest sitzen. Dann den Faden gut vernähen und abschneiden. Anschließend die übrigen Knöpfe genauso befestigen.

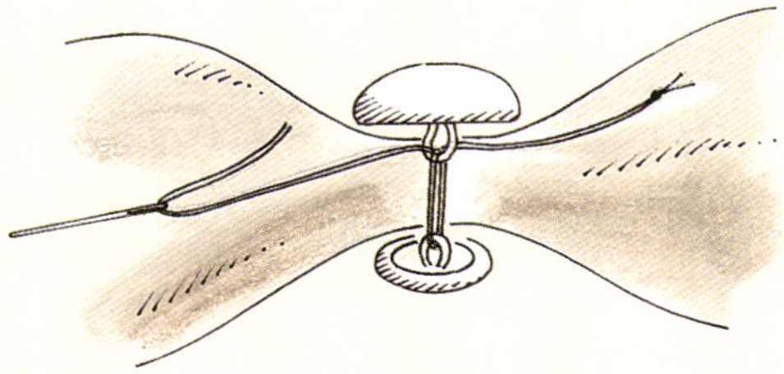

Abb. 2

Ein Fest der Farben

Exotische Stoffe **für rauschende Feste**

Feste, die im frostigen Winter gefeiert werden, sollten so lebhaft und farbenfroh sein wie nur möglich. Verbreiten Sie im ganzen Haus eine Atmosphäre wie im Karneval, spielen Sie mit glitzernden und glänzenden Stoffen in exotischen Farben und Mustern. Ein Gartentisch für einen Maskenball wurde mit Stoffen in Gold, Blau und Rot üppig verhüllt. Später werden darauf Sektflaschen, Kanapees und tropische Früchte ihren Platz finden. Drei verschiedene Muster fügen sich zu einer Einheit zusammen: raffiniert gestreifter und gemusterter Damast, rot-glänzender Satin und karierter Taft. Eine rote Schleife verpackt das Ganze wie ein riesiges Geschenk. Als zusätzliche Dekoration dienen prachtvolle Theaterhüte – eine Mischung aus Renaissance und Fernem Osten.

Oben und rechts
Die Stoffe, mit denen dieser einfache Gartentisch dekoriert wurde, funkeln wie Juwelen.

THE FIVE NATIONS

Kanten und Borten
für edle Möbel

Im Mittelalter waren Sessel ein seltener Luxus, der nur ihren Besitzern oder ausgewählten Besuchern vorbehalten war. Im Laufe des 16. Jahrhunderts setzten sich die Sessel zuerst in Frankreich und später auch in England durch. Gerade in großen Landhäusern wurden bequeme Sitzmöbel mit Armlehnen und niedrigen Sitzen modern. Heute verfügen wir über eine schier unerschöpfliche Vielfalt an unterschiedlichen Modellen und Bezugsstoffen, und die Wahl ist keine Frage des Standes mehr, sondern des persönlichen Geschmacks. Stellen Sie sich der Konkurrenz mit den königlichen Landsitzen des 16. Jahrhunderts und beziehen Sie Ihre Sessel mit prächtigem Brokat oder Taft. Stöbern Sie auf Flohmärkten und in Kurzwarengeschäften nach Bändern, Borten und Fransen. Hier wurde ein altes Sofa mit gestreifter Seide bezogen, darauf türmen sich Seidenkissen mit goldenen Fransenkanten und grün-glänzenden Bändern. Auf einem Lehnstuhl aus grünem Velours liegen weiche Samtkissen in Scharlachrot und Grün, ein Hocker wurde mit einem gerafften Gewand aus dunkelrotem Damast veredelt. Der Rest des Raumes sollte zu dieser Üppigkeit passen: Stoffbespannte Wände oder Wandschirme eignen sich dazu ebensogut wie dekorative Lampenschirme und allerlei Zierat, der im Licht funkelt.

Ein raffiniert gewebter Paisley und eine gerüschte Rolle wurden beide mit gefälteltem Taftband eingefaßt. Der Lampenschirm ist mit einer Kante aus gerafftem Seidenband verziert.

Anleitung für gerüschten Lampenschirm auf Seite 154.

Links

Das Sofa, in breit gestreifter Seide überzogen, ist mit einem Berg edler Kissen beladen.

Anleitungen für den Überwurf auf Seite 182, für die Kissen auf Seite 158 – 160.

Rechts

Ein einfacher Regiestuhl hat eine dekorative Kapuze aus edlem Damast bekommen.

Anleitung für den Regiestuhl mit Kapuze auf Seite 176.

Rechts außen

Der Damastbezug des Hockers wurde an den vier Ecken hochgerafft, um die fein vergoldeten Beine zu enthüllen.

Anleitung für den gerafften Bezug auf Seite 181.

Maßgeschneiderte Einlage für ein winterliches Baby-Körbchen

Rot wird oft fälschlicherweise als aggressive Farbe bezeichnet, aber es gibt durchaus beruhigende Rottöne – wenn man nicht gerade ein Stier ist! Füttern Sie das Körbchen mit altrosa Samt oder mit Seide in sanften, dunklen Rottönen oder gebrannter Siena. Diese Farben wirken auf das Baby warm und beruhigend, die Stoffe fühlen sich angenehm weich an.

Wenn das Baby aus dem Körbchen herausgewachsen ist, kann es für den nächsten Sprößling aufbewahrt oder für andere Bewohner wie Puppen oder Teddys zweckentfremdet werden. Das Futter läßt sich zum Waschen leicht herausnehmen. Nähen Sie aus demselben Stoff eine schlichte oder abgesteppte Decke, vielleicht auch in einem Stoffmix aus Seide und Samt. Die gekräuselte Bogenkante am Rand und die Bänder machen das Körbchen zu einem Prunkstück.

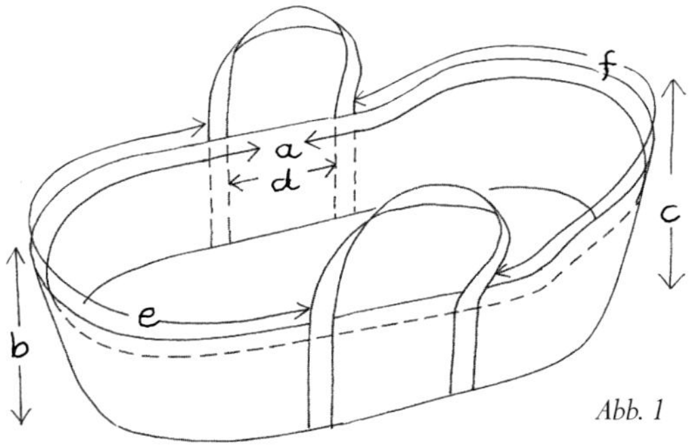

Abb. 1

Material

Geflochtener Korb; Papier und Bleistift; Stoff 1; Stoff 2; Polyestervlies zum Wattieren

Maßnehmen & Schablonen zuschneiden (Abb. 1 & 2)

1. Das Körbchen auf ein großes Stück Papier stellen, die Kontur des Bodens nachzeichnen und eine Schablone ausschneiden, die an allen Außenkanten etwa 1,5 cm größer als der Boden ist. Für die Steppdecke eine zweite Schablone ebenso zuschneiden, jedoch an einer Schmalseite 20 cm abschneiden und rundum weitere 2,5 cm zugeben.

2. Für den seitlichen Rand einen Streifen Papier zuschneiden. Die Länge a entspricht dem Umfang des Korbes, die Breite c messen Sie an der höchsten Stelle des Körbchens. Den Streifen um das Körbchen herumlegen und die Kontur der Oberkante nachzeichnen. Den Streifen an den Seiten durchschneiden, so daß je ein Teil für das Kopf- und das Fußende entsteht. Beim Zuschneiden des Stoffs an den Schmalseiten 2 cm, an der Oberkante 4 cm zugeben.

Abb. 2

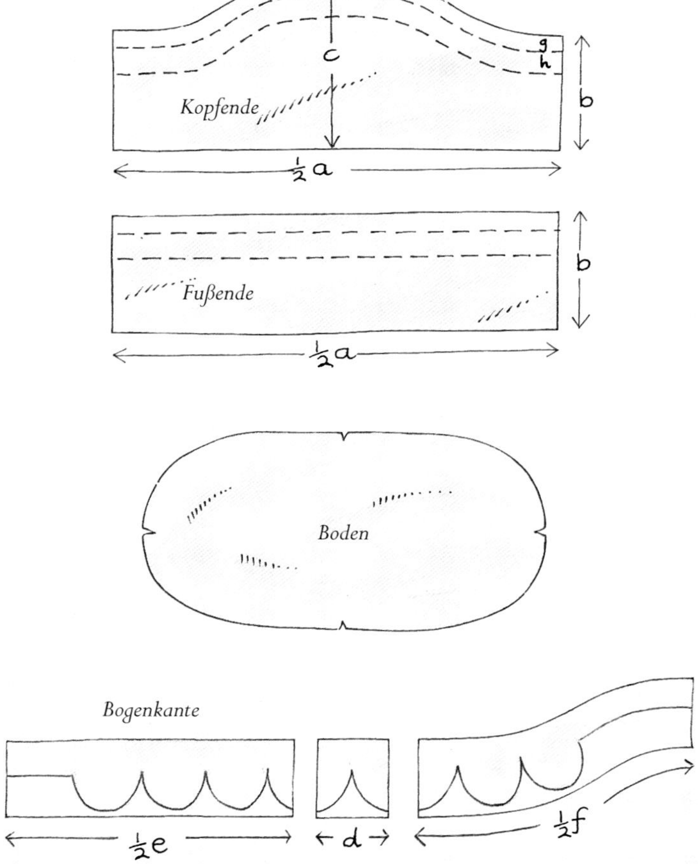

Stoff zuschneiden

Kopfende: zweimal laut Schablone zuschneiden, die untere Mitte markieren.
Fußende: zweimal laut Schablone zuschneiden, die untere Mitte markieren.
Boden: viermal laut Schablone zuschneiden. Die obere und untere sowie die rechte und linke seitliche Mitte markieren.
Für eine gerade Oberkante: zwei 8 cm breite Streifen zuschneiden. Länge an der Oberkante der beiden Seitenteile abmessen.
Für eine Rüschenkante: vier 15 cm breite Streifen zuschneiden. Längen: 1 x 2e, 1 x 2f, 2 x 2d.
Für die Bänder: vier Streifen zuschneiden. Länge = 50 cm, Breite = 13 cm.
Für eine Bogenkante: drei 15 cm breite Streifen aus Papier zuschneiden. Die Gesamtlänge entspricht dem Umfang des Körbchens: An der Oberkante der Schablonen der beiden Seitenteile abmessen. Bögen auf die Hilfslinien d, e und f abstimmen, so daß die Bögen Platz für die Tragegriffe lassen. Die Kontur wie auf Abb. 2 vorgegeben einzeichnen und an den Rändern 2,5 cm zugeben.

Einlage nähen

Die beiden Seitenteile rechts auf rechts an den Schmalseiten zusammensteppen, dabei eine Nahtzugabe von 1,5 cm berücksichtigen. Dann die Oberkante 1 cm breit umbügeln. Die Unterkante des Seitenteiles auf das Bodenteil stecken. Die Markierungseinschnitte an Boden und Rand sollen genau aufeinander ausgerichtet sein. Eventuelle Mehrweite mit kleinen Fältchen an den Seitennähten und in der Mitte von Kopf- und Fußende einbringen. Dann die Naht mit 1,5 cm Nahtzugabe steppen (Abb. 3).

Abb. 3

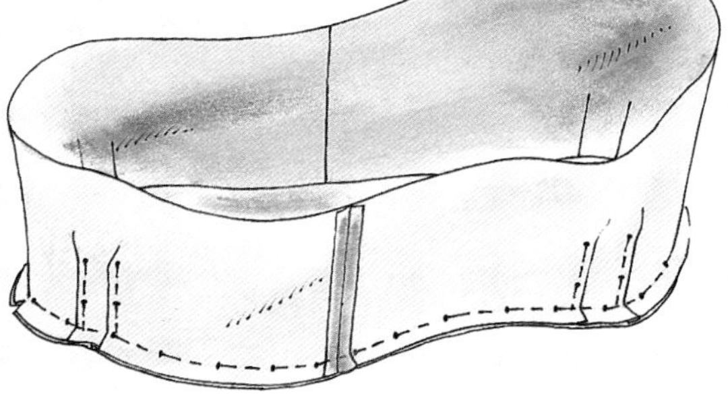

Für eine gerade Oberkante

Die beiden Streifen rechts auf rechts zusammensteppen, so daß ein Ring entsteht. Die Nahtzugabe flachbügeln. An der Unterkante einen doppelten, 1 cm breiten

Saum arbeiten. Dann den Streifen rechts auf rechts an die Oberkante der Einlage steppen, dabei die Seitennähte aufeinander ausrichten. Der fertige Streifen wird knapp über den Rand des Körbchens geschlagen. Er verhindert, daß sich die Einlage verschiebt.

Abb. 4

Für eine Rüschenkante

1. Die Rüsche aus den vier Streifen so zusammensetzen, daß Lücken für die Tragegriffe bleiben. Die Schmalseiten und Unterkanten aller Teile schmal säumen. In der oberen Mitte der beiden langen Teile jeweils einen Einschnitt als Markierung anbringen. Danach die Kräuselfäden einziehen (siehe Seite 142).
2. Die Einlage in das Körbchen legen und die Rüschen rechts auf rechts daran feststecken. Dabei die Markierungseinschnitte an der Mitte von Kopf- und Fußende ausrichten (Abb. 4).
3. Die Einlage aus dem Körbchen nehmen und die Kräuselfäden anziehen. Die Weite gleichmäßig verteilen, dann die Rüsche an der Einlage feststeppen. Die Nahtzugabe auf 6 mm zurückschneiden, die Rüsche umklappen und an der Oberkante 1,5 cm breit absteppen.
4. Die Bindebänder nähen (siehe Seite 144). In der Mitte falten und auf Höhe der Tragegriffe an der Einlage befestigen. Schließlich die Einlage in das Körbchen legen und festbinden.

Für eine Bogenkante

Die Streifen rechts auf rechts zusammenstecken und die Kontur der Bögen nachsteppen. Dann den überschüssigen Stoff wegschneiden und die Nahtzugabe in den Rundungen v-förmig einschneiden (siehe Seite 139). Die Bogenkante wenden und an der Oberkante der Körbchen-Einlage feststeppen (siehe Anleitung zum Befestigen der Rüschenkante). Die Nahtzugabe auf 6 mm zurückschneiden, die Bogenkante nach außen umschlagen und 1,5 cm neben der Bruchkante absteppen.

Die Steppdecke (Abb. 5)

Oberseite: laut Schablone einmal aus Stoff 1 zuschneiden.
Unterseite: laut Schablone einmal aus Stoff 2 zuschneiden.
Einfassung: einen 18 cm breiten Streifen zuschneiden. Die Länge entspricht dem Umfang der Steppdecke.
Wattierung: einmal aus Polyestervlies zuschneiden, rundum 1,5 cm kleiner als die Schablone.

Abb. 5

Die Decke nähen

1. An einer Längskante der Einfassung einen 1 cm breiten Saum arbeiten. Die andere Längskante an die Oberseite der Decke stecken und knappkantig feststeppen.
2. Das Wattiervlies auf die linke Seite der Unterseite heften. Dann Ober- und Unterteil rechts auf rechts zusammenstecken, die Einfassung liegt zwischen den beiden Stofflagen (Abb. 6). Die Seiten und das gerundete Fußende mit 1 cm Nahtzugabe zusammensteppen. Nun die Decke wenden und die Einfassung feststeppen. Beim Aufnähen der Einfassung eine vorbereitete Rüsche oder Bogenkante mitfassen oder die Oberfläche der Decke mit Quilting verzieren.

Abb. 6

Ein Stapel Kissen im Renaissance-Stil, bezogen mit Samt, Möbelvelours und Damast, verziert mit Quasten, Paspeln und Perlen.

Anleitung für die Kissen auf Seite 158–160.

Renaissance

Tapisserien und Quasten **für ein prachtvolles Eßzimmer**

Im 16. Jahrhundert schlug die Mode Kapriolen. Riesige Summen wurden ausgegeben für Kleidung aus silberbesticktem Samt, für Schmuck und seidene Hüte, die drinnen wie draußen getragen wurden. Verzierte Epauletten gehörten ebenso zur Kleidung der Vornehmen wie weite Keulenärmel, Besätze aus Gold-, Silber- oder Perlenstickerei und Umhänge mit kostbarem Futter. Die Männer trugen Ohrringe, die Frauen Polster oder Stützreifen unter den Röcken und parfümierte Handschuhe. Rüschen und Federn, juwelenbesetzte Schuhe und seidene Strümpfe gaben den letzten Schliff. Auch die Häuser spiegelten den Geschmack und Wohlstand ihrer Besitzer wider. Kostbare Tapisserien zierten die Wände, Betten verwandelten sich mit bestickten Kissen und Polstern in kleine, private Paläste, türkische Teppiche eroberten die weitläufigen Räume. Das Leben wurde luxuriöser und komfortabler als je zuvor.

Wenn Sie mit einem Berg Kissen oder einem prachtvollen Vorhang einen Hauch dieser Atmosphäre in Ihre Wohnräume bringen wollen, müssen Sie deshalb noch lange nicht die Zentralheizung abschaffen. Verarbeiten Sie glänzenden Brokat und verzieren Sie ihn mit Quasten und Borten. Eine Paspel aus glänzender Kordel paßt gut zu einem Kissen aus Samt, sehr edel kann aber auch eine schwarze Spitze oder ein Streifen Wildseide aussehen. Stöbern Sie in den Restekisten von Stoffgeschäften nach Brokat, Samt oder Taft. Sie werden schnell feststellen, daß diese Restekisten eine wahre Fundgrube für Ideen und Anregungen sind. Verarbeiten Sie Ihre Fundstücke überall im Haus – nicht nur für Kissen, sondern auch für Sesselbezüge, Raffhalter, Schabracken oder Tischsets. Neben den traditionell düsteren Farben der Renaissance finden Sie heute eine viel größere Farbpalette und können lebhafte, freundliche Farben mit Bronze, Beige, Violett, Schwarz und Dunkelrot mischen.

Reste von alten Vorhang- und Kleiderstoffen sind überall in diesem Zimmer zu finden, z.B. als Bezug auf der Nackenrolle.

Anleitung für die Rolle mit flachen Enden auf Seite 163.

Raffinierte Stoffe
für Schlafzimmer und Bad

Badezimmer sind allzu oft ein trauriger Anblick: funktionale Kammern, in denen sich feuchte Handtücher und halbleere Cremetöpfe stapeln. Dabei weiß eigentlich jeder, wie wohltuend ein duftendes Bad mit ätherischen Ölen und bei Kerzenlicht ist, vielleicht noch mit einem Glas Champagner und leiser Musik von Bach. In einem Bad, das nur für die schnelle Morgendusche eingerichtet ist, wird man solche Momente allerdings kaum genießen können. Nehmen Sie Ihr Badezimmer einmal genau unter die Lupe und verwandeln Sie es in ein königliches Boudoir, ein Refugium vor der grausamen Welt draußen vor der Tür. Im 18. Jahrhundert rückten die Bade- und Ankleidezimmer zum ersten Mal ins Blickfeld der Innenarchitektur. Es war die Zeit, als sich die Damen nicht einfach für eine Party umzogen, sondern sich ausdauernd und nach allen Regeln der Kunst für die Schlacht im Ballsaal rüsteten. Da sind kalte, karge Badezimmer mit nacktem Fliesenboden natürlich wenig einladend. Ein Wandschirm in Rot und Gelb kann eine warme, gemütliche Ecke für die Badewanne schaffen. Üppige Vorhänge und Wandbehänge in weichen Rottönen, bedruckt nach alten Vorbildern, strahlen viel Wärme aus. Dies ist nicht nur ein optischer Effekt: Stoff an den Wänden speichert auch tatsächlich die Wärme in einem Raum. Befestigen Sie ein Leistengerüst auf der Wand und tackern den Stoff darauf fest, bespannen Sie Paneele oder lassen Sie die Stoffbahnen einfach von der Decke herabhängen, gehalten von Borten und dekorativen Bändern.

Unten
Prachtvolle Details haben dieses Zimmer verzaubert. Die Tür wurde durch einen Vorhang ersetzt, der mit Metallklammern an einer Stange befestigt ist. Die roten Troddeln an der feinen Musselingardine wiederholen die Farbe der Decke auf dem Schminktisch.

Links
Ein Bad ist mehr als ein Raum, in dem man sich wäscht. Hier sorgen dekorative Stoffe auf dem Paravent und an den Wänden für eine Atmosphäre, die zum Verweilen einlädt.

Anleitungen für den Paravent auf Seite 143, für den Bezug des Hockers auf Seite 57.

Goldene Wintersonne **im Wohnzimmer**

Hochwertige, gewebte Möbelstoffe sind meist recht teuer. Wenn Ihre Mittel dafür nicht ausreichen, machen Sie es wie Scarlett O'Hara und verwenden beispielsweise alte Vorhänge in neuer Weise. In Second-Hand-Läden finden Sie manchmal äußerst extravagante Stoffe. Oder Sie stöbern bei Altkleidersammlungen oder in Indienläden nach hübschen, aber preiswerten Druckstoffen in verwaschenen Blumenmustern, nach Futterstoff oder nach prachtvoll gefärbter, indischer Seide. Der schlichte Schreibtischstuhl ist in ein Gewand aus Leinen gehüllt, das ursprünglich von einem Vorhang aus einem herrschaftlichen Haus stammt; die Rückseite sieht wie ein priesterlicher Umhang aus. Der moderne Stuhl, der unverhüllt gar nicht in den Rahmen dieses Zimmers passen würde, wird durch den dekorativen Überwurf geschickt integriert. Auch im übrigen Raum herrschen leuchtende Farben vor. Die weich fallenden Vorhänge aus moosgrüner Seide sehen mit dem losen, leuchtend gelben Seidenfutter noch vornehmer aus. Beide Stofflagen sind auf einer Vorhangstange befestigt. Ein transparentes Faltrollo aus gelbem Voile färbt das graue Winterlicht in einem warmen, sonnigen Ton. Solche feinen Rollos sind eine ideale Alternative zu den klassischen Tüllgardinen: Sie sind fast unsichtbar und schaffen doch eine dezente Barriere zwischen dem Zimmer und der Außenwelt. Das Sofa glänzt mit Brokat in Gold, Weiß, Rosa und Grün. Ein handgewebter Teppich, locker über einen Wandschirm geworfen, bringt luxuriöse Wärme in den Raum. Der Stuhl jedoch, der direkt im Licht der einfallenden Wintersonne steht, ist der eigentliche Blickfang des Raumes.

Oben
Durch das gelbe Faltrollo scheint die winterliche Morgensonne sanft ins Zimmer. Regen und Wind dagegen werden ausgesperrt, ohne daß das Zimmer dunkel erscheint.

Anleitung für das Faltrollo auf Seite 146 – 147.

Links
Die Vorhänge bestehen aus zwei unterschiedlich schweren Seidenstoffen in kontrastierenden Farben: Moosgrün und Sonnengelb.

Anleitung für Vorhänge auf Seite 148 – 152.

Rechts

Blickfang des Raumes ist der Stuhl, der in einen Überwurf aus goldgelbem Leinen gehüllt wurde. Dicht am Fenster steht der Schreibtisch im rechten Licht. Eine zarte Gardine aus dünner Seide hält Zugluft ab und bricht die Strahlen der Wintersonne.

Anleitungen für den Regiestuhl mit Kapuze auf Seite 176, für Vorhänge auf Seite 148 – 152.

Märchenhaft
Ein Schlafzimmer zum Träumen

Im 16. Jahrhundert, als Himmelbetten mit hohen Pfosten modern wurden, war das Schlafzimmer einer der prächtigsten Räume im Haus. Der Baldachin, unter dem die seitlichen Vorhänge herabhingen, bestand häufig aus kostbarem Material. Die riesigen Holzteile am Kopfende des Bettes waren mit kunstvollen Schnitzereien verziert, manchmal waren sogar Kerzenhalter daran befestigt. Zum Ausstopfen der dicken Matratzen verwendete man Schafwolle oder Federn.

Noch immer ist das Schlafzimmer ein wichtiger Raum im Wohnbereich. Allerdings hat das Bettgestell als Möbelstück an Bedeutung verloren zugunsten der textilen Ausstattung. Hier tummeln sich auf einem Walnußholz-Bett aus dem vorigen Jahrhundert Kissen aus indischen Stickereistoffen und ein wendbarer Überwurf aus Streifen von Samt und Seide. Auf dem polierten Holzfußboden sorgen orientalische Teppiche für Wärme und Behaglichkeit. Allzu viel Holz kann einen Raum leicht düster wirken lassen; hier sind die Fenster jedoch so groß, daß genug Licht einströmen kann. Die Vorhänge aus roter Crashseide haben Kanten aus asiatischer Seide in exotischen Farben. Ein Spiegel zwischen den beiden Fenstern fängt das Licht ein und macht den Raum noch heller und größer. Die weiße Decke über den goldgelben Wänden gibt ihm zusätzlich Höhe und Leichtigkeit.

Oben links
Ein weiterer Rotton kommt ins Spiel: der Taft für den gerüschten Sesselbezug. Gemütlich dazu ist die dicke, samtbezogene Rolle.
Anleitungen für den Bezug für einen Cocktailsessel auf Seite 176 – 177, für die gepaspelte Rolle mit gekräuselten Enden auf Seite 162.

Links
Ein Sessel, auf dessen Bezug sich die intensiven Farben des Raumes wiederfinden, schafft eine gemütliche Leseecke.
Anleitung für den Bezug für einen Lehnstuhl auf Seite 178 – 180.

Westliche Gediegenheit und fernöstliche Einflüsse gehen in diesem Schlafzimmer eine reizvolle Mesalliance ein. Die Vorhänge aus Crashseide haben eine farbenfrohe Kante, auffällige Quasten zieren die Raffhalter. Die Einlage des Baby-Körbchens besteht aus glänzendem Taft mit einer Rüschenkante aus Samt.

Anleitung für das Baby-Körbchen auf Seite 128–129.

Techniken und Anleitungen

Mehr als Grundkenntnisse im Nähen brauchen Sie nicht, um die Anregungen in diesem Buch umzusetzen und anzuwenden. Im folgenden Kapitel stellen wir Ihnen die besonderen Techniken vor, die Ihren Arbeiten den professionellen Schliff geben. Außerdem finden Sie hier klare und ausführliche Anleitungen für die unterschiedlichsten Modelle – von der einfachen Serviette über die Kissenhülle bis zum Bezug für einen ganzen Lehnstuhl.

Grundtechniken

Nähte

Eine saubere Naht will gut vorbereitet sein. Zuerst die Kanten der beiden Stoffteile aufeinanderstecken. Die Nadeln sollten dabei im rechten Winkel zur Stoffkante und in Abständen von 10 – 15 cm plaziert werden. Dann die Stofflagen knapp innerhalb der Nahtlinie mit kontrastfarbigem Garn heften. Wenn der Stoff leicht ausfranst, die Schnittkanten vor dem Nähen mit Zickzackstichen versäubern.

Einfache Naht

Die beiden Stoffteile rechts auf rechts kantenbündig zusammenstecken und -heften. Dann auf der Nahtlinie entlangsteppen. Beide Enden der Naht sollten mit einigen Rückstichen gesichert werden. Die Heftfäden entfernen und die Nahtzugabe von links auseinanderbügeln (Abb. 1).

Ecken

Um eine exakte Ecke zu nähen, den Nähfuß an der Ende der Nahtlinie anheben, die Nadel aber im Stoff stecken lassen. Den Stoff um die Nadel drehen und den Fuß wieder absenken. Vor dem Wenden des Stoffteils die Nahtzugabe an der Ecke schräg abschneiden. Bei innen liegenden Ecken die Nahtzugabe bis 2 mm vor der Stepplinie einschneiden (Abb. 2).

Rundungen

Damit die Naht glatt liegt, die Nahtzugabe auf 6 mm zurückschneiden. Nach außen gewölbte Rundungen liegen besser, wenn aus der Nahtzugabe kleine v-förmige Keile herausgeschnitten werden. Bei Innenkurven wird die Nahtzugabe mehrfach eingeschnitten (Abb. 3).

Rechts-links-Naht

Bei dieser doppelten Naht dient die zweite Stepplinie dazu, die Nahtzugabe der ersten zu verstecken. Die Rechts-links-Naht ist sehr stabil und eignet sich besonders für transparente Stoffe, bei denen die Nahtzugabe durchschimmern könnte. Die beiden Stofflagen zunächst links auf links 6 mm von der Kante entfernt zusammensteppen. Die Nahtzugabe auf 3 mm zurückschneiden und die Naht wenden, so daß der Stoff rechts auf rechts liegt. Nun 8 mm neben der Bruchkante eine zweite Naht steppen (Abb. 4).

Kappnaht

Diese wendbare doppelte Naht ist sehr strapazierfähig und übersteht auch häufiges Waschen. Die Teile links auf links 1,5 cm neben der Kante zusammensteppen. Beide Nahtzugaben zu einer Seite bügeln und die untere auf 5 mm zurückschneiden. Die obere Nahtzugabe wird 3 mm breit nach links umgebügelt, über die untere gelegt und festgesteppt (Abb. 5).

Matratzenstich

Mit diesem Stich erhalten Sie eine saubere Verbindung zwischen zwei umgeschlagenen Stoffkanten, bei der nur wenig vom Faden sichtbar ist. Die Stoffkanten nebeneinander legen und einen kleinen Stich von einer Seite zur anderen arbeiten. Dann die Nadel 6 mm weit unter dem Bruch entlangführen, ausstechen und in die andere Stoffkante wieder einstechen (Abb. 6).

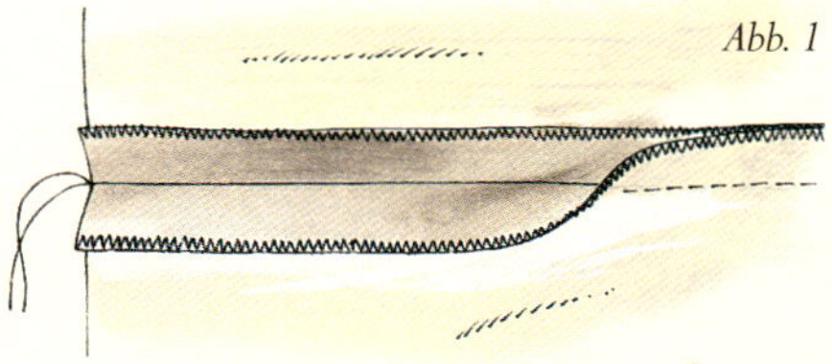
Abb. 1

Abb. 2
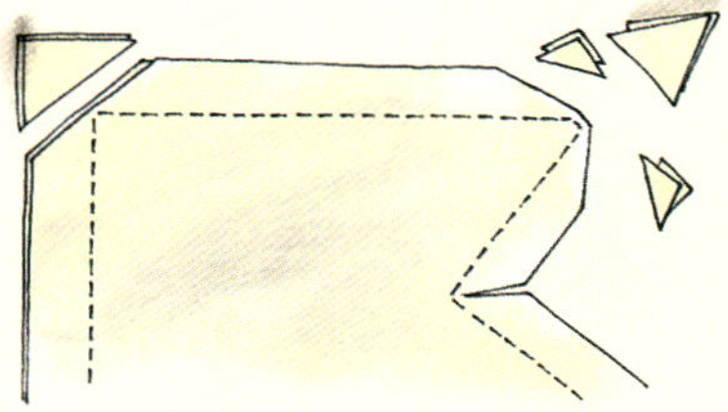

Abb. 3
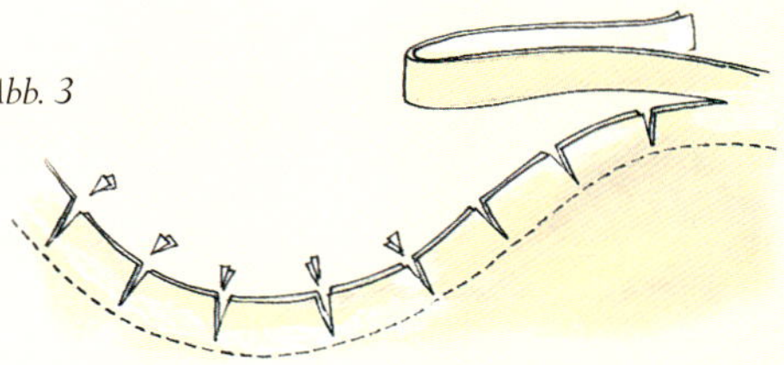

Abb. 4
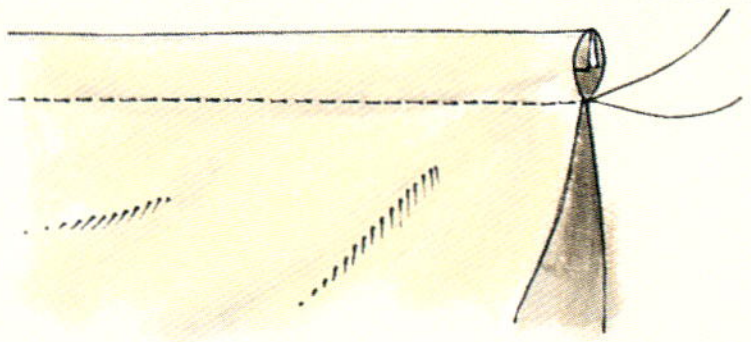

Abb. 5
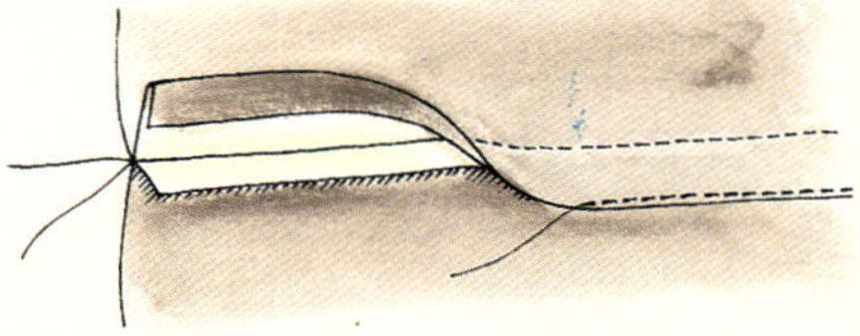

Abb. 6
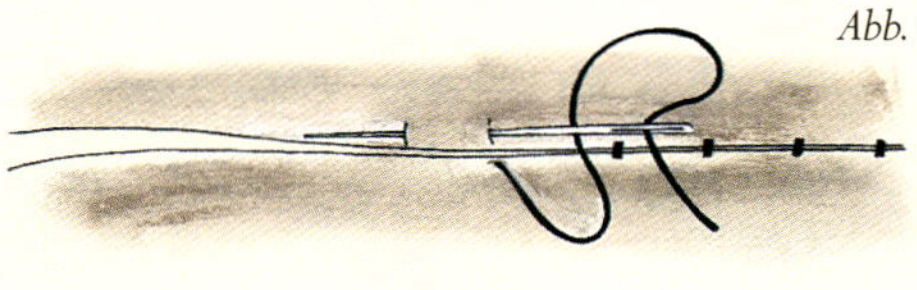

Säume

Welche Saumtechnik Sie wählen, richtet sich vor allem nach der Dicke Ihres Stoffes. Sehr schwere Stoffe werden in der Regel nur einmal umgeschlagen. Ein doppelter Saum aus einem schmalen und einem breiteren Einschlag eignet sich für die meisten Qualitäten. An transparenten und sehr leichten Stoffen sollten zwei Einschläge gleicher Breite gearbeitet werden (Abb. 1). Die meisten Säume können mit der Maschine gesteppt werden. Vorhänge sollten Sie jedoch von Hand säumen.

Abb. 1

Einfacher Saum

Die Schnittkante mit Zickzackstichen versäubern oder mit einer Zackenschere beschneiden. Den Stoff in gewünschter Breite umschlagen und den Einschlag festnähen. Für einen handgenähten Saum eignet sich am besten der Hexenstich: Am linken Ende des Einschlages beginnen und die Nadel schräg nach oben führen. Nach einem kleinen waagerechten Stich durch den Oberstoff wird schräg nach unten ein Stich durch den Einschlag gearbeitet (Abb. 2). Fortlaufend wiederholen.

Abb. 2

Doppelter Saum

Den Saum auf die gewünschte Länge einschlagen. Die Schnittkante des Einschlages 6 mm breit nach innen umbügeln und den Saum feststecken. Den Saum von Hand mit Saumstichen festnähen. Von rechts nach links arbeiten und immer nur wenige Fäden aufgreifen (Abb. 3). Der Faden darf nicht zu fest gezogen werden.

Abb. 3

Briefecke

Wenn zwei Säume zusammentreffen, ist die Briefecke die dekorativste Lösung der Eckverarbeitung. Saum zunächst umbügeln, dann wieder aufklappen. Die Ecke in einem Winkel von 45° umschlagen, die eingebügelten Linien bilden ein Quadrat (Abb. 4). Nun die Saumzugaben wieder hochklappen und die schräge Naht auf der Ecke von Hand schließen (Abb. 5). Bei einem doppelten Saum beide Bruchlinien einbügeln, den Stoff am zweiten Bruch aufschlagen und die Ecke abschrägen.

Abb. 4
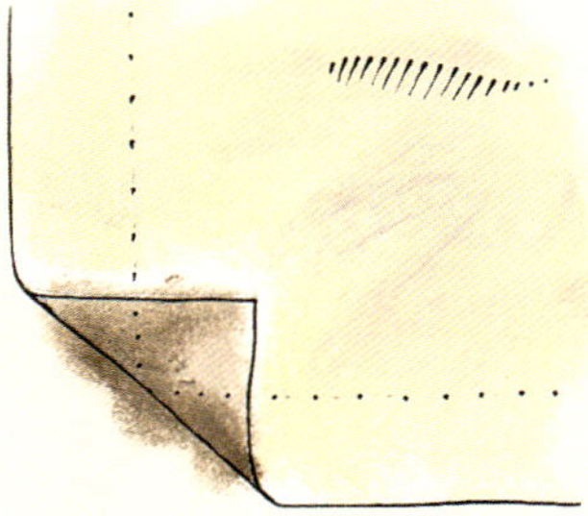

Abb. 5
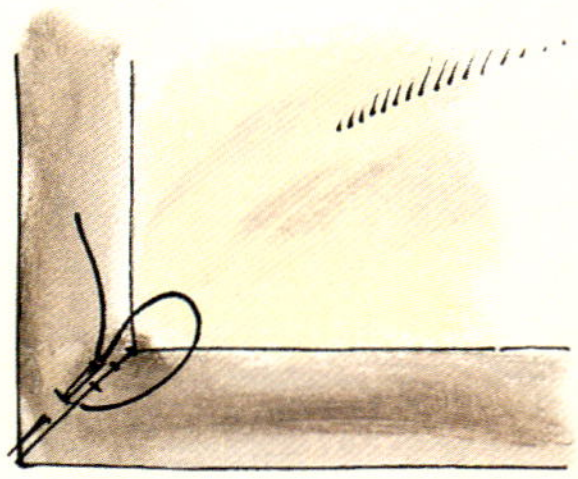

Einfassungen

Die Kanten besonders dicker Stoffe und Quilts versäubern Sie am besten, indem Sie sie einfassen. Für gerade Kanten können Stoffstreifen im geraden Fadenlauf geschnitten werden, gerundete Kanten sollten mit Schrägstreifen eingefaßt werden. Schrägstreifen gibt es in vielen Farben als Meterware zu kaufen, sie sind aber auch leicht selbst herzustellen.

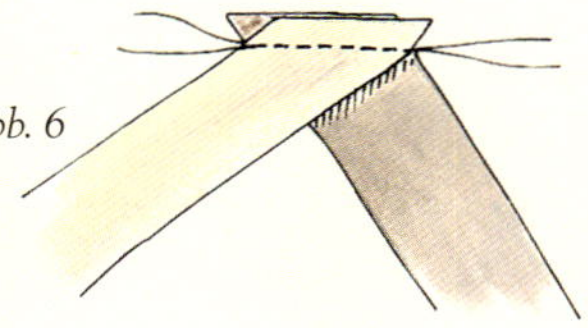
Abb. 6

Schrägstreifen schneiden

Die Streifen in doppelter Einfaßbreite zuzüglich 12 mm für die Einschläge zuschneiden. Dafür mit Schneiderkreide eine diagonale Linie im 45°-Winkel zur Seitenkante auf den Stoff zeichnen. Mit einem Lineal nun mehrere parallele Linien in der gewünschten Breite ziehen und darauf entlangschneiden. Die Streifen im geraden Fadenlauf mit 6 mm Nahtzugabe zusammennähen (Abb. 6). Um einen langen Schrägstreifen herzustellen, ein 30 x 60 cm großes Rechteck zuschneiden. Eine Ecke im Winkel von 45° abschneiden und an die gegenüberliegende Kante annähen. Parallele Linien auf den Stoff zeichnen (Abb. 7) und die Kanten a und b zusammensteppen. Die so entstandene »Röhre« spiralförmig aufschneiden.

Abb. 7
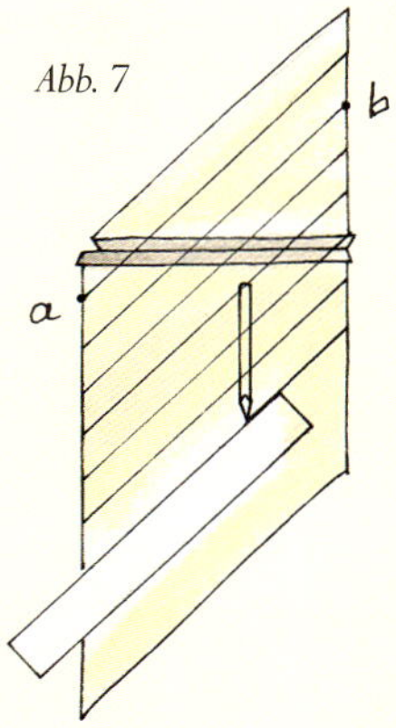

Abb. 8
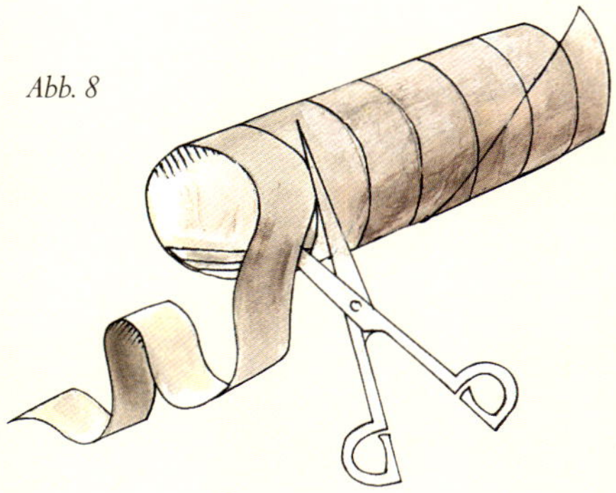

Einfassung ansetzen

Die Längskanten des Streifens je 6 mm breit umbügeln. Dann den Streifen der Länge nach zur Hälfte bügeln, die linke Seite liegt innen. Den Streifen um die einzufassende Kante legen und feststecken. Ecken und Rundungen dabei besonders sorgfältig arbeiten, gegebenenfalls mit Briefecken. Den Streifen festnähen (Abb. 9). Achten Sie darauf, daß Sie immer alle Lagen mitfassen.

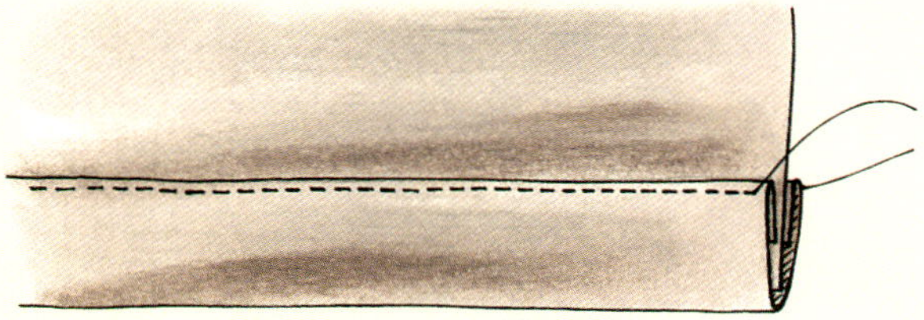

Abb. 9

Paspel

Paspelkordel wird mit schräg geschnittenem Stoff bezogen und beim Nähen als Dekoration und Randverstärkung mitgefaßt. An Möbelbezügen akzentuieren kontrastfarbige Paspeln die Konturen. Die Paspelkordel wird in verschiedenen Stärken angeboten. Wählen Sie einlaufsicheres Material oder waschen Sie die Kordel vor der Verarbeitung einmal in der Kochwäsche mit.

Die Kordel beziehen

Einen Schrägstreifen in der erforderlichen Länge plus 5 cm für jede Nahtstelle zuschneiden. Für die Breite des Streifens den Umfang der Kordel abmessen und 3 cm addieren. Den Streifen mit der rechten Seite nach außen um die Kordel legen und mit dem Reißverschlußfuß dicht neben der Kordel durch beide Stofflagen steppen (Abb. 10).

Abb. 10

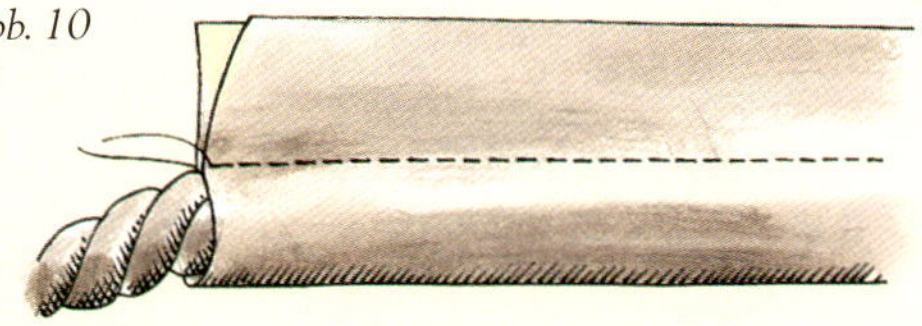

Eine Naht paspeln

Die Paspel kantenbündig auf die rechte Seite einer Stofflage stecken. In Rundungen und Ecken werden die Nahtzugaben von Stoff und Paspel eingeschnitten (Abb. 11) und in einer scharfen Kurve (nicht im Winkel!) mit dem Reißverschlußfuß gesteppt. Dann die zweite Stofflage rechts auf rechts feststecken und direkt neben der ersten Naht nochmals steppen.

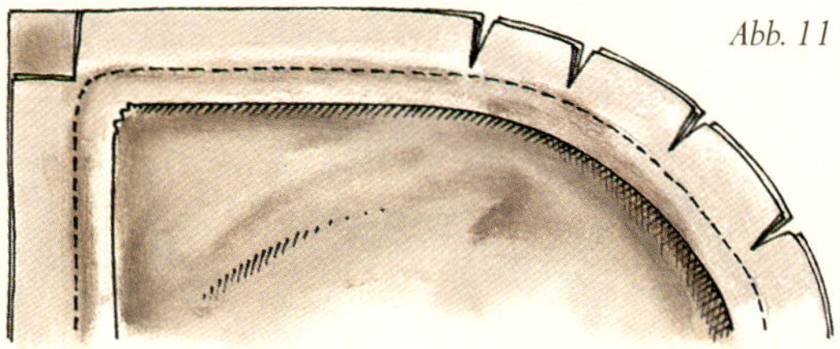

Abb. 11

Eine umlaufende Kante paspeln

Wenn Sie die Kante eines Kissens paspeln wollen, soll die Nahtstelle der Paspelkordel möglichst unauffällig sein, z.B. in der Nähe einer Naht. Die Paspel festnähen, rechts und links von der Nahtstelle aber 5 cm lose lassen. Die Naht, die die Paspelkordel hält, beidseitig 3 cm weit auftrennen. Die Kordelenden zuschneiden, so daß sie genau gegeneinanderstoßen, und mit Bindfaden umwickeln. Die Enden der Schrägstreifen werden so zugeschnitten, daß sie einander 1,5 cm weit überlappen. Den oberen Streifen 5 mm breit umschlagen (Abb. 12), über den unteren legen und die Paspel endgültig feststeppen.

Abb. 12

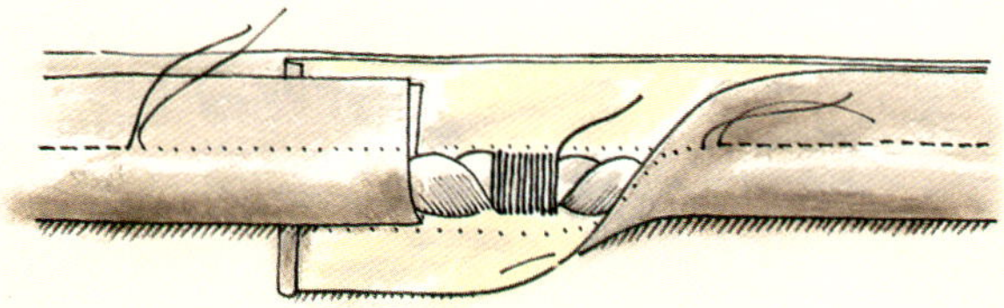

Dekorative Kordeln

Seidig glänzende Zierkordeln werden von Hand auf Nähte oder Kanten genäht. Verwenden Sie passendes Nähgarn und fassen Sie bei jedem Stich nur wenige Fäden auf der Rückseite der Kordel. Die Enden solcher Kordeln lassen sich nicht sauber zusammenfügen, darum sollten Sie sie in einer Naht verstecken. Bei einer Kissenhülle die Naht 3 cm weit offen lassen, Anfang und Ende der Kordel in diese Öffnung schieben (Abb. 13) und die Naht erst dann endgültig schließen.

Abb. 13

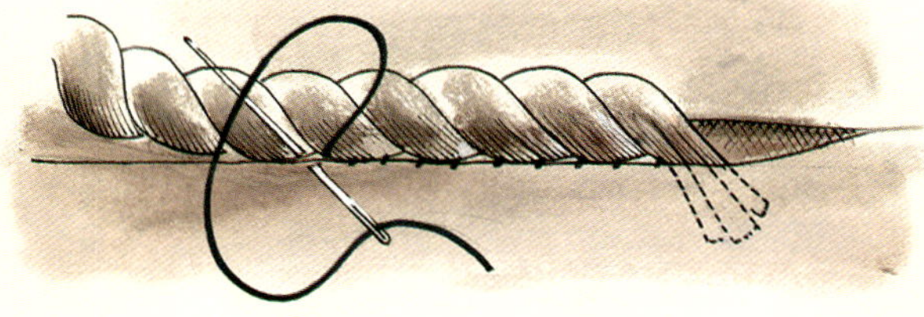

Borten und Litzen

Gewebte Borten und Litzen können von Hand oder mit der Maschine aufgesetzt werden. Wenn das Material nicht ausfranst, werden die Enden mit einer knappen Naht verbunden. Sonst schneiden Sie die Borte 5 cm länger als benötigt zu, lassen die Enden ein Stück weit überlappen und verstecken sie in einer Naht (Abb. 1). Wenn Sie die Kante einer Decke oder eines losen Überwurfs mit einer Borte verzieren, setzen Sie die Borte über die Kante des Saumeinschlags. So wird die Decke wendbar.

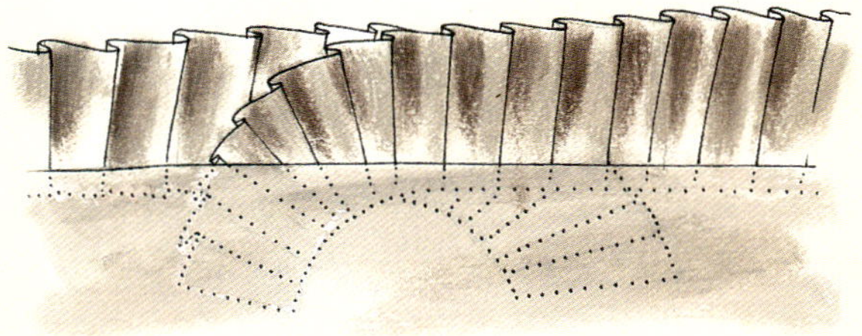

Abb. 1

Rüschen und Falten

Rüschen und Falten lassen sich für viele Zwecke einsetzen: Sie können die strenge Kante eines Rollos auflockern, einem schlichten Überwurf einen dekorativen Abschluß geben oder die Seiten einer Tischdecke weich wie ein Röckchen fallen lassen. Besonders füllige Rüschen erhalten Sie, wenn Sie den Stoff in der zweifachen Breite zuschneiden und der Länge nach doppelt legen, ehe Sie ihn kräuseln. Rüschen sollten stets an der losen Längskante schmal eingesäumt werden. Doppelte Rüschen können mit einfachen Nähten zusammengesetzt werden, bei Rüschen aus einlagigem Stoff arbeiten Sie Kappnähte oder Rechts-links-Nähte.

Kräuseln

Die Stoffweite wird mit einem Faden zusammengezogen. Bei leichten Stoffen steppen Sie zwei parallele Reihen langer Maschinenstiche oder ziehen Sie von Hand mit Vorstichen einen Kräuselfaden ein. Schwere Stoffe oder sehr lange Kanten kräuseln Sie, indem Sie mit Zickzackstichen über einen dickeren Faden hinweg nähen (Abb. 2). Der Faden darf nicht durchstochen werden, sonst läßt er sich später nicht ziehen.

Rüschen ansetzen

Am wichtigsten beim Kräuseln der Rüsche ist, daß die Weite gleichmäßig verteilt wird. Wenn eine Rüsche an eine gerade Kante gesetzt werden soll, falten Sie sie in Hälften, dann in Viertel und markieren Sie die Segmente durch kleine Einschnitte in der Nahtzugabe. Verfahren Sie ebenso an der Kante des Stoffes, an den die Rüsche genäht werden soll. In jeden Abschnitt der Rüsche einen separaten Kräuselfaden einziehen. Die Rüsche rechts auf rechts an den Stoff stecken, so daß sich die Markierungen decken. Nun die Rüsche Stück für Stück aufkräuseln und feststecken (Abb. 3), die Kräuselfäden verknoten und die Rüsche aufsteppen. Zum Schluß die Nahtzugabe versäubern.

Wenn Sie eine umlaufende Rüsche ansetzen wollen, z.B. bei einem Kissen, gehen Sie ebenso vor. Bei einem Quadrat als Grundfläche wird die Länge der Rüsche in vier gleiche Abschnitte unterteilt. Bei einem Rechteck, z.B. einer Tischdecke, addieren Sie die Kantenlängen und teilen das Ergebnis durch acht. An einer Ecke beginnend, markieren Sie am Rand des Rechtecks die entsprechenden Abschnitte. Auch die Rüsche in acht Abschnitte unterteilen und markieren. Nun Kräuselfäden einziehen, die Rüsche an den Markierungen feststecken (Abb. 4), aufkräuseln und steppen. An den Ecken darf die Kräuselung dichter sein.

Rüsche versäubern

Rüschen an einem Vorhang oder einer Wiege sehen hübscher aus, wenn die Schnittkanten versäubert sind. Dazu die Nahtzugabe der Rüsche auf 6 mm zurückschneiden. Die Nahtzugabe des Oberstoffs 5 mm breit umbügeln, über die Zugabe der Rüsche schlagen und feststeppen (Abb. 5).

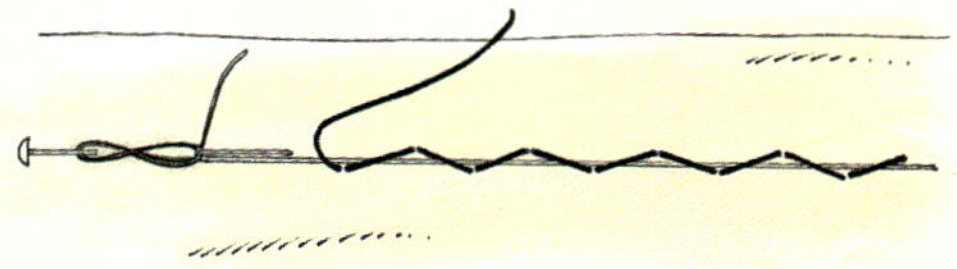

Abb. 2

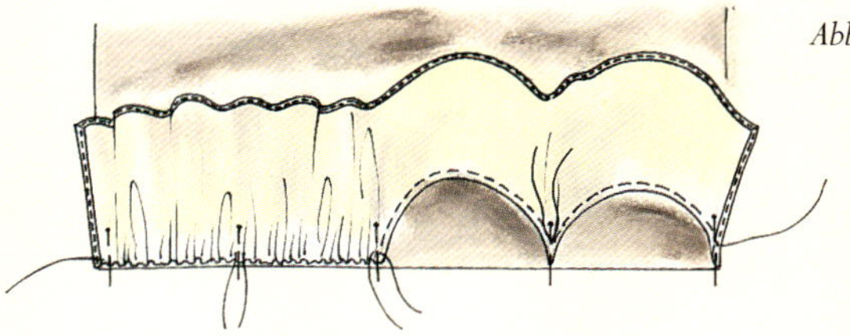

Abb. 3

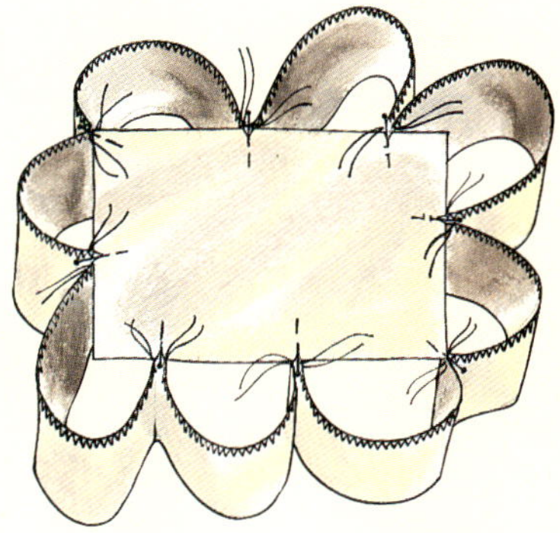

Abb. 4

Abb. 5

Falten

Ein Stoffstreifen, der in Falten gelegt werden soll, muß über die Breite des Stoffes exakt im Fadenlauf geschnitten werden, damit die Falten nachher gerade fallen. Achten Sie darauf, daß Quernähte unsichtbar auf der Innenseite der Falten liegen.

Einfache Falten

Den Stoff in doppelter Länge zuschneiden. Mit Schneiderkreide parallele Linien aufzeichnen. Der Abstand der Linien entspricht der Faltentiefe. Jeweils Punkt a auf Punkt c stecken, so daß alle Falten in die gleiche Richtung verlaufen (Abb. 6).

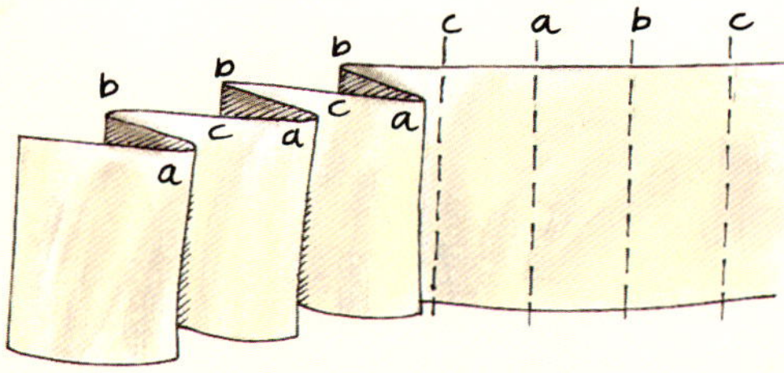

Abb. 6

Kellerfalten

Zwei einfache Falten, die nicht in eine Richtung, sondern zueinander gefaltet werden, bilden eine Kellerfalte. Stoff in dreifacher Länge zuschneiden. Parallele Linien auf dem Streifen einzeichnen. Der Abstand der Linien entspricht der halben Faltenbreite. Jeweils Punkt a auf Punkt c sowie Punkt e auf Punkt c stecken (Abb. 7).

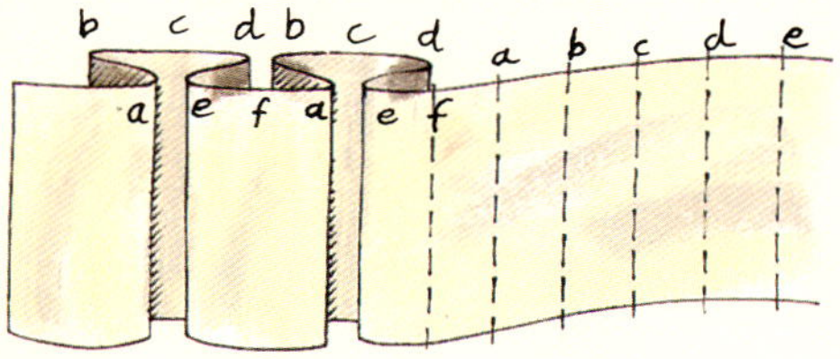

Abb. 7

Stoffbahnen

Große Stoffrechtecke, mit wenig Nähaufwand gesäumt, lassen sich für viele dekorative Zwecke einsetzen – als Tischtuch, Draperie oder Wandverkleidung.

Gemusterte Stoffe zusammensetzen

Wenn Sie mehrere Bahnen eines gemusterten Stoffes zusammensetzen, muß das Muster an der Naht exakt weiterlaufen. Achten Sie darauf, daß jede Bahn mit dem gleichen Rapport beginnt. Bügeln Sie dann die Nahtzugabe einer Stoffbahn nach links um und stecken Sie sie so auf die nächste Bahn, daß das Muster über die Naht fortläuft. Die Kanten mit Leiterstichen heften (Abb. 8): Dafür einen 1 cm langen Stich parallel zur Bruchkante arbeiten, dann in den umgeschlagenen Stoff einstechen und den nächsten Stich arbeiten. Fortlaufend wiederholen. Anschließend den Stoff rechts auf rechts legen und auf der Heftlinie steppen.

Abb. 8

Stoffbahnen zusammensetzen

Um eine auffällige Mittelnaht zu vermeiden, können Sie auch die Bahn, die angesetzt werden soll, der Länge nach halbieren und je eine Hälfte links und rechts an die mittlere Bahn nähen (Abb. 9).

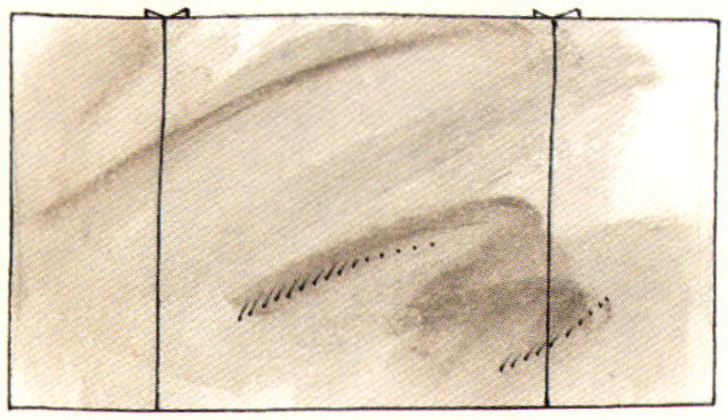

Abb. 9

Verstürzen

Beim Verstürzen zwei gleich große Stücke Stoff rechts auf rechts legen und die Kanten absteppen. Ein Schlitz von etwa 25 cm Länge bleibt offen. Die Ecken einschneiden, den Stoff wenden und den Schlitz schließen.

Bespannen mit Stoff

Ein Wandschirm oder das Kopfende eines Bettes kann ganz einfach mit Stoff bespannt werden. Den Stoff rundum 5 cm größer als die zu bespannende Fläche zuschneiden und alle 10 cm mit einem Tacker befestigen. Dabei als erstes den Stoff jeweils in der Mitte der vier Seiten befestigen und zu den Ecken hin arbeiten. Den Stoff immer im Fadenlauf gespannt halten. Den überstehenden Stoff abschneiden und eine Borte über die Schnittkante mit den Klammern kleben.

Abb. 10

Reißverschlüsse

Reißverschlüsse aus Metall und Kunststoff gibt es in den unterschiedlichsten Farben, Stärken und Längen. Grundsätzlich wird als Länge eines Reißverschlusses die Länge der Zähnchenleiste angegeben. Verwenden Sie zum Einsetzen einen Reißverschlußfuß, mit dem Sie dicht an den Zähnchen entlang steppen können.

Reißverschluß in der Naht

Die Stoffteile zusammenheften. Auf der Heftlinie steppen; dabei muß ein Stück, das etwa 1 cm länger als der Reißverschluß ist, offen bleiben. Die Nahtenden mit einigen Rückstichen sichern. Die Nahtzugabe auseinanderbügeln. Den Reißverschluß mit dem Schlitten nach unten auf die Naht legen, heften und von rechts einsteppen.

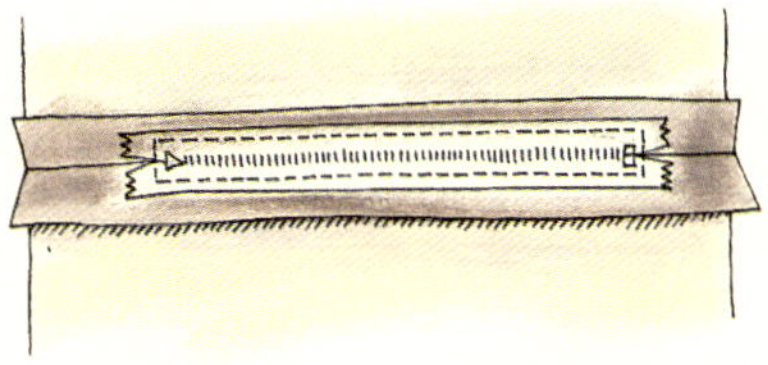
Abb. 1

Reißverschluß in der gepaspelten Naht

Die Naht fertigstellen, dabei aber einen Schlitz für den Reißverschluß offen lassen. Den Reißverschluß öffnen und eine Hälfte rechts auf rechts auf die Stoffseite mit der Paspel heften. Die Zähne des Reißverschlusses sollen neben der Paspelkordel liegen (Abb. 2). Die Nahtzugabe zur linken Stoffseite umschlagen und den Reißverschluß schließen. Die Nahtzugabe der anderen Stoffkante so umbügeln, daß die Bruchkante an die Paspel stößt. Die zweite Hälfte des Reißverschlusses festheften und von der rechten Stoffseite her steppen. Das untere Ende wird quer abgenäht.

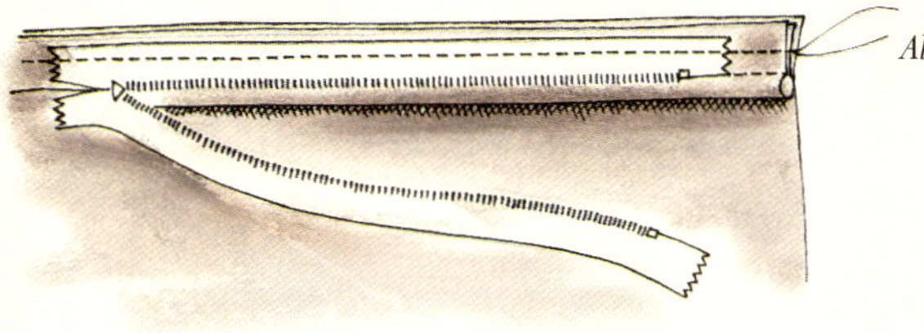
Abb. 2

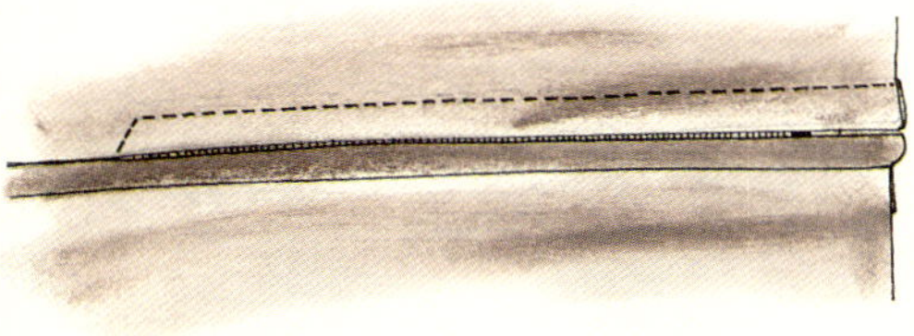
Abb. 3

Bänder

Stoffstreifen in einfacher Länge und doppelter Breite des gewünschten Bandes zuschneiden und rundherum eine Nahtzugabe von 1 cm einrechnen.
Für schmale Bänder alle Kanten 1 cm breit umbügeln. Dann das Band der Länge nach zur Hälfte bügeln und rundherum 3 mm neben der Kante absteppen (Abb. 4).
Für breite Bänder den Stoffstreifen der Länge nach rechts auf rechts zur Hälfte legen und die Längskante steppen. Den Stoffschlauch bügeln, so daß die Naht in der hinteren Mitte liegt. Nun ein Ende schräg oder gerade abnähen (Abb. 5).
Das Band wenden und das andere Ende schließen.

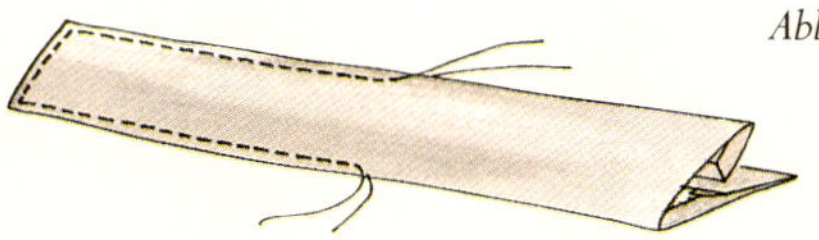
Abb. 4

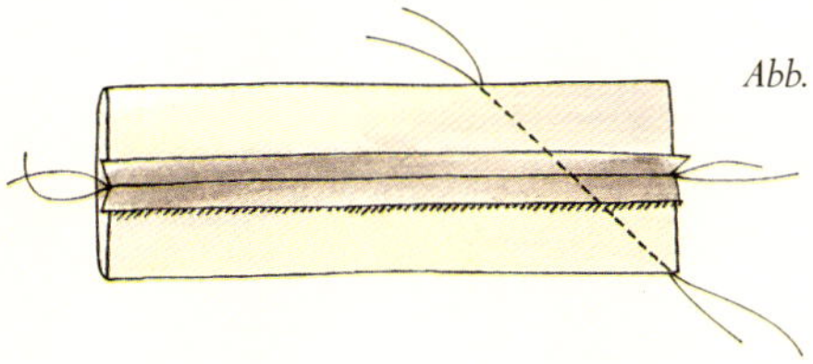
Abb. 5

Schleifen

Eine Zierschleife besteht aus vier separaten Teilen. Genaue Maßangaben finden Sie bei den einzelnen Modellen, die Arbeitstechnik ist jedoch immer die gleiche:
Mittelteil: Breite = 2b, Länge = 2a, Zugabe rundum 1,5 cm.
Bänder: zweimal zuschneiden. Breite = d, Länge = 2c, Zugabe rundum 1,5 cm.
Knoten: Breite = e, Länge = b, Zugabe rundum 1,5 cm.
Das Mittelteil wird rechts auf rechts längs zur Hälfte gefaltet. Die Längskante steppen, das Teil wenden und bügeln, so daß die Naht in der hinteren Mitte liegt. Das Stoffstück für den Knoten genauso verarbeiten. Beide Enden des Mittelteiles zur Mitte hinklappen und zwei Kräuselfäden durch alle Stofflagen ziehen (Abb. 7). Den Stoff aufkräuseln und die Fäden verknoten. Nun die Bänder fertigstellen (siehe oben) und neben den Kräuselfäden auf der Rückseite des Mittelteils festnähen (Abb. 8). Zum Schluß den Knoten um die Mitte der Schleife legen und auf der Rückseite vernähen.

Abb. 6
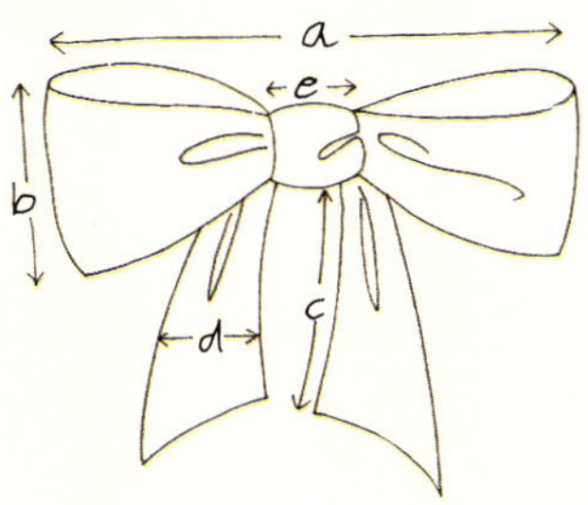

Abb. 7
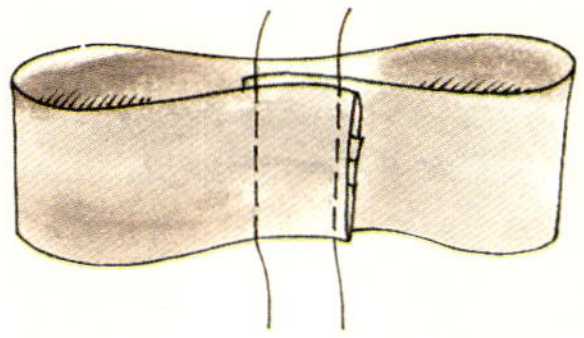

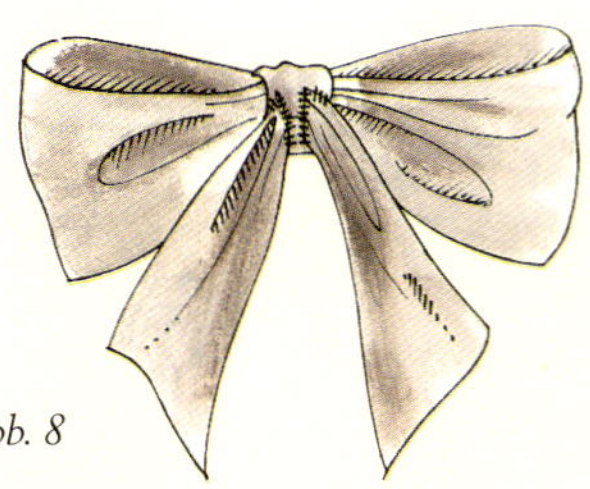
Abb. 8

Die Gestaltung der Fenster bestimmt die Gestaltung eines Raumes: Vorhänge, Rollos, Schabracken und Draperien – sie alle dienen nicht nur dazu, eine Trennung zwischen Privatsphäre und Außenwelt herzustellen, sie geben dem Raum zugleich Leben und Farbe. Im Grunde müssen Sie nicht viel mehr tun, als einige Schnüre an den Kanten einer Stoffbahn zu befestigen.

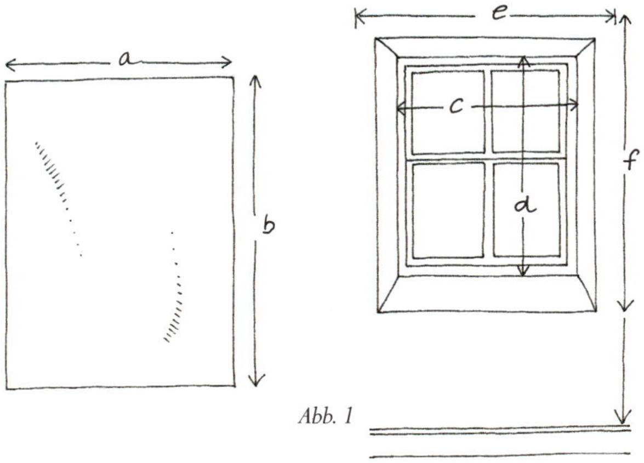

Abb. 1

Rollos

Einzeln aufgehängt wirken Rollos schlicht und schnörkellos. Reizvoll kann es aber auch sein, sie mit passenden Vorhängen zu kombinieren. Ungefütterte Rollos im schwedischen Stil rollen sich beim Hochziehen auf, weil die Unterkante mit einem Rundstab beschwert ist. Sie eignen sich besonders für gemusterte und transparente Stoffe, da keine Stangen oder Leisten durchscheinen können. Bei Faltrollos laufen die Zugschnüre durch ein System von Ösen oder Ringen, so daß der Stoff beim Hochziehen Falten wirft. Werden die Ösen direkt auf den Stoff genäht, entstehen weiche, lockere Falten. Schärfere Konturen bekommen die Falten durch eingeschobene dünne Leisten. Denken Sie bei der Auswahl des Stoffes daran, daß Rollos meist hochgezogen sind: Großflächige Muster kommen dabei nicht zur Geltung.

Rollos eignen sich gleichermaßen für große und kleine Fenster. Sie sollten aber nicht breiter als zwei Meter sein, sonst biegen sich die Holzleisten durch. Im Idealfall schneiden Sie das Rollo aus einem einzigen Stück Stoff. Müssen Sie jedoch zwei Stoffbahnen zusammensetzen, vermeiden Sie eine auffällige Mittelnaht, indem Sie je eine Hälfte der zweiten Bahn rechts und links an die erste nähen. Rollos können zusätzlich am unteren Rand mit einer Rüsche oder Bogenkante verziert werden. Dann sollten Sie die unterste Reihe von Ösen jedoch etwas höher ansetzen, damit die Verzierung auch in hochgezogenem Zustand sichtbar bleibt.

Maßnehmen (Abb. 1)

Rollos werden mit Klettband auf einer stoffbezogenen Holzleiste befestigt. Die Leiste kann direkt in die Fensternische geschraubt werden, sie kann aber auch mit Metallwinkeln an der Wand über dem Fenster befestigt werden. Überlegen Sie erst, wie das Rollo hängen soll, ehe Sie die Länge und Breite (a und b) festlegen. Der Oberstoff und ein eventuelles Futter müssen exakt im Fadenlauf zugeschnitten werden, sonst hängt das Rollo später schief.

Für ein Rollo, das in der Fensternische hängt, entsprechen Länge und Breite den Maßen der Nische: a = Breite der Nische, b = Höhe der Nische bis zur Fensterbank.

Bei einem Rollo, das auf der Wand befestigt ist, legen Sie Länge und Breite selbst fest, das Rollo kann in heruntergelassenem Zustand bis zum Boden reichen: a = Breite des Fensterrahmens + gewünschte Breite e, b = Höhe des Rollos von der Holzleiste bis zur gewünschten Länge f unterhalb der Fensterbank.

Raffrollo

Material

Stoff; ein Rundstab (Dübelholz), 1 cm Ø; 2 cm breites Klettband, Länge = a – 1 cm; feine Baumwollkordel, Länge = 6b + a; zwei Kunststoff- oder Metallringe, 3 cm Ø; ein Streifen Leder oder festes Gewebeband, 40 cm x 2 cm.

Zur Befestigung: Holzleiste, 5 cm x 2,5 cm, 2 cm kürzer als die fertige Rollobreite; Stoffrest; Tacker; zwei Ringschrauben, 1 cm Ø; Nägel; Hammer; Klampe.

Maßnehmen & zuschneiden (Abb. 1)

Stoff: Breite = a + 6 cm, Länge = b + 16 cm.

Rollo nähen

1. An beiden Seitenkanten und an der Unterkante einen 3 cm breiten doppelten Saum umbügeln und feststeppen. In den Saum der Unterkante das Dübelholz einschieben und die Enden des Tunnels mit Handstichen schließen (Abb. 2).
2. Oberkante 2 cm breit zur linken Seite umbügeln, die Häkchen-Seite des Klettbandes darauf steppen, so daß die Schnittkante des Stoffes verdeckt ist (Abb. 3).

Rollo befestigen

1. Die Leiste mit Stoff beziehen, an den Enden den Stoff wie beim Einwickeln eines Päckchens nach hinten falten und festkleben. Die zweite Seite des Klettbands auf eine schmale Längsseite der Leiste tackern, dann in die Unterseite, 5 cm von den Enden entfernt, die Ringschrauben drehen (Abb. 4). Die Leiste befestigen.

Abb. 2

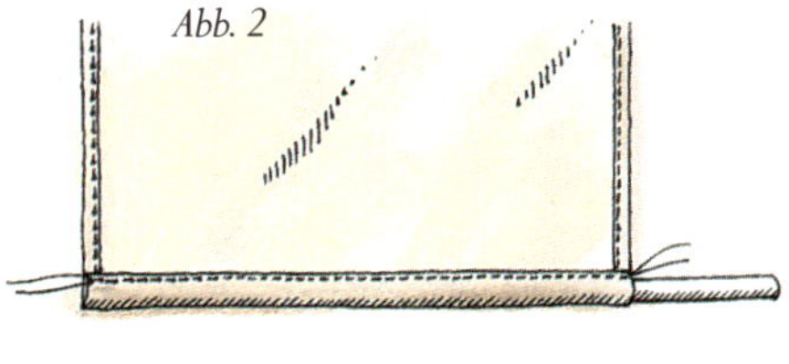

Abb. 3

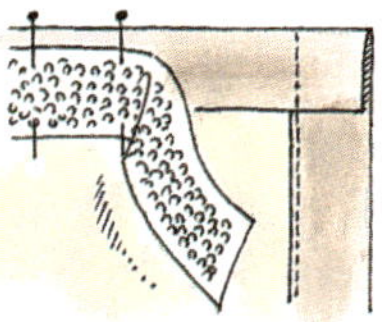

Abb. 4

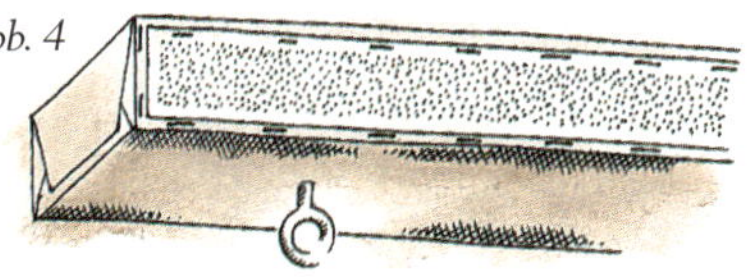

Abb. 5

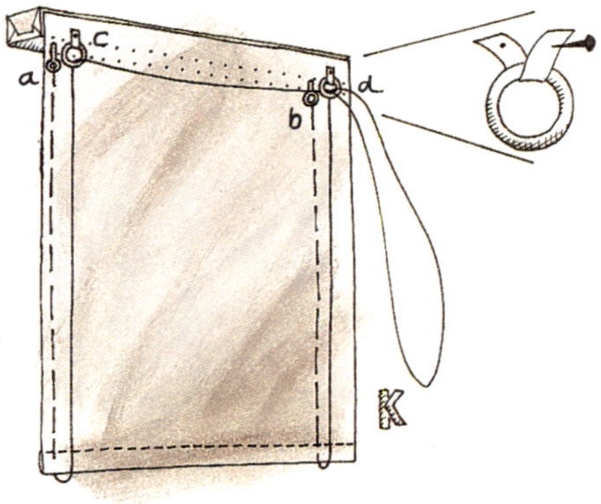

Abb. 5a

2. Das Rollo auf der Leiste festkletten. Das Leder- oder Gewebeband halbieren und die beiden Hälften durch die Ringe ziehen (Abb. 5a). Die Ringe rechts und links an der Oberkante des Rollos, 5 cm von den Seiten entfernt, befestigen (Abb. 5).
3. Ein Ende der Kordel an die Ringschraube (a) in der Leiste knoten. Das andere Ende wird unter dem Rollo hindurch durch die Schlaufe (c) auf der Vorderseite gefädelt. Das andere Ende der Kordel an der zweiten Ringschraube (b) festknoten und dann die doppelt liegende Kordel durch die Öse (d) auf der Vorderseite ziehen. Die Klampe auf Höhe der Fensterbank an der Wand befestigen.

Faltrollo

Überlegen Sie zuerst, wie viele Falten Ihr Rollo haben soll. Die Anzahl richtet sich nach den Proportionen des Fensters, vier bis fünf Falten passen für die meisten gängigen Fenster. Ziehen Sie 5 cm (z) von der Gesamtlänge ab und ermitteln Sie die Abstände zwischen den Leisten oder Ösen wie folgt:

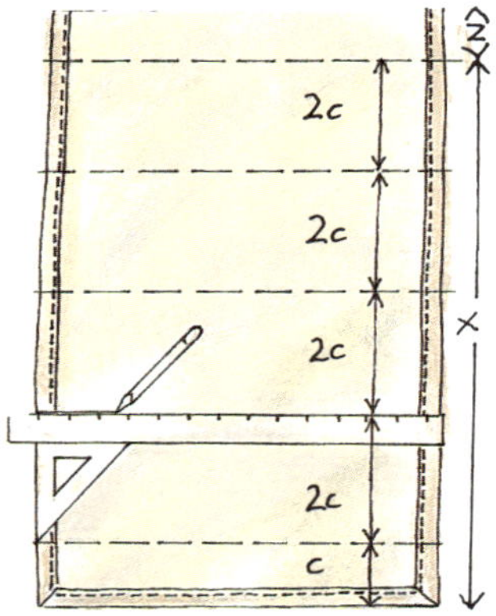

Abb. 6

● Die Abstände zwischen den Falten ermitteln

Für ein Rollo ohne Leisten teilen Sie die Länge x (= Rollolänge – 5 cm) durch die doppelte Anzahl der Falten plus eins. So erhalten Sie den Abstand c der ersten Ösenreihe von der Unterkante. Die Abstände zwischen den folgenden Reihen betragen jeweils 2c (Abb. 6). Für ein Rollo mit Leisten substrahieren Sie für jede Leiste 5 cm von der Länge x. Das Ergebnis teilen Sie durch die doppelte Anzahl der Falten plus eins. Die Abstände zu den nächsten Falten betragen jeweils 2c + 5 cm.

Faltrollo ohne Leisten

Dies ist die einfachste Variante eines Faltrollos. Ungefütterte Rollos lassen immer etwas Licht durchscheinen, wählen Sie darum einen dünnen, aber dicht gewebten Stoff.

Material

Stoff; ca. 15 Ringe, 12 mm ∅; ein Rundstab (Dübelholz), 1 cm ∅, Länge = a – 1 cm; langes Lineal; rechter Winkel (Geodreieck); Schneiderkreide oder Textilstift.

Maßnehmen & zuschneiden (Abb. 1)

Stoff: Breite = a + 4 cm, Länge = b + 8 cm.

Abb. 7

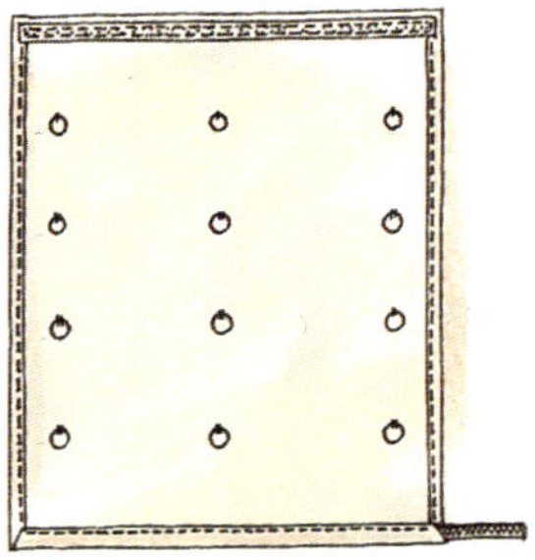

Rollo nähen

1. An beiden Seitenkanten 2 cm breite, doppelte Säume nähen. Die Unterkante 3 cm breit doppelt säumen, die Ecken als Briefecken arbeiten (siehe Seite 140). Das Dübelholz in den Saum schieben und die Seiten von Hand schließen (siehe Abb. 2).
2. Die Abstände zwischen den Falten errechnen. Mit Lineal und Winkel die Bruchlinien der Falten auf die Rückseite des Stoffes zeichnen (Abb. 6). Achten Sie darauf, daß alle Linien genau parallel sind, messen Sie zur Kontrolle immer auch den Abstand zur Stoffunterkante nach.
3. Mit passendem Garn auf jeder Linie drei Ringe festnähen. Je einer liegt 5 cm von der Seitenkante entfernt, der dritte in der Mitte (Abb. 7). Oberkante mit Klettband fertigstellen wie unter Raffrollo beschrieben.

Faltrollo mit Leisten

Die exakten Falten dieses Rollos entstehen dadurch, daß in den Bruchlinien schmale Tunnels abgesteppt und Leisten eingeschoben wurden. Steppen Sie alle Tunnels in der gleichen Richtung, damit sich der Stoff nicht verzieht.

Material

Siehe Faltrollo ohne Leisten, zusätzlich für jede Falte: ein Rundholz, 1 cm ∅, Länge = a – 1 cm; eine dünne Vierkantleiste für den untersten Tunnel, Länge = a – 1 cm.

Maßnehmen & zuschneiden (Abb. 1)

Stoff: Breite = a + 8 cm,
Länge = b + 8 cm, + 5 cm für jede Leiste.

Rollo nähen

1. An beiden Seitenkanten einen 2 cm breiten doppelten Saum arbeiten. An der Unterkante wird ein 3 cm breiter doppelter Saum mit Briefecken gesteppt, die Enden müssen offen bleiben. Die Abstände zwischen den Leisten ermitteln und parallele Hilfslinien auf die Rückseite des Stoffes zeichnen (siehe Seite 146).
2. Auf der ersten Linie einen leichten Bruch einbügeln. Die seitlichen Kanten rechts auf rechts aufeinanderlegen und 2,5 cm neben dem Bruch entlangsteppen (Abb. 8). Die restlichen Tunnels genauso arbeiten.
3. Die Rundhölzer in die Tunnels schieben und die Tunnelenden mit einigen Handstichen zunähen. In den Tunnel an der Unterkante die schmale Leiste schieben und Briefecke schließen. Jetzt an jedem Tunnel drei Ringe festnähen. Je ein Ring wird 10 cm innerhalb der Seitenkante befestigt, der dritte in der Mitte (Abb. 9). Oberkante mit Klettband fertigstellen wie beim Raffrollo, Seite 145, beschrieben.

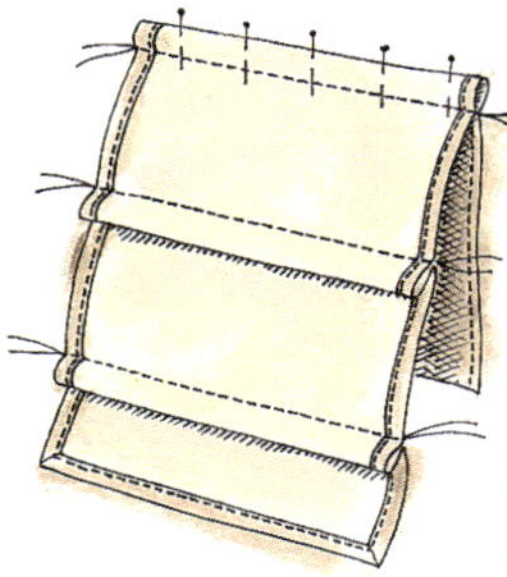
Abb. 8

Abb. 9
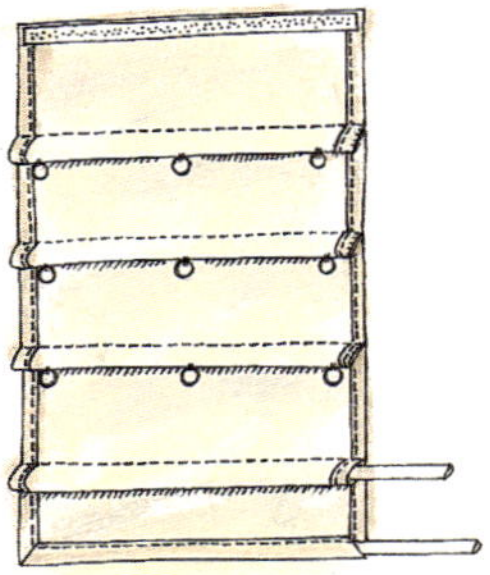

Abb. 10
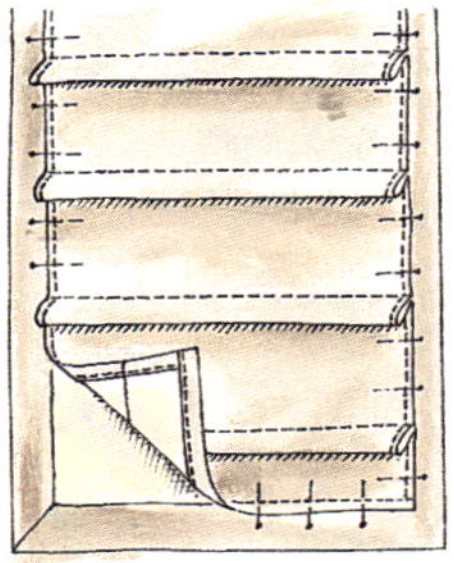

Gefüttertes Faltrollo

Ein gefüttertes Rollo sieht sehr professionell aus und läßt außerdem weniger Licht durch. Die Leisten werden in Tunnels im Futterstoff eingeschoben. Das Futter wird von Hand am Oberstoff befestigt, so daß auf der Vorderseite keine Stepplinien zu sehen sind.

Material

Wie für das Faltrollo ohne Leisten, zusätzlich Futterstoff.

Maßnehmen & zuschneiden (Abb. 1)

Oberstoff: Breite = a + 12 cm, Länge = b + 12 cm.

Futterstoff: Breite = a + 6 cm, Länge = b + 5 cm für jede Leiste.

Rollo nähen

1. Die Seitenkanten des Futterstoffes 3 cm breit umbügeln und heften. Die Hilfslinien auf der Vorderseite des Futterstoffes vorzeichnen und Tunnels steppen (siehe unter Faltrollo mit Leisten).
2. Seiten- und Unterkante des Oberstoffes je 6 cm breit umbügeln, die Ecken werden als Briefecken gearbeitet. Den Saum von Hand mit Hexenstichen befestigen.
3. Den Oberstoff mit der rechten Seite nach unten auf die Arbeitsfläche legen, darauf das Futter. Die Tunnels zeigen nach oben. Ecken und Kanten genau aneinander ausrichten und die Stofflagen zusammenstecken (Abb. 10). Dann die Kanten mit winzigen Stichen von Hand zusammennähen.
4. Fertigstellen siehe Faltrollo mit Leisten, Schritt 3.

● Faltrollos befestigen

Die Befestigungstechnik ist für alle drei Faltrollos identisch.

Material

Feine Polyesterkordel, Länge = 6b + 2a; eine Leiste, 5 cm x 2,5 cm, Länge = fertige Rollobreite – 1 cm; drei Ringschrauben; drei Winkeleisen oder große Schrauben; Tacker oder Hammer und Nägel; Klampe; Holzperle oder anderes Gewicht.

Abb. 11
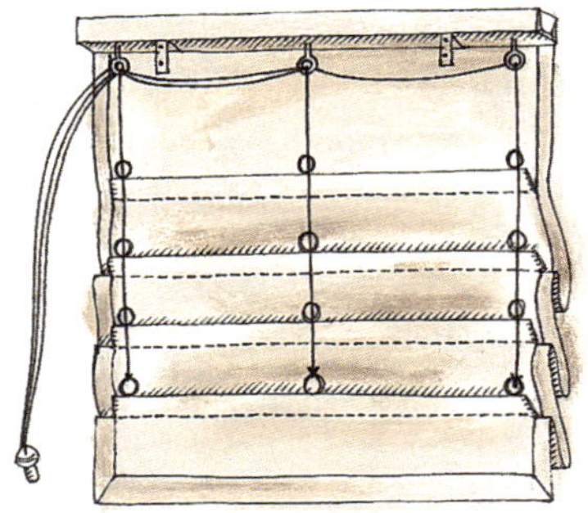

Technik

Die Leiste mit Stoff beziehen und das Klettband auf die Leiste tackern, wie unter Raffrollo, Seite 145, beschrieben. Die Leiste in der Fensternische oder an der Wand befestigen und mit einer Wasserwaage gerade ausrichten. Die Ringschrauben so in die Unterseite der Leiste schrauben, daß sie den Ösen am Rollo gegenüberliegen. Dann das Rollo an der Leiste festkletten.

Die Kordeln einziehen (Abb. 11)

Die Kordel in drei gleich lange Stücke schneiden. Je eine Kordel an die drei untersten Ösen auf der Rückseite des Rollos knoten. Die Kordeln durch alle Ösen und die Ringschraube fädeln. Zum Schluß alle Fäden durch die Ringschrauben zu einer Seite des Rollos ziehen, die Holzperle auf das Fadenbündel stecken und die Enden verknoten. Die Klampe auf Höhe der Fensterbank an der Wand befestigen.

Vorhänge

Wenn Sie überlegen, welchen Stoff und welche Befestigungsart Sie für einen Vorhang wählen sollen, orientieren Sie sich immer an der Größe und Form des Fensters sowie an den Proportionen des Raumes. Schwere Brokatvorhänge unter einer geschwungenen Schabracke eignen sich für einen großen Raum mit hoher Decke, in ein kleines Eßzimmer in einem ländlichen Häuschen passen zierliche Caféhausgardinen besser. Vorhänge für Schlafräume sollten aber gefüttert werden, damit der Raum optimal abgedunkelt wird.

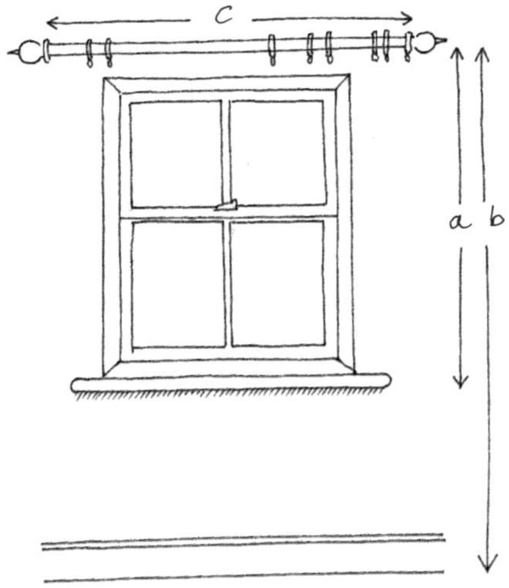

Abb. 1

Schienen und Stangen

Die Art der Aufhängung – ob an einer Schiene, einer Stange oder auch an einem Drahtseil – hat großen Einfluß auf die Gesamtwirkung. In jedem Fall sollte die Befestigung auf beiden Seiten mindestens 10 cm über das Fenster hinausragen, damit bei geöffneten Vorhängen die ganze Breite des Fensters frei bleibt. Vorhangstangen werden in vielen dekorativen Varianten angeboten. Es gibt sie aus Schmiedeeisen mit geschwungenen Enden, aus rustikalem Holz oder aus glänzendem Messing. Der Vorhang kann mit Bändern oder Schlaufen direkt an der Stange befestigt werden, Sie können aber auch Ringe auf die Stange fädeln, an denen der Vorhang aufgehängt wird.

Vorhangschienen werden an der Wand oder an der Decke über dem Fenster festgeschraubt, an mehreren Punkten, um die nötige Belastbarkeit zu bekommen. Normalerweise haben Vorhangschienen keine große Tiefe, aber es gibt auch Sondermodelle, falls Sie dahinter noch ein Rollo anbringen wollen. Günstig sind Schienen mit einer Überlappung in der Mitte, die sicherstellen, daß die Vorhänge in geschlossenem Zustand nicht auseinanderklaffen.

Maßnehmen (Abb. 1)

Ehe Sie den Stoffbedarf ausmessen, bringen Sie die Befestigung an. Entscheiden Sie, ob der Vorhang ober- oder unterhalb der Fensterbank enden oder ob er bauschig auf dem Fußboden aufstehen soll. Dann überlegen Sie, wie füllig der Stoff fallen soll – glatt, gekräuselt oder in Falten – und wählen danach das passende Gardinenband. Für einen gekräuselten, feinen Vorhang benötigen Sie natürlich mehr Stoff als für einen glatten; ein großflächiges Muster wirkt am besten, wenn es glatt hängt.

Den Stoffbedarf berechnen

Die Berechnung wirkt auf den ersten Blick etwas kompliziert. Falls Sie noch keine Erfahrung damit haben, lassen Sie sich in einem guten Fachgeschäft beraten.

Länge

Die Stofflänge entspricht dem Abstand zwischen der Befestigung und der Unterkante des Vorhanges (a oder b), die Einschläge für Saum und Oberkante müssen addiert werden. Wenn Sie einen Stoff mit Musterrapport verarbeiten, kalkulieren Sie einen Mehrbedarf, damit das Muster der Vorhanghälften in zugezogenem Zustand paßt. Messen Sie dafür die Höhe des Rapports aus und geben zu jeder Bahn dieses Maß zu.

Breite

Ein Vorhang für ein großes Fenster muß großzügiger bemessen werden als für ein kleines, damit der Stoff in schönen Falten fällt. Multiplizieren Sie die Länge der Schiene oder Stange (c) mit der Breite, die durch das gewählte Gardinenband vorgegeben ist (siehe Seite 150). Dividieren Sie diesen Wert dann durch die Breite des Stoffes. So erhalten Sie die Anzahl der Stoffbahnen für einen Vorhang. Multiplizieren Sie die errechnete Vorhanglänge mit der Anzahl der Bahnen, die Sie in der Breite benötigen. Den Stoffbedarf für das Futter errechnen Sie entsprechend, Zugaben für Rapporte müssen hier natürlich nicht berücksichtigt werden.

Zuschneiden und zusammensetzen

Alle Schnittkanten müssen fadengerade sein, damit die Vorhänge glatt und gerade hängen. Legen Sie den Stoff auf einer sauberen Arbeitsfläche aus, messen Sie die Längen exakt ab und schneiden Sie ihn mit einer langen, scharfen Schere zu. Bei Stoffen in Leinenbindung kann es hilfreich sein, vorher einen Faden herauszuziehen. Bei anderen Stoffen ziehen Sie mit Hilfe eines Lineals und eines rechten Winkels Hilfslinien. Beim Nähen von geteilten Vorhängen sollten halbe Stoffbahnen jeweils an den beiden Außenkanten des Mittelteils angesetzt werden.

Vor dem Zusammennähen der Bahnen schneiden Sie die Webkanten ab, damit sich der Stoff nicht verzieht. Gefütterte Vorhänge werden mit einfachen Nähten zusammengesetzt, für ungefütterte Vorhänge eignen sich doppelte Nähte besser, weil keine Nahtzugaben und Schnittkanten sichtbar bleiben. Einfarbige Stoffe werden rechts auf rechts zusammengesteckt und gesteppt, bei gemusterten Stoffen muß das Muster an der Nahtlinie ausgerichtet werden (siehe Seite 143).

Achten Sie beim Zuschneiden der einzelnen Stoffbahnen darauf, daß jede Bahn an der Oberkante mit dem gleichen Rapport beginnt.

Ungefütterte Vorhänge

Ein ungefütterter Vorhang ist eigentlich nur ein rechteckiges Stück Stoff, das an drei Seiten gesäumt und an der vierten mit Gardinenband versehen wurde.

Maßnehmen & zuschneiden (Abb. 1)

Berechnen Sie zuerst den Stoffbedarf (siehe Seite 148). Geben Sie für die seitlichen Säume 12 cm in der Breite zu. In der Länge werden 16 cm für den unteren Saum sowie die erforderliche Einschlagbreite für das gewählte Gardinenband addiert.

Vorhang nähen

Die Bahnen mit Kappnähten oder Rechts-links-Nähten zusammennähen (siehe Seite 139). An den Seitenkanten einen 3 cm breiten, an der Unterkante einen 8 cm breiten doppelten Saum arbeiten.

Briefecken

1. Mit Stecknadeln drei Punkte an jeder Ecke markieren: einen genau auf der Ecke, einen an der Innenkante des seitlichen Saumes und einen auf der Bruchlinie des unteren Saumes (Abb. 2). Die Saumeinschläge aufklappen und so falten, daß nur noch ein einfacher Einschlag an jeder Kante bleibt. Die Ecke umfalten, so daß alle drei Punkte auf einer Linie liegen (Abb. 3). Dann die seitliche und untere Kante wieder einschlagen und die entstehende diagonale Naht von Hand schließen (Abb. 4). Bei Bedarf kann vor dem Zunähen der Ecke ein kleines Gewicht eingeschoben werden.

Abb. 2

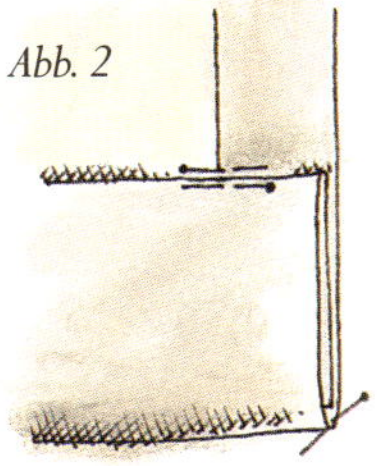

Abb. 3

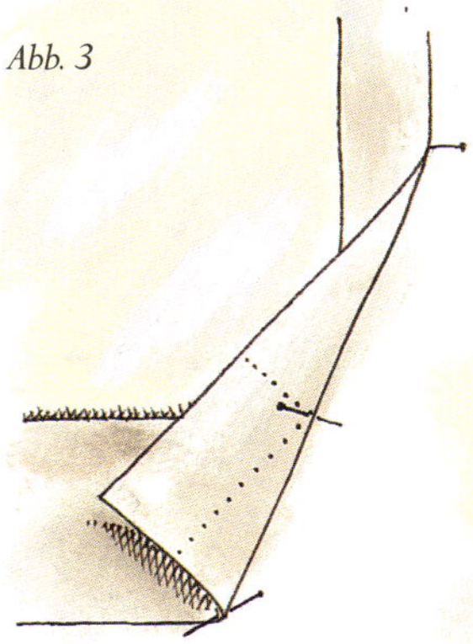

Abb. 4

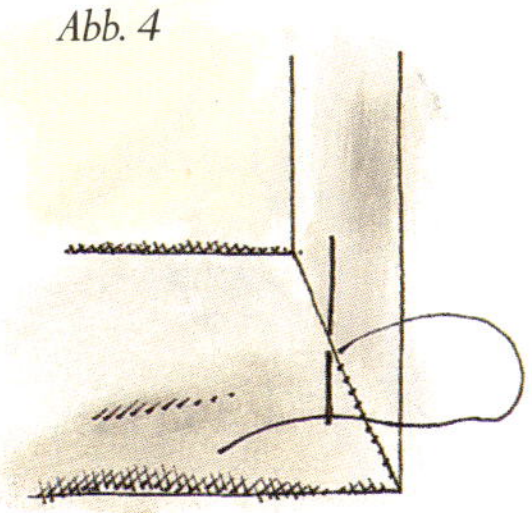

2. Die Saumkanten nähen. Die Zugabe an der Oberkante nach links umbügeln und das gewählte Gardinenband so aufsteppen, daß die Schnittkante verdeckt ist.

Gefütterte Vorhänge

Vorhänge aus dickerem Stoff fallen schöner, wenn sie gefüttert werden. Zudem verbessert ein Futter die wärme- und lichtdämmende Wirkung. Wenn ein Vorhang von beiden Seiten sichtbar ist, z.B. bei einem Alkoven oder in einer Türöffnung, sollte der Oberstoff mit dem Futter verstürzt werden (siehe Seite 143).

Vorhänge mit losem Futter

Das Futter wird an der Oberkante und an den Seitenkanten am Oberstoff befestigt, an der Unterkante werden die beiden Stofflagen separat gesäumt.

Maßnehmen & zuschneiden (Abb. 1)

Für die seitlichen Säume 3 cm, für den unteren Saum 10 cm sowie die erforderliche Einschlagbreite für die Oberkante zugeben. Das Futter soll 10 cm kürzer und 6 cm schmäler als der Oberstoff sein.

Vorhang nähen

1. Falls erforderlich, mehrere Stoffbahnen zusammensetzen und die Nähte auseinanderbügeln. An Oberstoff und Futter die obere Mitte markieren.
2. Oberstoff und Futter rechts auf rechts zusammenlegen und die Seitennähte mit 1,5 cm Nahtzugabe steppen. Die Naht endet 15 cm oberhalb der Unterkante des Futters. Den Vorhang wenden und die oberen Mittelmarkierungen in Deckung bringen. Die Seitennähte sollten jetzt etwa 2 cm innerhalb der Seitenkanten des Vorhangs liegen. Die Nahtzugaben zur Mitte hin ausbügeln.

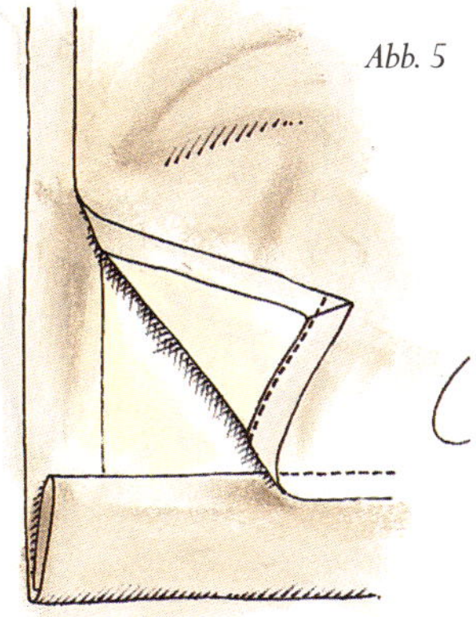

Abb. 5

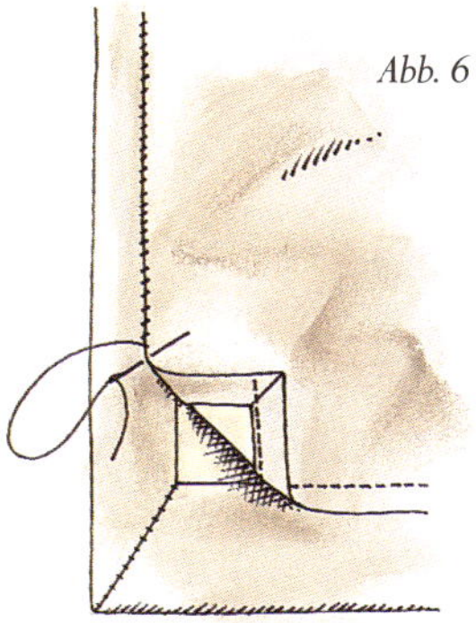

Abb. 6

3. Am Futter einen 3 cm breiten doppelten Saum umbügeln (Abb. 5). Die Ecken als Briefecken vorbereiten (siehe unter Ungefütterte Vorhänge), die diagonalen Ecknähte von Hand schließen und den Saum steppen.
4. An der Unterkante des Oberstoffs einen 6 cm breiten doppelten Saum einbügeln (Abb. 5) und ebenfalls Briefecken falten. Kleine Bleigewichte, die unter die Ecken geschoben werden, verbessern den Fall des Vorhanges. Vorhang säumen. Anschließend die losen Seitenkanten des Futters von Hand an den Oberstoff nähen (Abb. 6). Zuletzt die Oberkante in der erforderlichen Einschlagbreite nach links umbügeln und das gewünschte Gardinenband aufsteppen.

Dekorative Aufhängungen

Die klassische Befestigungsart für Gardinen und Vorhänge sind Schienen und Haken. Es gibt aber noch eine Reihe von anderen Möglichkeiten, die weniger konventionell wirken und zudem viel schneller anzubringen sind.

Tunnelzug

Durch einen genähten Tunnel wird ein Drahtseil oder eine dünne Gardinenstange geschoben. Diese Methode eignet sich nur für sehr leichte, weiche Stoffe.

Maßnehmen & zuschneiden

Je nach Stoffqualität berechnen Sie die doppelte bis dreifache Fensterbreite für den Vorhang. In der Länge geben Sie 12 cm zu oder entsprechend mehr, wenn Sie eine dickere Gardinenstange verwenden.

Die Aufhängung nähen

Den Stoff an der Oberkante erst schmal, dann 6 cm breit umschlagen und die Kante bügeln. Eine gerade Naht 3 cm unterhalb der oberen Bruchkante steppen, danach eine zweite parallele Stepplinie im Abstand von 2,5 cm zur ersten arbeiten (Abb. 7). Die Gardinenstange wird durch den unteren Tunnel geschoben.

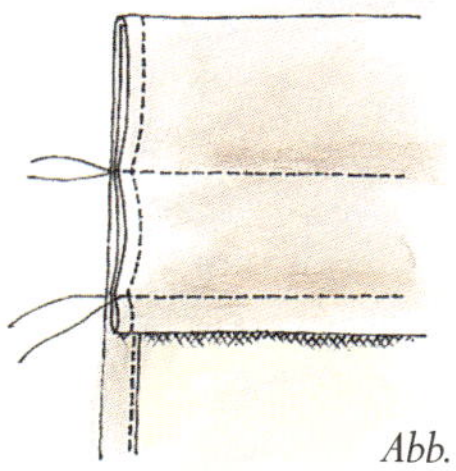

Abb. 7

Bänder an einer geraden Kante

Bänder können an Gardinenringen oder direkt an der Stange befestigt werden.

Maßnehmen & zuschneiden

Für jede Schleife benötigen Sie ein 40 cm langes und 1 cm breites Band. Günstig sind Abstände von 12 – 15 cm zwischen den einzelnen Bändern. Dividieren Sie die Breite des Vorhangs durch die Anzahl der Bänder, damit die Schleifen gleichmäßig verteilt sind. Für den oberen Saum geben Sie 6 cm zu.

Die Aufhängung nähen

Die Oberkante zu einem doppelten, 3 cm breiten Saum umbügeln. Das erste Band in der Mitte falten und 2 cm von der Seitenkante entfernt unter die Saumzugabe schieben. Den Saum feststecken und dabei die Bänder in gleichmäßigen Abständen fixieren. Beim Steppen der Saumkante werden die Bänder mitgefaßt (Abb. 8).

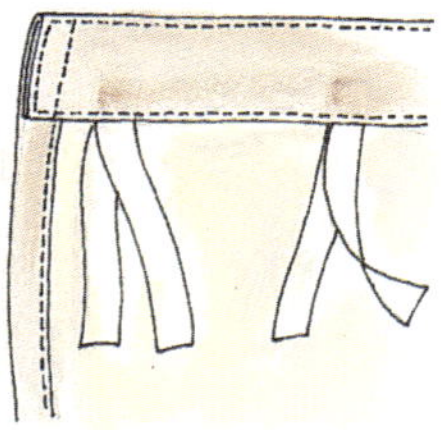

Abb. 8

Bänder an einer Faltenkante

Dieser weich fallende Abschluß kommt bei feinen Stoffen am besten zur Geltung.

Maßnehmen & zuschneiden

Der Abstand a zwischen den Falten beträgt 12 – 15 cm (Abb. 9). Rechnen Sie aus, wie viele Falten auf die fertige Vorhangbreite passen, und geben Sie für jede Falte 10 cm zu. Die Längenzugabe für die Oberkante beträgt 16 cm.

Die Aufhängung nähen

An der Oberkante einen 8 cm breiten doppelten Saum arbeiten. Mit einer Stecknadel einen Punkt im Abstand von $1/2$ a von der linken Seitenkante markieren. Eine zweite Nadel 10 cm weiter rechts einstecken. Die beiden Markierungen in Deckung bringen und das entstehende Fältchen feststecken. Die nächsten Falten jeweils im Abstand a zueinander einlegen (Abb. 9). Schmale Bänder nähen, etwa 2 cm x 25 cm (siehe Seite 144). Die Falten mit einigen Stichen absichern und die Bänder dabei mitfassen.

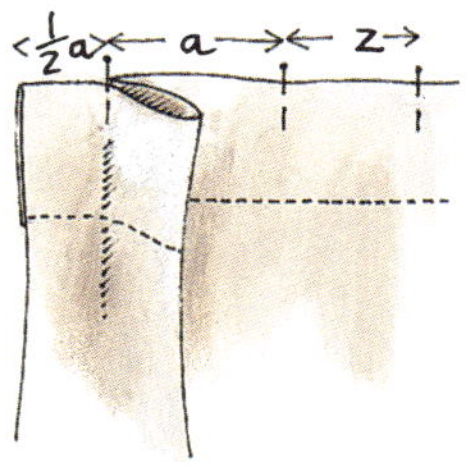

Abb. 9

Geknöpfte Schlingen

Mit dieser Methode können Sie Vorhänge an einer Stange befestigen, aber auch an einem festen Rahmen, z.B. bei einem Himmelbett.

Maßnehmen & zuschneiden

Errechnen Sie Anzahl und Abstand der einzelnen Bänder (siehe oben). Die Größe der Schlingen richtet sich nach der Dicke des Stoffes und der Vorhangstange, 3 cm x 12 cm ist ein Durchschnittsmaß. Geben Sie an der Vorhangoberkante 4 cm zu. Für jede Schlinge schneiden Sie einen Streifen in der doppelten Länge + 5 cm sowie der doppelten Breite + 3 cm.

Abb. 10

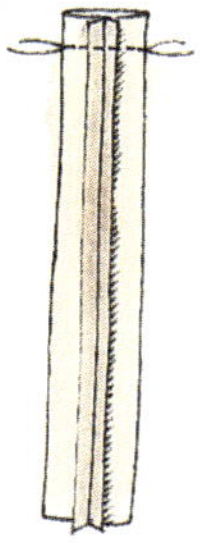

Die Schlingen nähen

Die Stoffstreifen an der Längskante rechts auf rechts mit einer Nahtzugabe von 1,5 cm zusammensteppen. Die Naht auseinanderbügeln, so daß sie in der Mitte des Schlauches liegt, dann ein Ende zusteppen (Abb. 10). Die Ecken abschrägen und die Stoffschläuche wenden. Am zugesteppten Ende jedes Streifens ein Knopfloch arbeiten.

Die Schlingen befestigen

An der Oberkante des Vorhangs einen 2 cm breiten doppelten Saum umbügeln. Die offenen Enden der Schlingen in gleichmäßigen Ab-

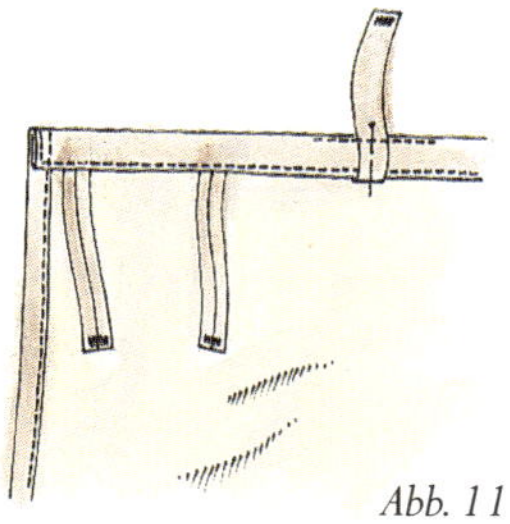

Abb. 11

ständen darunter schieben. Den Saum steppen und dabei die Schlingen mitfassen. Die Bänder nach oben klappen (Abb. 11) und knapp an der Oberkante des Vorhanges entlangsteppen. Auf die Ansatzstelle jeder Schlinge einen Knopf nähen.

Gardinenbänder

Gardinenbänder bestimmen die Weite von Vorhängen, und sie haben Ösen, in die Gardinenringe eingehakt werden können. Die Bänder sind in zahlreichen Breiten und Stärken erhältlich und besitzen alle eine eingewebte Kordel, die den Vorhang je nach Wunsch kräuselt. Einfaches Kräuselband eignet sich am besten für dünnere Stoffe. Berechnen Sie dafür etwa die eineinhalbfache bis doppelte Stoffbreite. Faltenband ist breiter und stabiler, es bietet sich für schwere Stoffe an. Je nach Art der Falten benötigen Sie dafür etwa die zweieinhalbfache Breite oder mehr. Für schwere Stoffe sollten Sie Gardinenhaken aus Metall verwenden, weil sie stabiler sind und länger halten. Der Abstand zwischen den Haken sollte etwa 8 cm betragen.

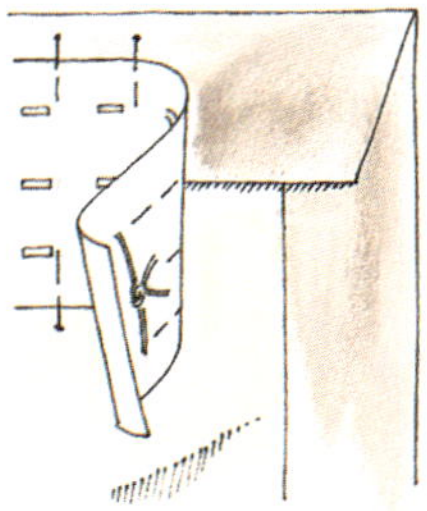

Abb. 12

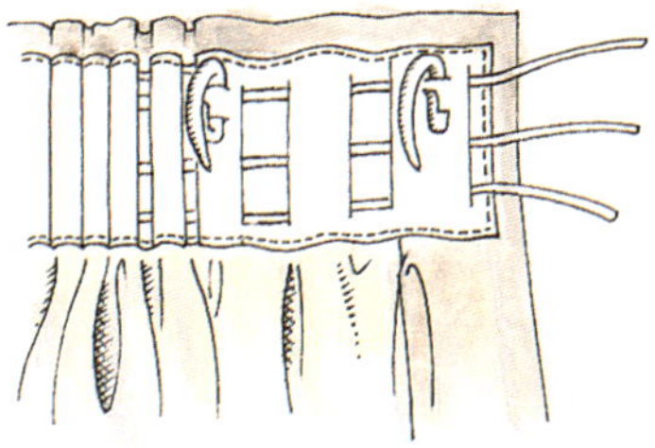

Gardinenband aufsteppen

An der Oberkante des Vorhanges 3 cm Saumzugabe einrechnen und zur linken Seite umbügeln. Die Ecken leicht abschrägen. Das Gardinenband in der Breite des fertigen Vorhangs zuschneiden. Die Zugkordeln an einem Ende fest zusammenknoten. Die beiden Enden des Bandes werden 1 cm breit umgeschlagen, dann wird das Band so über die umgebügelte Stoffkante gesteckt, daß es die Schnittkante verdeckt. Die Oberkante des Bandes liegt etwa 1 cm unterhalb der Vorhangoberkante (Abb. 12). Das Band aufsteppen. Dann an den Zugkordeln ziehen, bis der Stoff auf die gewünschte Breite gebracht ist, und verknoten. Die Enden der Kordel nicht abschneiden, sondern auf ein kleines Stück Pappe wickeln und mit einer Sicherheitsnadel auf der Rückseite des Vorhanges befestigen.

Vorhang mit Rüsche

Eine Vorhang mit Rüsche entsteht ganz einfach dadurch, daß zwischen Vorhangoberkante und Kräuselband ein größerer Abstand gelassen wird.

Maßnehmen & zuschneiden

Berechnen Sie die zweieinhalbfache Stoffbreite. In der Länge geben Sie die doppelte Breite der gewünschten Rüsche plus 2 cm zu.

Die Rüsche arbeiten

Die Zugabe für die Rüsche auf halbe Breite nach links umschlagen. Schmalseiten leicht schräg einschlagen. Das Kräuselband über die Stoffkante steppen (Abb. 13).

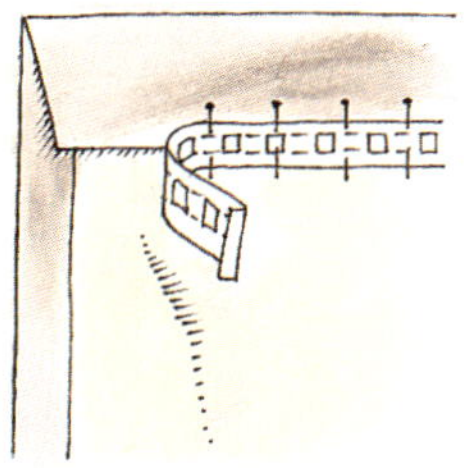

Abb. 13

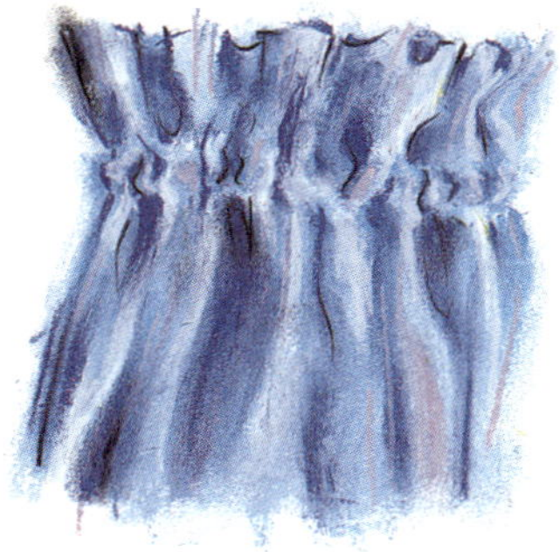

Geknöpfte Falten

Gleichmäßige Kellerfalten werden von Hand eingelegt und auf der Rückseite von einfachem, ungekräuseltem Gardinenband gehalten.

Maßnehmen & zuschneiden

Der Abstand a zwischen den Falten beträgt etwa 15 cm (Abb. 14). Berechnen Sie die Anzahl der Falten für Ihre Vorhangbreite und geben Sie beim Zuschnitt für jede Falte 12 cm Breite zu.

Die Falten nähen

12 cm tiefe Kellerfalten in gleichmäßigen Abständen einlegen (siehe Seite 143) und mit schrägen Heftstichen fixieren. 12 cm unterhalb der Vorhangoberkante das 3 cm breite, einfache Gardinenband aufsteppen. Das Band muß genau parallel zur Oberkante verlaufen (Abb. 14). Zur Dekoration auf die Stoßlinie jeder Falte einen Knopf nähen. Diese Kantenverarbeitung eignet sich besonders gut für schwere Stoffe, z.B. Tweed. Um kurze Fransen zu erhalten, ziehen Sie an den Kanten einfach einige Fäden heraus.

Abb. 14

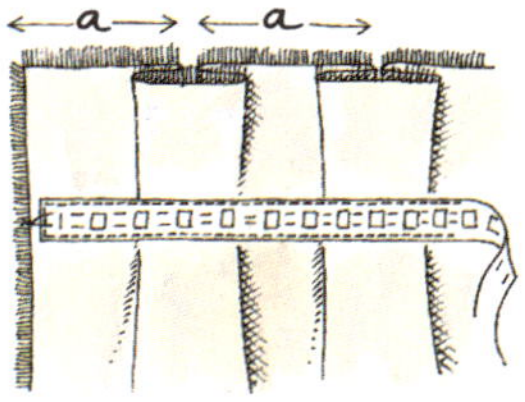

Hängende Rüsche

Eine herabhängende Rüsche an der Oberkante eines Vorhanges sieht besonders dekorativ aus, wenn sie aus kontrastfarbigem Stoff genäht wird.

Maßnehmen & zuschneiden

Breite der Rüsche festlegen und einen Stoffstreifen in der doppelten Breite plus 3 cm zuschneiden. Die Länge der Rüsche entspricht der Breite des Vorhanges. An der Oberkante des Vorhanges 2 cm zugeben.

Die Rüsche nähen

Den Streifen für die Rüsche der Länge nach rechts auf rechts zur Hälfte falten und die Schmalseiten zusteppen. Die Ecken abschrägen, den Streifen wenden und bügeln. Das Gardinenband 2 cm von der Oberkante entfernt auf die linke Seite des Vorhanges steppen. Die Oberkante der Rüsche auf die linke Seite des Vorhanges stecken und beide Stofflagen zusammensteppen (Abb. 15). Die Rüsche zur Vorderseite umklappen und die Kante bügeln, ehe Sie das Gardinenband aufkräuseln.

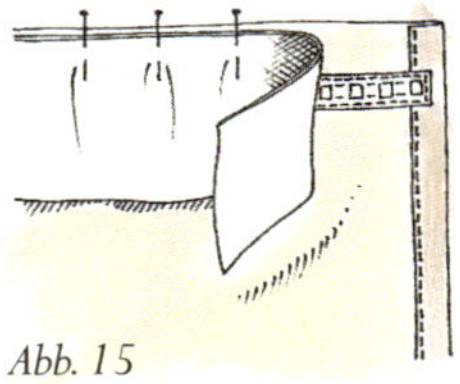

Abb. 15

Schabracken und Draperien

Fallen, Schabracken oder Draperien geben einem Fenster einen dekorativen oberen Abschluß und verdecken zugleich weniger attraktive Befestigungen wie Schienen oder Leisten. Glatte Schabracken oder gekräuselte Fallen werden mit Klettband an einem Brett über dem Fenster befestigt. Die Unterkante einer Schabracke kann gerade geschnitten oder mit einer Bogen- oder Zackenkontur versehen werden.

Abb. 1

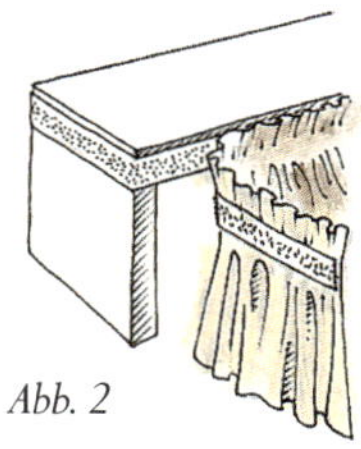

Abb. 2

Gekräuselte Falle

Diese Falle sieht aus wie die »kleine Schwester« des Vorhanges, darum sollte sie möglichst aus dem gleichen Stoff geschnitten werden. Legen Sie in die Ecken kleine Gewichte ein, damit die Falle nicht von der Wand absteht. Bei leichten, ungefütterten Stoffen erhöhen Sie die Stoffbreite um die Hälfte und arbeiten Sie rundum einen doppelten Saum, um der kurzen Rüsche einen besseren Fall zu geben.

Das Brett anbringen (Abb. 1)

Das Brett aus 2 cm starkem Sperrholz zuschneiden und mit drei oder vier Metallwinkeln an der Wand befestigen. Es sollte auf jeder Seite etwa 8 cm über die Gardinenschiene oder -stange (c) hinausstehen. Je nach Größe des Fensters kann das Brett 12 – 20 cm breit sein. Zwei quadratische Seitenteile werden an den Schmalseiten des Brettes festgeschraubt. Sie dienen dazu, die Falle seitlich vom Vorhang fernzuhalten. Klettband in der Länge 2a + c zuschneiden und auf die Vorderkante des Brettes tackern (Abb. 2).

Material & Werkzeug

Oberstoff; Futterstoff; Kräuselband; Klettband; Gardinenbrett.

Maßnehmen & zuschneiden

Ober- und Futterstoff identisch zuschneiden: Länge = doppelte Länge der gewünschten Falle, Breite = gewünschte Breite, Nahtzugabe an allen Kanten = 1,5 cm.

Die Falle nähen

1. Oberstoff und Futter rechts auf rechts zusammenstecken und an den Seiten- und Unterkanten steppen. Ecken abschrägen. Die Falle wenden und bügeln (siehe Seite 143: Verstürzen).
2. Die Nahtzugabe an der Oberkante zur linken Seite umbügeln und das Gardinenband 1 cm unterhalb der Bruchkante aufsteppen. Die Falle so aufkräuseln, daß sie exakt auf die Kante des Brettes paßt. Die Enden der Kordeln verknoten.

3. Das Klettband von Hand auf die Rückseite der Falle nähen und auf dem Brett befestigen.

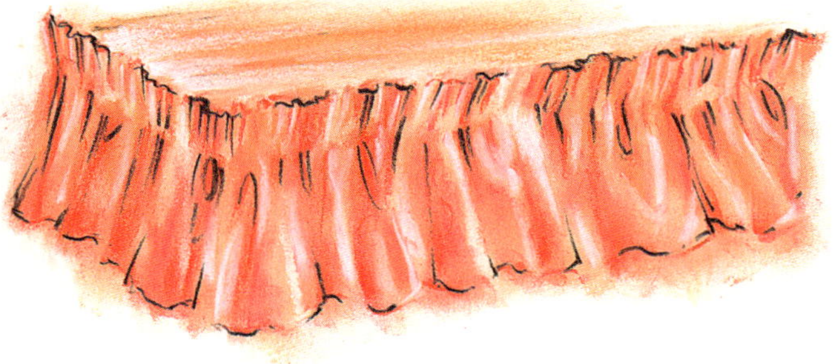

Gerüschte Falle

Diese einfachste Form der Falle wird direkt auf der Wand befestigt. Die lockere Rüsche, die durch den abgesteppten Tunnel entsteht, paßt besonders schön zu schlichten Raffrollos im skandinavischen Stil.

Material

Stoff; Rundholz, 3 cm ∅; drei lange Schrauben und dazu passende Dübel; Bohrmaschine und Schraubenzieher.

Maßnehmen & zuschneiden

Einen Streifen zuschneiden: Länge = dreifache Länge der Stange,

Breite = gewünschte Breite + 12 cm.

Die Falle nähen

1. Seitenkanten und Unterkante 1 cm breit doppelt säumen. An der Oberkante den Stoff zunächst 1 cm breit, dann 10 cm breit umbügeln und stecken. Nun eine gerade Linie 4 cm unterhalb der Oberkante steppen. Eine zweite parallele Stepplinie darunter anbringen, um den Tunnel für das Rundholz zu bilden und den Saumeinschlag zu fixieren.

Abb. 3

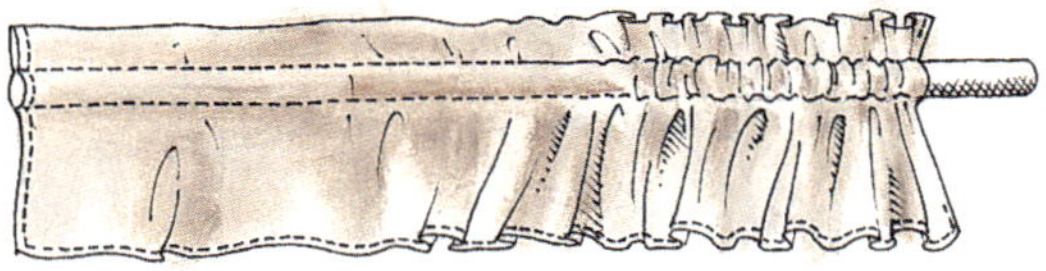

Abb. 4

2. In jedes Ende des Rundholzes ein Loch bohren. Dann das Holz durch den Tunnel schieben (Abb. 3). Die Position der Falle auf der Wand anzeichnen, zwei Löcher vorbohren und Dübel einschieben. Stange festschrauben (Abb. 4). Den Stoff vorsichtig über die Enden der Stange ziehen und mit einigen Handstichen sichern.

Draperien

Bei dieser genial einfachen Dekoration müssen Sie kaum nähen und erzielen doch eine große Wirkung. Ob seitliche Schals an der Draperie herabhängen sollen oder nicht, bleibt Ihnen überlassen.

Material

Stoff; zwei kleine Gummibänder; zwei große Schraubhaken.

Maßnehmen & zuschneiden (Abb. 5 & 6)

– für eine Draperie mit Schals

Ein Stück zuschneiden: Länge = 2a + b + 2c, Breite = c. 2 cm Saumzugabe an allen Seiten.

– für eine Draperie ohne Schals

Ein Stück zuschneiden: Länge = 2c + b, Breite = c. 2 cm Saumzugabe an allen Seiten.

Abb. 5

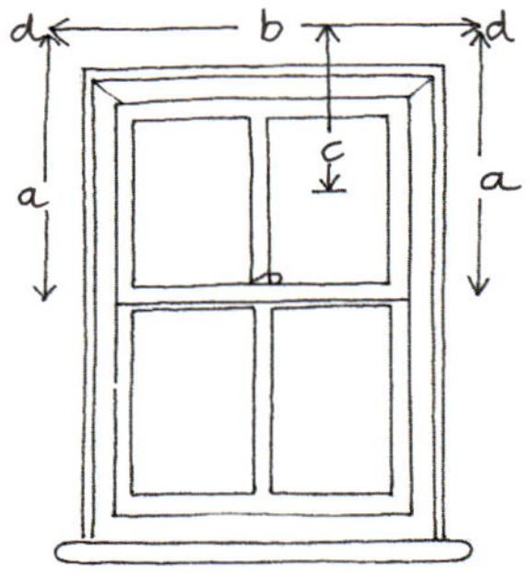

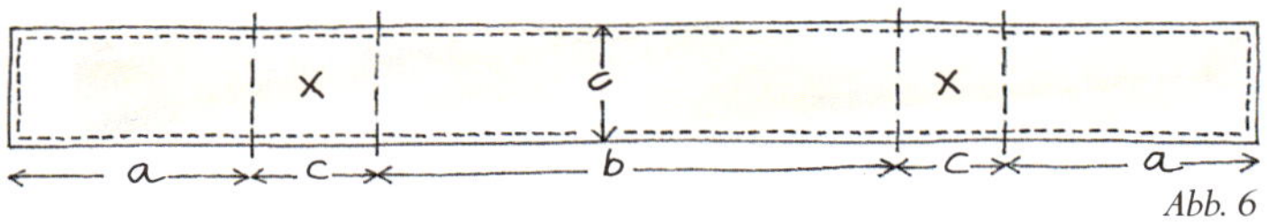

Abb. 6

Die Draperie nähen

1. Die Haken oberhalb der Fenster an den Punkten d in die Wand schrauben (Abb. 5).
2. An allen Kanten des Stoffes einen doppelten, 1 cm breiten Saum steppen. Die beiden Knotenpunkte x markieren (Abb. 6). Den Stoff an Punkt x mit einer Hand festhalten und mit der anderen bauschig zusammenraffen (Abb. 7). Ein Gummiband über den zusammengerafften Stoffzipfel schieben. Auf der anderen Seite entsprechend raffen.
3. Die gerafften Stoffpartien über die Haken in der Wand schieben, so daß die Schals rechts und links herabhängen. Die Draperie zurechtzupfen, bis sie in schönen Falten fällt. Gummiband und Haken sollten dabei verdeckt werden.

Abb. 7

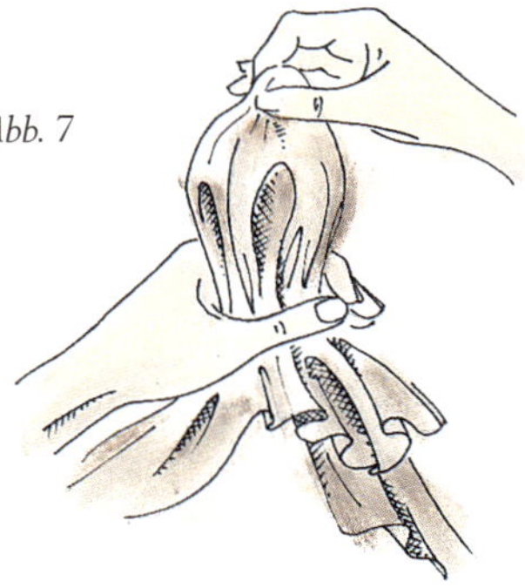

Lampenschirme

Mit etwas Geschick können Sie einen fertigen Lampenschirm dekorativ verkleiden. Verwenden Sie aber niemals eine stärkere Glühbirne, als auf der Lampenfassung angegeben (Brandgefahr).

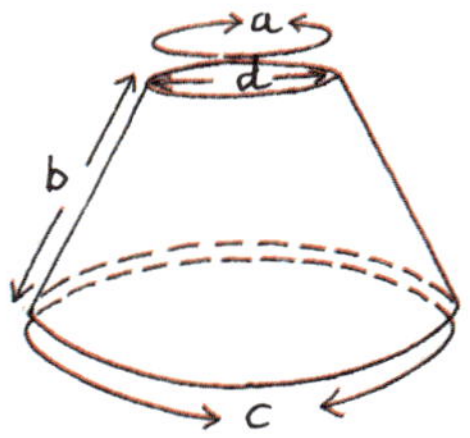

Abb. 1

Zipfel-Lampenschirm

Material

Lampenschirm; Stoff; Sprühkleber.

Maßnehmen & zuschneiden (Abb. 1)

Unterer Bezug: im schrägen Fadenlauf zuschneiden.
Breite = $^1/_2$b + 5 cm, Länge = c + 2 cm.
Zipfelbezug: quadratisch zuschneiden.
Kantenlänge = 2b + d + 7 cm. In der Mitte des Quadrates einen Kreis (Durchmesser = d – 2 cm) ausschneiden.
Einfassung: im schrägen Fadenlauf zuschneiden. Breite = 7 cm, Länge = a + 2c.

Lampenschirm anfertigen

1. Die Schmalseiten des unteren Bezuges mit 1 cm Nahtzugabe rechts auf rechts zusammensteppen. Den unteren Bereich und die untere Innenkante des Lampenschirmes mit Klebstoff besprühen und den Bezug festkleben (Abb. 2).
2. Den Stoff für den Zipfelbezug an allen vier Kanten säumen. Den Einfassungsstreifen an den Schmalseiten zu einem Ring zusammensteppen und die Naht auseinanderbügeln.
3. Den Einfassungsstreifen rechts auf rechts an den kreisförmigen Ausschnitt im Quadrat stecken. Die Nahtzugabe in regelmäßigen Abständen einschneiden, damit sich der Streifen der Rundung besser anpaßt. Dann den Streifen ansteppen (Abb. 3). Die Nahtzugabe wird zur Kreismitte gebügelt. Nun die innere Oberkante des Lampenschirms mit Klebstoff einsprühen, den zipfeligen Stoff auflegen und die Kante des Schrägstreifens festdrücken.

Abb. 2

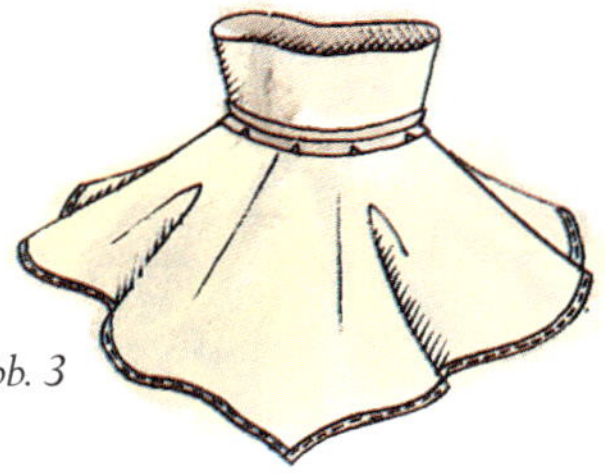

Abb. 3

Gerüschter Lampenschirm

Material

Lampenschirm; Stoff; Textilkleber.

Maßnehmen & zuschneiden (Abb. 1)

Schirm: Breite = b + 3 cm, Länge = c + 5 cm.
Rüsche: Breite = 6 cm, Länge = 2c.
Einfassung: Breite = 5 cm, Länge = a + 2 cm.

Abb. 4

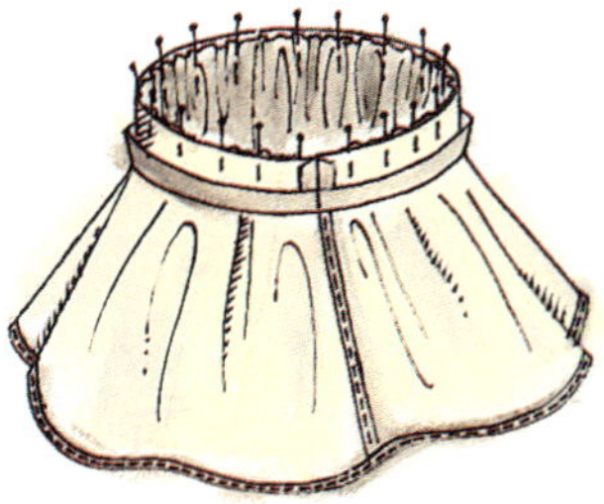

Lampenschirm anfertigen

1. Den Einfassungsstreifen zum Ring schließen (Nahtzugabe 1 cm) und längs zur Hälfte bügeln.
2. Die Schmalseiten des Stoffes für den Schirm mit Rechts-links-Naht zusammensetzen, dann die Unterkante doppelt säumen. 1 cm von der Oberkante entfernt einen Kräuselfaden einziehen, auf die Weite des Einfassungsstreifens aufkräuseln, feststecken (Abb. 4). Streifen im eingebügelten Bruch falten, nach links umschlagen und von Hand festnähen.
3. Die Rüsche zum Ring schließen und beide Längskanten knappkantig säumen. Einen Kräuselfaden entlang der Mitte einziehen und die Rüsche so zusammenziehen, daß sie um die Unterkante des Schirmes paßt. Die Rüsche an den Schirm steppen. Den Kräuselfaden herausziehen und den fertigen Schirmbezug am Lampenschirm festkleben.

Geraffter Lampenschirm

Material

Lampenschirm; Stoff; schmales Gardinen-Kräuselband, Länge = 1 $^1/_2$ c + 4 cm; Sprüh- und Textilkleber.

Maßnehmen & zuschneiden (Abb. 1)

Unterer Bezug: Breite = $^1/_2$ b + 6 cm, Länge = c + 2 cm.
Oberer Bezug: Breite = b + 5 cm, Länge = 1 $^1/_2$ c + 2 cm.

Lampenschirm anfertigen

Abb. 5

1. Den unteren Teil des Lampenschirmes mit dem unteren Bezugsstoff bekleben (siehe unter Zipfel-Lampenschirm, Schritt 1).
2. Die Schmalseiten des oberen Bezuges zusammensteppen und an der Unterkante schmal säumen. Die Oberkante 2 cm breit umbügeln. Das Kräuselband 1 cm unterhalb der Oberkante aufsteppen (Abb. 5), den Stoff einkräuseln.
3. Die Oberkante des Bezugs auf dem oberen Rand des Lampenschirms festkleben. Die Unterkante in lockeren Bögen nach oben schieben und die entstehenden Falten mit kleinen Handstichen fixieren, so daß ein geraffter Effekt entsteht.

Kissenbezüge

Kissenbezüge müssen leicht zu beziehen sein. Sie sollten aus einem Stoff bestehen, der auch häufiges Waschen und Schleudern verträgt. Der schwedische Kissenbezug braucht keine Knöpfe, eine breite Klappe hält das Kissen sicher in der Hülle. Natürlich lassen sich solche Kissenbezüge auch mit Rüschen, Spitzen und Kanten raffiniert verzieren. Aufwendigere Bezüge für Zierkissen finden Sie auf Seite 158–160.

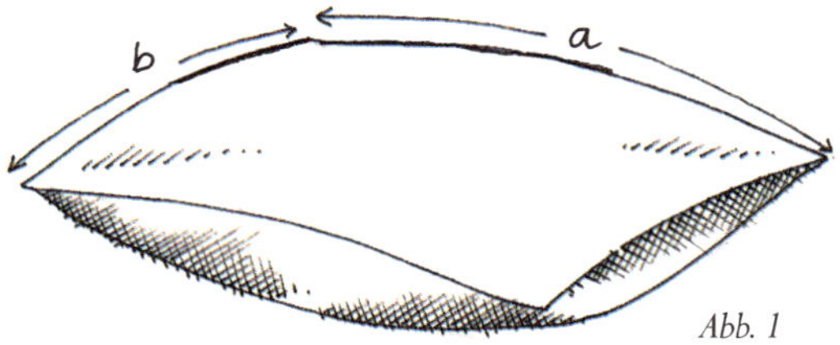

Abb. 1

Schwedischer Kissenbezug

Material

Stoff

Maßnehmen & zuschneiden (Abb. 1)

Vorderteil: Länge = a + 20 cm, Breite = b, Nahtzugabe an allen Kanten = 1,5 cm.

Rückteil: Länge = a, Breite = b, Nahtzugabe an allen Kanten = 1,5 cm.

Bezug nähen

1. An je einer Schmalseite beider Stoffteile einen doppelten Saum arbeiten, dann an den ungesäumten Kanten rechts auf rechts zusammenstecken (Abb. 2).
2. Die Klappe am Vorderteil zurückschlagen, so daß sie die gesäumte Kante des Rückteils verdeckt und die Seiten feststecken. Nun die drei Kanten des Kissens mit 1,5 cm Nahtzugabe zusammensteppen (Abb. 3).
3. Die Nahtzugaben mit Zickzackstichen versäubern, um den Nähten mehr Stabilität zu geben. Den Bezug wenden und bügeln.

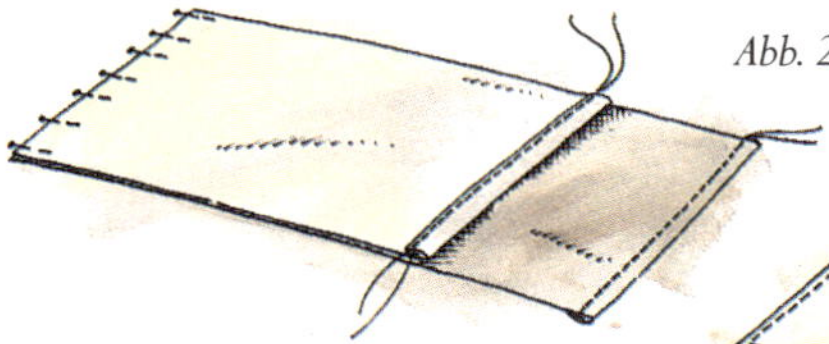
Abb. 2

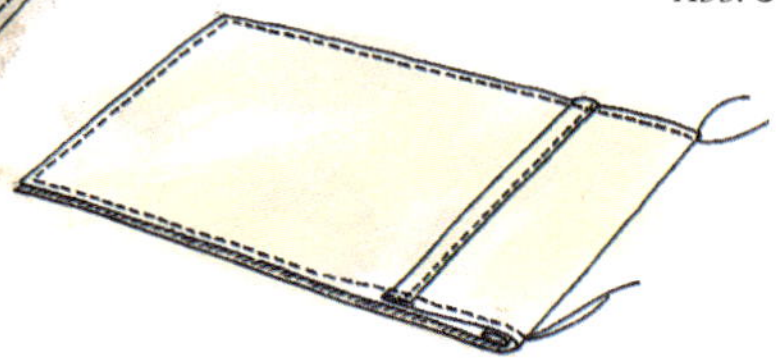
Abb. 3

Mehrfarbiger schwedischer Kissenbezug

Hier liegt die kontrastfarbige Klappe sichtbar auf dem Vorderteil des Kissens und kann mit Knöpfen oder Spitze verziert werden.

Maßnehmen & zuschneiden (Abb. 1)

Vorder- und Rückteil: zwei Rechtecke zuschneiden. Länge = a, Breite = b, Nahtzugabe an allen Kanten = 1,5 cm.

Klappe: ein Rechteck zuschneiden. Länge = 23 cm, Breite = b, Nahtzugabe an allen Kanten = 1,5 cm.

Bezug nähen

1. An einer Schmalkante des Vorderteils und an einer langen Kante der Klappe einen schmalen, doppelten Saum arbeiten.
2. Die Klappe rechts auf rechts an das Rückteil stecken und feststeppen. Danach Vorder- und Rückteil an den drei ungesäumten Kanten zusammensteppen. Dabei liegt die Klappe zwischen den beiden Stofflagen (Abb. 4). Jetzt wie oben mit Schritt 3 fortfahren.

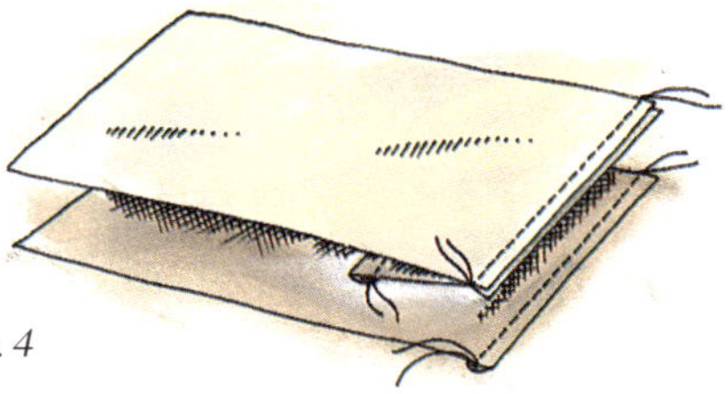
Abb. 4

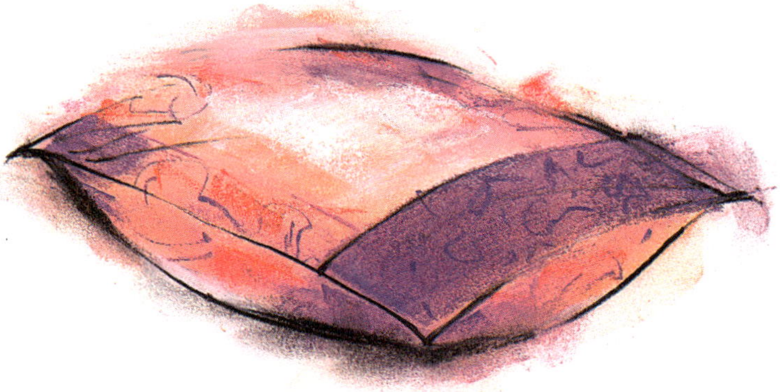

Kissenbezug mit Stehsaum

Auch dieses Kissen hat eine angeschnittene Klappe wie der schwedische Kissenbezug. Außerdem ist es an den Außenkanten mit einem dekorativen Stehsaum verziert.

Material

Stoff; Lineal; Schneiderkreide oder Textilstift.

Maßnehmen & zuschneiden (Abb. 1)

Vorderteil: Länge = a + 30 cm, Breite = b, Zugabe rundum 6,5 cm.
Rückteil: Länge = a + 6,5 cm, Breite = b + 13 cm.

Bezug nähen

1. Je eine Schmalseite beider Teile knappkantig doppelt säumen, dann die Teile rechts auf rechts zusammenstecken (Abb. 2).
2. Die Klappe so über das Vorderteil schlagen, daß zwischen dem Saum des Vorderteils und der Bruchkante der Klappe ein Abstand von 6,5 cm bleibt (Abb. 5). Alle Kanten zusammenstecken und mit 1,5 cm Nahtzugabe steppen.
3. Den Bezug wenden, die Ecken herausdrücken und den Stoff bügeln. Mit der Schneiderkreide oder Textilstift ein Rechteck im Abstand von 5 cm parallel zu den Außenkanten des Kissens aufzeichnen. Auf diesen Linien entlangsteppen (Abb. 6), aber die Klappe dabei offen lassen.

Abb. 5

Abb. 6

Kissenbezug mit Bogenkante

Dieser attraktive Kissenbezug ist viel einfacher zu nähen, als es auf den ersten Blick erscheinen mag. Im Grunde ist er nur eine Abwandlung des Kissens mit Stehsaum. Wenn Sie größere Bögen arbeiten wollen, müssen Sie die Zugabe an den Kanten entsprechend verändern. In ähnlicher Weise können Sie auch einen Bezug mit rückwärtigem Schlitz arbeiten (siehe Seite 159).

Material

Wie für das Kissen mit Stehsaum, außerdem ein großes Stück Papier, Zirkel.

Bezug nähen

1. Das Kissen wie oben beschrieben (Schritt 1 und 2) vorbereiten.
2. Ein Stück Papier in der Größe des Kissens zuschneiden, aber rundum am Rand 5 cm zugeben. Ein Rechteck im Abstand von 5 cm parallel zum Rand des Papiers zeichnen und mit dem Zirkel dazwischen Halbkreise eintragen (Abb. 7). Papierschablone ausschneiden.
3. Die Schablone auf den Kissenbezug stecken und die Konturen der Bögen übertragen. Das Papier entfernen und jeden Bogen mit einer Stecknadel fixieren, damit sich der Stoff nicht verschiebt. Jetzt die Bogenkontur nachsteppen (Abb. 8). Die Bögen ausschneiden und die Nahtzugabe in den Rundungen einschneiden. Das Kissen wenden und die Kante bügeln. Nun die rechteckige Innenkontur der Schablone auf das Kissen übertragen und als Stehsaum wie oben absteppen (Abb. 9).

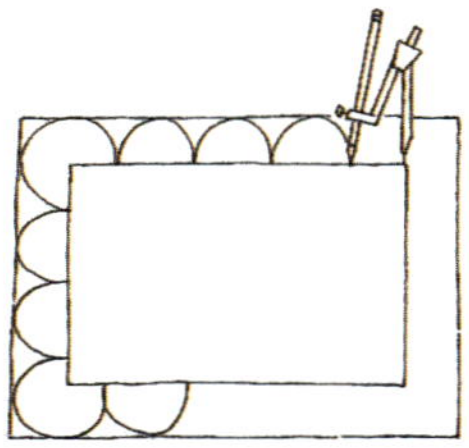

Abb. 7

Abb. 8

Abb. 9

Kissenbezug mit Rüschenkante

Ein schlichtes Kissen wirkt mit einer Rüschenkante gleich viel attraktiver, besonders wenn Sie für die Rüsche kontrastfarbigen Stoff oder Spitze verwenden.

Material

Bezugsstoff; Stoff für die Rüsche.

Maßnehmen & zuschneiden (Abb. 1)

Vorder- und Rückteil: zweimal zuschneiden. Länge = a, Breite = b, Nahtzugabe rundum 1,5 cm.

Klappe: einmal zuschneiden. Länge = 20 cm, Breite = b, Nahtzugabe rundum 1,5 cm.

Rüsche: einen Streifen zuschneiden. Länge = 4a + b + 5 cm, Breite = 20 cm.

Bezug nähen

1. Die Rüsche vorbereiten (siehe Seite 142) und an das Vorderteil der Kissenhülle ansetzen, so daß die Weite gleichmäßig verteilt ist (Abb. 10).
2. Eine Schmalseite des Rückteils säumen und die übrigen drei Kanten an das Vorderteil stecken (Abb. 11).
3. Eine Längskante der Klappe schmal säumen. Die ungesäumten Kanten rechts auf rechts an das offene Ende der Kissenhülle stecken (Abb. 12). Nun alle vier Kanten des Kissens mit 1,5 cm Nahtzugabe absteppen. Die Nahtzugaben werden beschnitten und versäubert, dann kann das Kissen gewendet und gebügelt werden.

Abb. 10

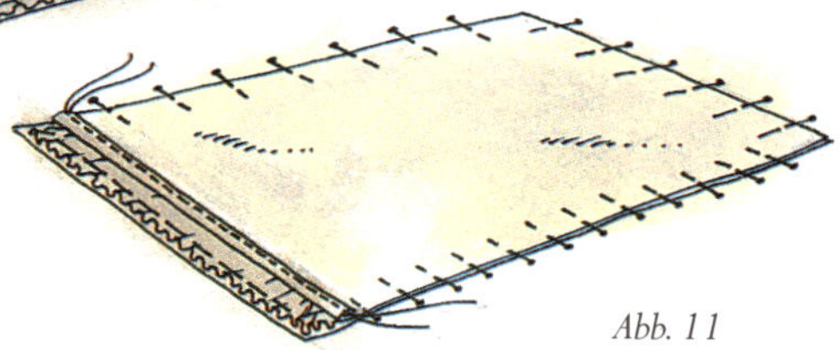

Abb. 11

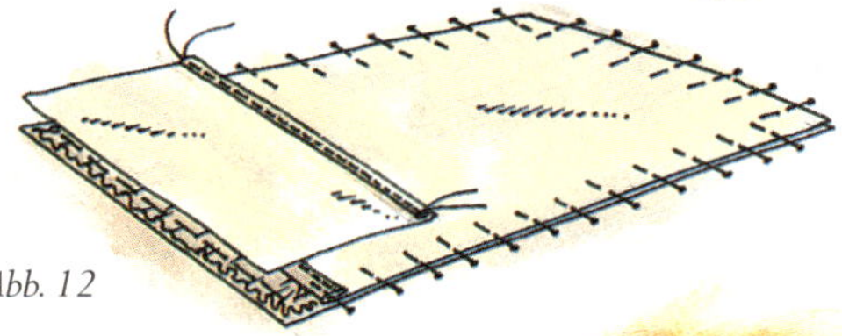

Abb. 12

Kissenbezug mit Knopfverschluß

Damit es sich auf diesem Kissen trotz der Knöpfe bequem schlafen läßt, steht die Kante über das Kissen hinaus.

Material

Bezugsstoff; Stoff für die Knopfleiste; Knöpfe.

Maßnehmen & zuschneiden (siehe Abb. 1)

Kissenbezug: in einem Stück zuschneiden. Länge = 2b, Breite = a, Nahtzugabe rundum 3 cm.

Knopfleiste: einen Streifen zuschneiden. Länge = 2b, Breite = 30 cm, Nahtzugabe rundum 3 cm.

Bezug nähen

1. Die Knopfleiste der Länge nach zur Hälfte bügeln. An einer Längskante einen 1 cm breiten Saum arbeiten. Die Knopfleiste rechts auf rechts an eine Schmalseite des Kissenbezuges stecken (Abb. 13) und mit 1,5 cm Nahtzugabe steppen.
2. Den Bezug der Länge nach zur Hälfte falten (Abb. 14). Die beiden offenen Kanten des Kissens zusammensteppen und versäubern.
3. Die Kante der Knopfleiste umschlagen, so daß die Naht verdeckt ist (Abb. 15). Den Bezug wenden und die Knopfleiste an beiden Kanten rundum absteppen.
4. Die Positionen der Knopflöcher anzeichnen. Die Knopflöcher in den oberen Teil der Klappe nähen, darunter passend die Knöpfe anbringen (Abb. 16).

Abb. 13

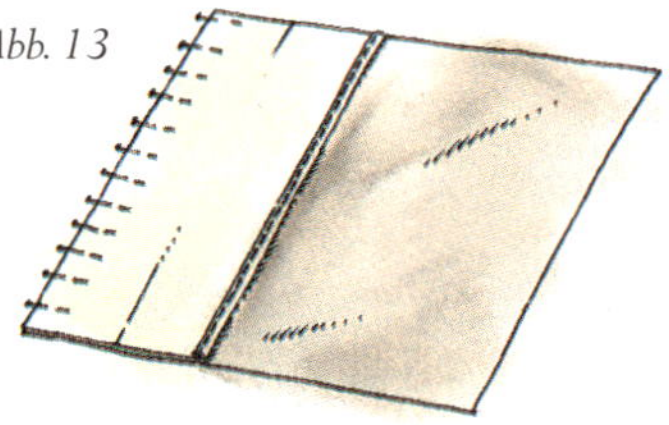

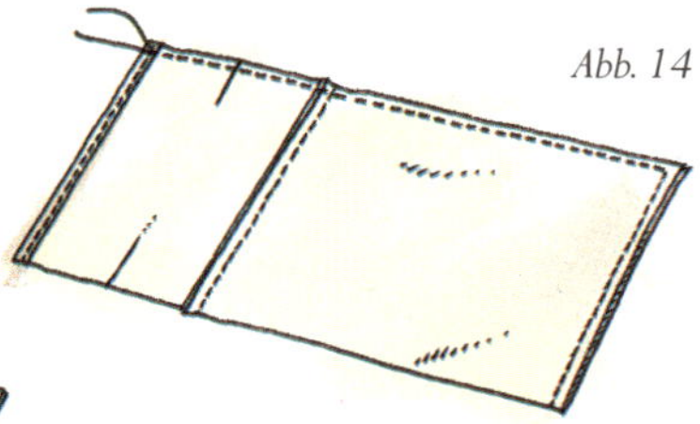

Abb. 14

Abb. 15

Abb. 16

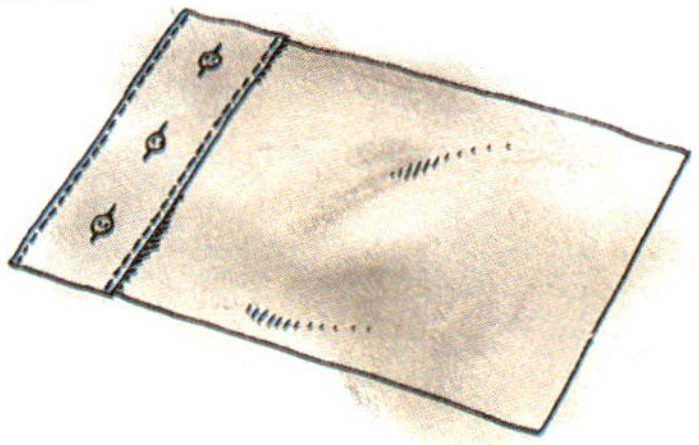

Kissen

Kissen können üppig, edel oder lässig aussehen – die Variationsmöglichkeiten in Form, Größe und Gestaltung sind unübersehbar. Auf den folgenden Seiten finden Sie die grundlegenden Techniken zum Anfertigen von Kissen: Verschlüsse, Füllungen und Kantenverarbeitung.

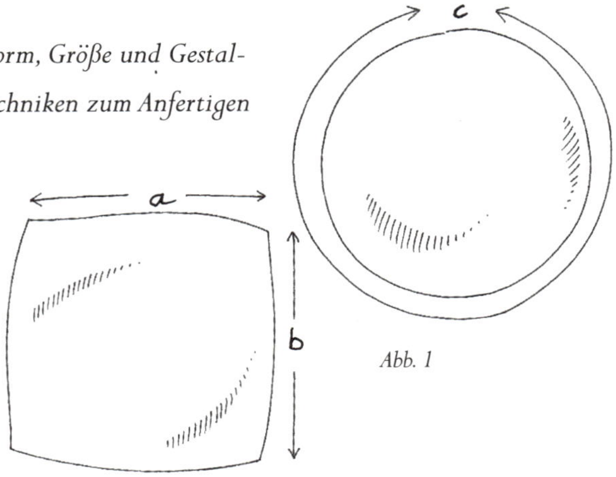

Abb. 1

Verschlüsse

Ein abnehmbarer Kissenbezug muß einen Verschluß haben. Dieser kann ganz unauffällig angebracht oder auch als selbständiges Gestaltungselement eingesetzt werden.

Handgenähter Verschluß

Die schnellste Art, einen Kissenbezug zu schließen (besonders bei Paspelkissen), besteht darin, die Öffnung von Hand zuzunähen. Der Nachteil dabei ist, daß die Naht zum Waschen aufgetrennt und danach neu genäht werden muß.

Material

Bezugsstoff; Kissen-Inlett.

Maßnehmen & zuschneiden (Abb. 1)

Vorder- und Rückteil: gleich zuschneiden. Nahtzugabe an allen Seiten 1,5 cm.

Bei eckigen Kissen: Länge = a, Breite = b.

Bei runden Kissen: Umfang = c.

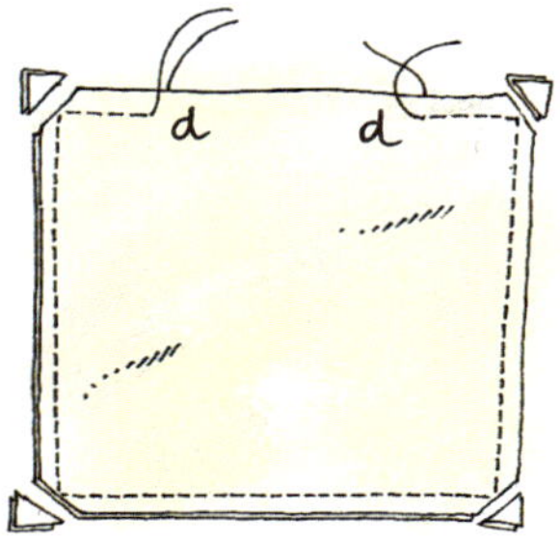

Abb. 2

Abb. 3

Kissen nähen

1. Die beiden Teile rechts auf rechts zusammenstecken und an den Seitenkanten steppen. Die Naht zwischen den Punkten d und d offen lassen (Abb. 2).
2. Die Nahtzugaben zur Rückseite des Kissens bügeln und die Ecken abschrägen. Dann den Bezug wenden.
3. Das Inlett in den Bezug schieben und in die Ecken hineindrücken. Die Öffnung mit passendem Garn von Hand mit Überwendlingsstichen schließen (Abb. 3).

Offener Bezug

Diese Kissenhülle sieht besonders schön auf einem Kissen-Inlett in Kontrastfarbe aus. Schließen Sie die Öffnung mit Schleifen oder Bändern.

Material

Bezugsstoff; Lineal.

Maßnehmen & zuschneiden (Abb. 1)

Vorder- und Rückteil: gleich zuschneiden. Länge = a + 11,5 cm, Breite = b + 1,5 cm.

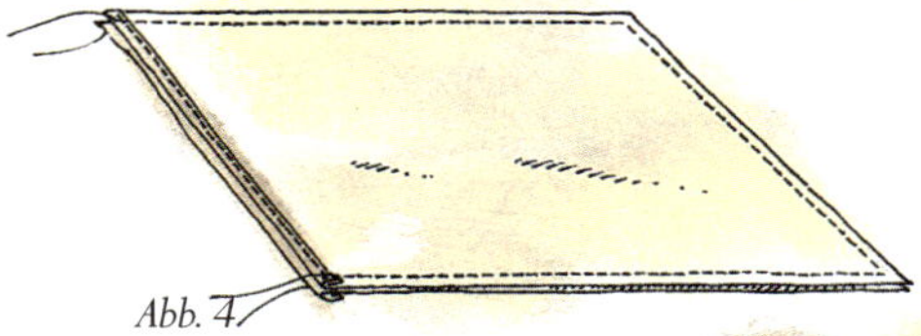
Abb. 4

Kissen nähen

1. An je einer Schmalseite beider Teile einen feinen, doppelten Saum arbeiten. Die Teile an den drei ungesäumten Kanten aufeinanderstecken und mit 1,5 cm Nahtzugabe steppen (Abb. 4).

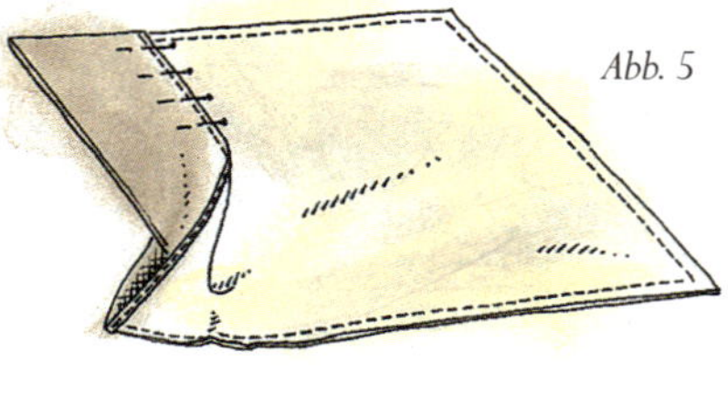
Abb. 5

2. Die gesäumte Kante 10 cm nach innen umschlagen. Mit dem Lineal kontrollieren, ob der Einschlag gerade ist. Die Kante stecken (Abb. 5) und dicht neben der Saumkante feststeppen.

Rückwärtiger Schlitz

Bei diesem Kissen besteht die Rückseite aus zwei Teilen, die einander in der Mitte überlappen. Dabei spielt es keine Rolle, welche Form das Kissen hat. Sehr hübsch kann es aussehen, wenn die Überlappung mit Knöpfen oder Bändern (siehe Seite 160) geschlossen wird.

Maßnehmen & zuschneiden (Abb. 1)

Für ein eckiges Kissen:
Vorderteil: einmal zuschneiden. Breite = a, Länge = b, Nahtzugabe = rundum 1,5 cm.
Rückteil: zweimal zuschneiden. Breite = $^1/_2$ a + 10 cm, Länge = b, Nahtzugabe = rundum 1,5 cm.
Für ein rundes Kissen:
Vorderteil: einen Kreis zuschneiden. Umfang = c, Nahtzugabe an der Außenkante = 1,5 cm.
Rückteil: zwei Halbkreise zuschneiden. Falten Sie dafür das Vorderteil in der Mitte und kniffen den Bruch ein. Ziehen Sie 11,5 cm neben dem Bruch eine parallele Linie auf dem Stoff. Schneiden Sie zwei solcher Kreissegmente zu.

Kissen nähen

1. Die Schlitzkanten der beiden Rückteile knappkantig doppelt umsäumen.

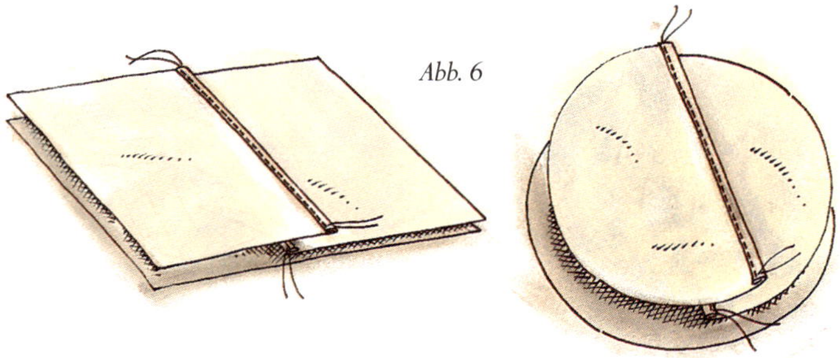

Abb. 6

2. Vorder- und Rückteile rechts auf rechts so aufeinanderlegen, daß die Schlitzkanten einander überlappen (Abb. 6). Nun die gesamte Außenkante mit 1,5 cm Nahtzugabe steppen. Die Ecken abschrägen bzw. die Rundung einschneiden, dann das Kissen wenden und bügeln.

Reißverschlüsse

Der gängigste Verschluß für eine vielbenutzte Kissenhülle ist ein Reißverschluß. Grundsätzlich sollte er 6 cm kürzer sein als die Naht, in die er eingesetzt wird. Je nach Stil und Form des Kissens kann der Verschluß in einer Seitenkante oder in der Mitte der Rückseite eingenäht werden. Bei groß gemusterten Stoffen muß das Muster am Verschluß genau abgestimmt werden.

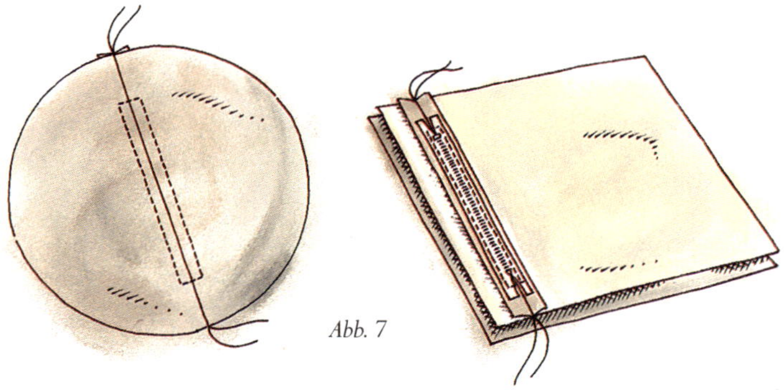

Abb. 7

Es gibt eine spezielle Technik, Reißverschlüsse in gepaspelte Nähte einzusetzen (siehe Seite 144). Meist ist es jedoch einfacher, den Verschluß in der hinteren Mitte anzubringen; bei runden Kissen ist dies sogar unerläßlich, denn in der Seitennaht würde er die Rundung des Kissens beeinträchtigen.

Maßnehmen & zuschneiden (Abb. 1)

Für ein eckiges Kissen:
Vorderteil: einmal zuschneiden. Breite = a, Länge = b, Nahtzugabe = rundum 1,5 cm.
Rückteil: zweimal zuschneiden. Breite = $^1/_2$ a + 7 cm, Länge = b, Nahtzugabe = rundum 1,5 cm.
Für ein rundes Kissen:
Vorderteil: einen Kreis zuschneiden. Umfang = c + 3 cm.
Rückteil: zwei Halbkreise zuschneiden. Umfang = $^1/_2$ c, Nahtzugabe = rundum 1,5 cm.

Kissen nähen

1. Die beiden Rückteile rechts auf rechts an der Mittellinie zusammenstecken und -heften. Die Naht an beiden Enden ein Stück weit steppen, der mittlere Bereich bleibt geheftet. Nahtanfang und -ende mit Rückstichen sichern. Die Nahtzugabe auseinanderbügeln und den Reißverschluß einsetzen, wie auf Seite 144 beschrieben.
2. Vorder- und Rückteil rechts auf rechts zusammenstecken und mit 1,5 cm Nahtzugabe steppen. Die Ecken abschrägen, bzw. die Rundung einschneiden. Dann das Kissen wenden und bügeln. Inlett einschieben.

Inletts

Fertige Kissenrohlinge gibt es in vielen Größen und Formen: eckig, rund oder rollenförmig. Inletts mit Federfüllung sind weich und sehr langlebig. Anti-allergene Kissen sind mit einer synthetischen Watte gefüllt, die voll waschbar ist. Wenn Sie eine ganz spezielle Kissenform wünschen, nähen Sie die Innenhülle selbst aus feinem Baumwollköper und stopfen Sie sie mit Polyesterwatte aus.

Kanten

Es gibt viele Möglichkeiten, die Kanten eines Kissens zu verzieren. Manche Dekorationen wie Rüschen, Paspeln oder Fransenkanten werden beim Zusammensteppen von Vorder- und Rückteil mitgefaßt. Kordeln und Borten dagegen werden von Hand auf die fertige Kissenhülle genäht (siehe Seite 141–143).

Paspel

Zum Beziehen der Paspelkordel können Sie einen Stoff verwenden, der mit dem Oberstoff harmoniert oder einen Kontrast bildet. Bereiten Sie eine Paspel vor, die 5 cm länger als der Umfang des Kissens ist. Heften Sie sie kantenbündig auf die rechte Seite des Kissenbezuges. Die Nahtstelle der Paspel sollte in der Mitte einer Seitenkante liegen. Schneiden Sie bei eckigen Kissen die Ecken, bei runden Kissen die Rundungen der Nahtzugabe ein, damit sich die Paspel besser der Kontur anpaßt (Abb. 8). Dann werden Vorder- und Rückteil des Kissens aufeinandergesteckt, geheftet und mit dem Reißverschlußfuß gesteppt. Dabei fassen Sie die Paspel mit.

Abb. 8

Rüschen

Rüschen an einem Kissen können gesäumt oder eingefaßt werden (siehe Seite 142), am schönsten sieht aber eine Rüsche aus doppelt liegendem Stoff aus. Bei großen Kissen kann die Rüsche bis zu 10 cm breit sein, bei kleineren ist eine Breite von 5 cm ausreichend. Schneiden Sie den Stoffstreifen für die Rüsche in der Länge des doppelten Umfangs zu. Falls nötig, setzen Sie mehrere Stoffstreifen zusammen und bügeln die Nähte auseinander. Diese Grundregel gilt für runde und eckige Kissen gleichermaßen.

Rüsche nähen

1. Die Rüsche kantenbündig an das Vorderteil stecken (Abb. 9), die Weite dabei gleichmäßig verteilen (siehe Seite 142). Für ein Kissen mit Paspel und Rüsche zuerst die Paspel, dann die Rüsche an das Vorderteil heften. Breite Rüschen sollten zusätzlich auf der Fläche des Kissens festgesteckt werden, um sie nicht versehentlich in der Naht mitzufassen.

2. Die Kissenteile mit dem Reißverschlußfuß zusammensteppen, so daß die Naht möglichst nahe an der Paspelkordel verläuft. Die Ecken nach dem Steppen abschrägen. Den fertigen Bezug wenden und bügeln.

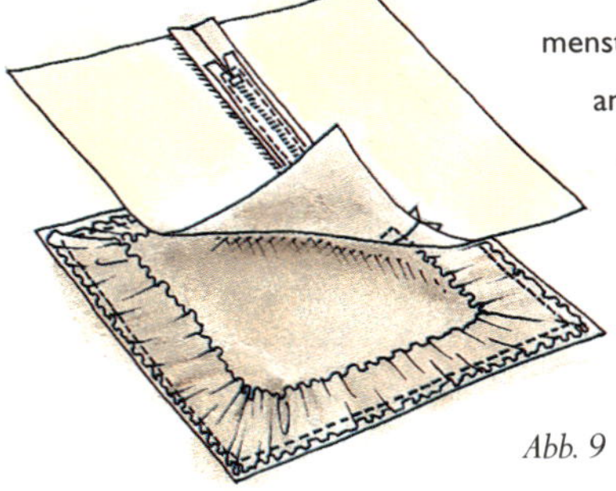

Abb. 9

Dekorative Verschlüsse

Anstelle eines Reißverschlusses kann ein loser Kissenbezug auch von Schleifen oder Knöpfen gehalten werden.

Bänder

Bindebänder (siehe Seite 144) an einem Kissenbezug können aus demselben oder einem kontrastfarbigen Stoff gearbeitet werden. Fädeln Sie die Bänder durch Knopflöcher, die in eine Kante der Kissenhülle gearbeitet werden (Abb. 10), oder steppen Sie die Bänder auf beide Kanten (Abb. 11). Sie können auch gewebte Bänder, Borten oder Spitze zum Zubinden verwenden. Wenn die Bindebänder in der Mitte eines Kissens mit rückwärtigem Schlitz liegen, sollten sie vor dem Zusammennähen der Einzelteile angebracht werden (Abb. 12).

Abb. 11

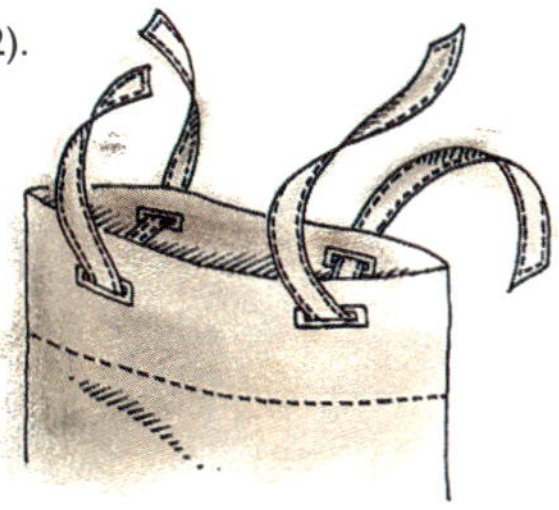

Abb. 10

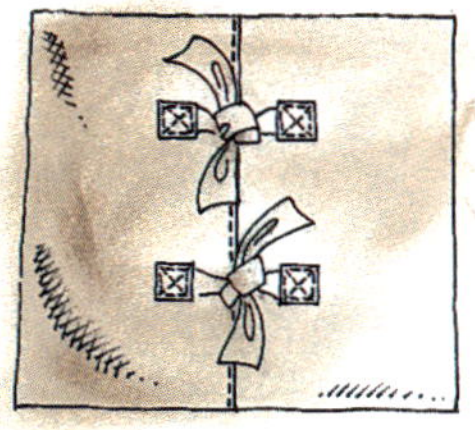

Abb. 12

Knöpfe

Auch ein Knopfverschluß kann an einem Kissenbezug sehr hübsch aussehen, sowohl an einer Seitenkante (Abb. 13) als auch in der Mitte der Fläche. Liegt der Verschluß in der Mitte des Kissens, arbeiten Sie ihn doch einmal wie die Knopfleiste an einem Herrenhemd (Abb. 14). Einen üppigen, gepolsterten Effekt erhalten Sie, wenn Sie Knöpfe mit Gegenknöpfen durch das Kissen hindurch festnähen (Abb. 15).

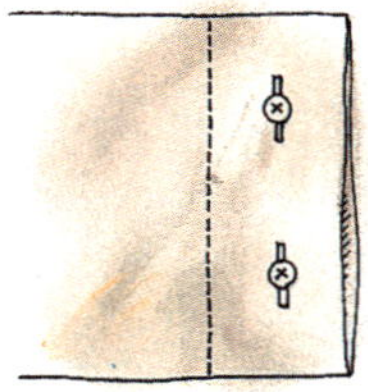

Abb. 13

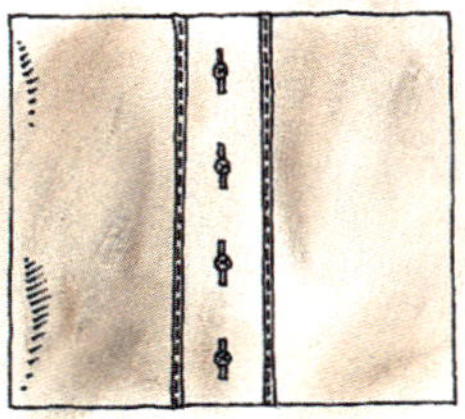

Abb. 14

Abb. 15

Rollen

Seit jeher gehören dicke Polsterrollen zur klassischen Chaiselongue und zum Liegesessel. Die traditionellen Rollen bestehen aus einem maßgeschneiderten, zylindrischen Korpus mit Reißverschluß an der Seite und flachen Enden. Dekorativere Versionen haben geraffte oder gekräuselte Enden mit Verzierungen aus Knöpfen und Quasten. Noch leichter sehen Rollen mit locker zusammengebundenen Enden aus, die von dekorativen Schleifen gehalten werden. Alle diese Varianten kommen ohne Reißverschluß aus, denn die Raffung kann zum Abnehmen und Waschen des Bezuges leicht gelöst werden. Wenn die Hülle ganz fest sitzen soll, lassen Sie die Nahtzugaben einfach weg. Eine große Rolle als Rückenlehne wird genauso gearbeitet: Berechnen Sie einfach einen größeren Stoffbedarf.

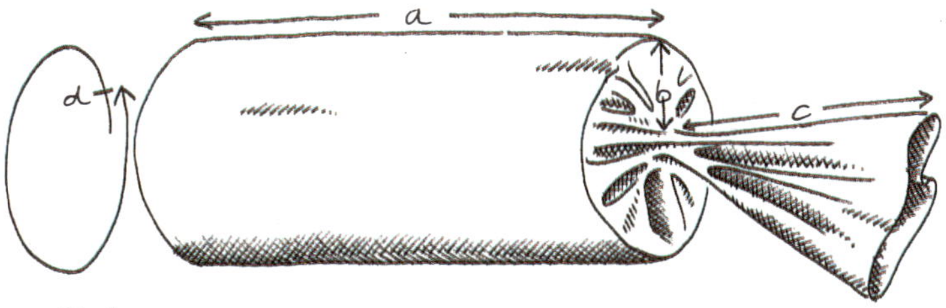

Abb. 1

Rolle mit gebundenen Enden

Dieser Bezug ist besonders leicht zu nähen, denn Sie brauchen nur eine einzelne Stoffbahn.

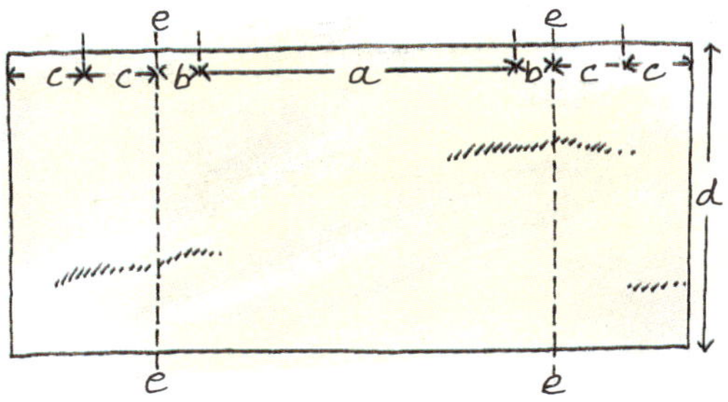

Abb. 2

Material

Bezugsstoff; Knopflochgarn; Rohling für die Rolle.

Maßnehmen & zuschneiden (Abb. 1 & 2)

Bezug: Länge = d + 3 cm, Breite = a + 2b + 4c.

Bänder: zwei Streifen zuschneiden. Länge = 60 cm, Breite = 6 cm.

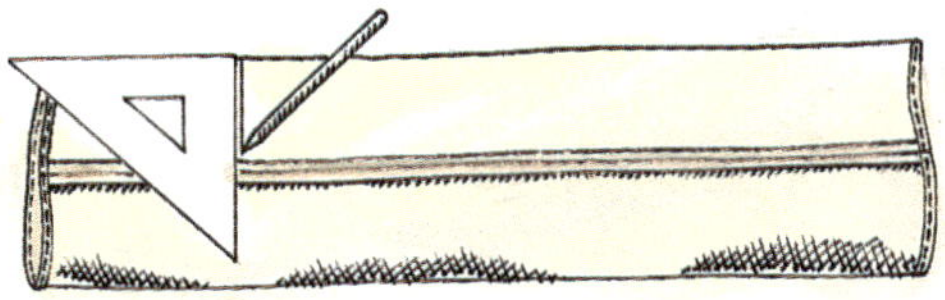

Abb. 3

Rolle nähen

1. Die beiden Längskanten des Bezugsstoffes rechts auf rechts mit einer Nahtzugabe von 1,5 cm zusammennähen. Die Naht auseinanderbügeln und die Enden des Stoffschlauches knappkantig doppelt umsäumen.
2. Mit Schneiderkreide auf der Rückseite des Stoffes die beiden Kräusellinien (e) markieren, an denen die Bindebänder angebracht werden sollen (Abb. 3). Die beiden Enden des Stoffschlauches so weit einschlagen, bis sie an diese Markierung stoßen, und festheften (Abb. 4).
3. Den Bezug wenden und mit Zickzackstichen einen Kräuselfaden aus Knopflochgarn auf der Heftlinie feststeppen (siehe Seite 142). Dann das Polster mittig in den Bezug schieben.
4. Die beiden Kräuselfäden fest anziehen, verknoten und die Enden ins Innere der Rolle ziehen (Abb. 5). Wenn der Bezug zum Waschen abgenommen werden soll, brauchen Sie nur den Knoten im Kräuselfaden zu lösen.
5. Die beiden Schleifen nähen (siehe Seite 144). Die Weite des Stoffes an den Enden der Rolle gleichmäßig verteilen und die Schleifen darumbinden.

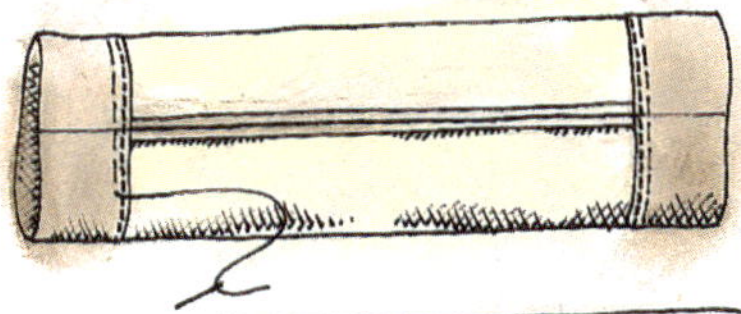

Abb. 4

Abb. 5

Gepaspelte Rolle mit gekräuselten Enden

Die Endstücke können aus demselben Stoff gefertigt werden, sehr wirkungsvoll sieht es aber auch aus, wenn ein kontrastierendes Material verwendet wird.

Material

Stoff 1 für die Rolle; Stoff 2 für die Enden, für die Paspel und die Knöpfe; Polsterrohling; zwei Knöpfe zum Beziehen; Paspelkordel; Knopflochgarn.

Maßnehmen & zuschneiden (Abb. 1 & 6)

Bezug der Rolle: aus Stoff 1 zuschneiden. Länge (Umfang) = d, Breite = a, Nahtzugabe = rundum 1,5 cm.

Endstücke: aus Stoff 2 zuschneiden. Länge (Umfang) = d + 3 cm, Breite = b + 1,5 cm.

Paspelkordel und Schrägstreifen zum Beziehen: Länge = 2d + 10 cm.

Knöpfe: zwei Stoffkreise gemäß der den Knöpfen beiliegenden Schablone zuschneiden.

Rolle nähen

1. Das Stoffstück für den Bezug der Rolle rechts auf rechts an der Kante a mit 1,5 cm Nahtzugabe zusammenstecken und steppen. Die Naht auseinanderbügeln und den Schlauch wenden.
2. Die Paspelkordel halbieren und mit dem Schrägstreifen beziehen. Dann die beiden Paspeln um die Enden des Stoffschlauches für die Rolle heften (siehe Seite 141). Die Nahtstelle der Paspel liegt an der Seitennaht der Rolle. Die Paspel mit dem Reißverschlußfuß feststeppen (Abb. 7).
3. Die beiden Endstücke an den schmalen Kanten zusammensteppen, so daß Ringe entstehen. Je eine Kante 1 cm breit nach innen umbügeln, dicht neben der Stoffkante mit Zickzackstichen einen Kräuselfaden aufsteppen (siehe Seite 142).
4. Die Endstücke an das Hauptteil stecken, heften und dabei die Nähte aneinander ausrichten (Abb. 8). Die Teile mit dem Reißverschlußfuß feststeppen, so daß die Naht nahe an der Paspelkordel verläuft.
5. Die Rolle in den Bezug schieben und die Enden der Kräuselfäden fest zuziehen (Abb. 9). Die Fadenenden verknoten und ins Innere des Bezuges ziehen. Die beiden Knöpfe beziehen und in der Mitte der Endstücke festnähen (Abb. 10).

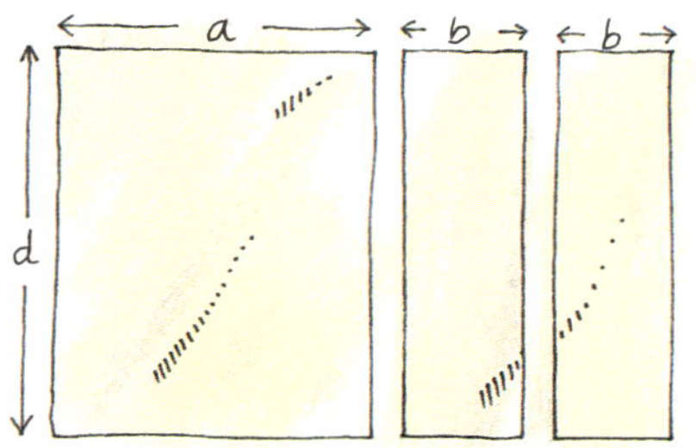

Abb. 6

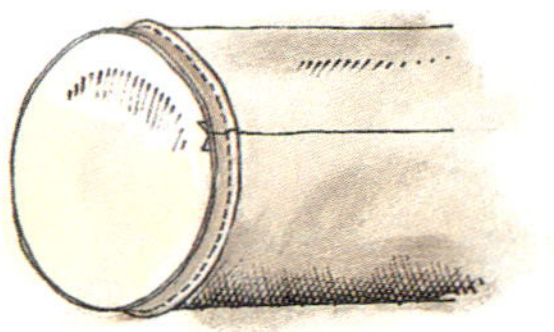
Abb. 7

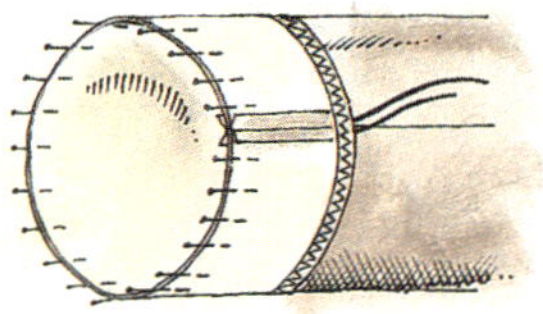
Abb. 8

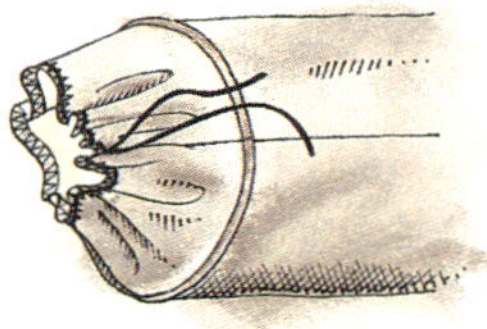
Abb. 9

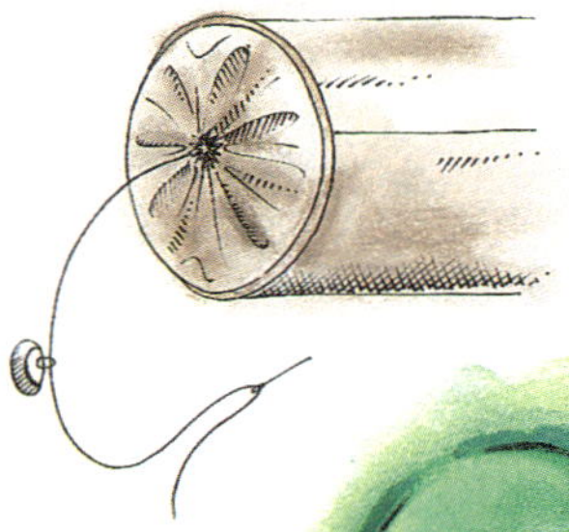
Abb. 10

Varianten

Noch extravaganter sieht es aus, wenn die Endstücke der Rolle gerüscht oder gefältelt sind. Um diesen Effekt zu erreichen, schneiden Sie den Stoff für die Enden in doppelter Länge zu. Bereiten Sie den Bezug für die Rolle wie in Schritt 1 und 2 vor, dann fahren Sie wie folgt fort:

Gerüschte Enden

3. Die Schmalseiten eines Endstückes zu einem großen Ring zusammensteppen. Den Stoff zur Hälfte falten, dann zu Vierteln, und diese vier Abschnitte mit kleinen Einschnitten an der Stoffkante markieren. Mit Zickzackstichen vier separate Kräuselfäden nahe am Rand feststeppen (siehe Seite 142). An der anderen Stoffkante wird ein durchgehender Kräuselfaden befestigt (Abb. 11).

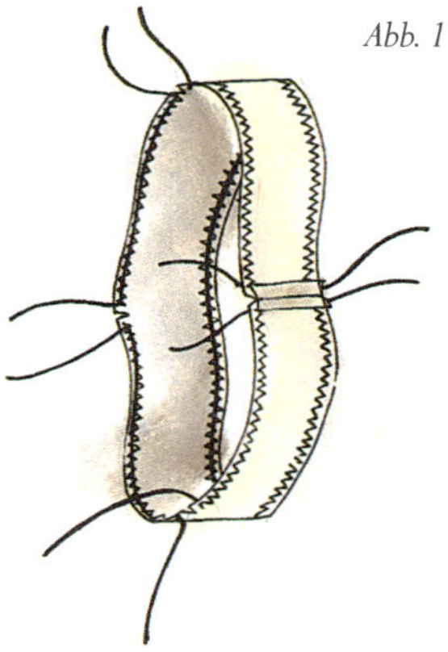
Abb. 11

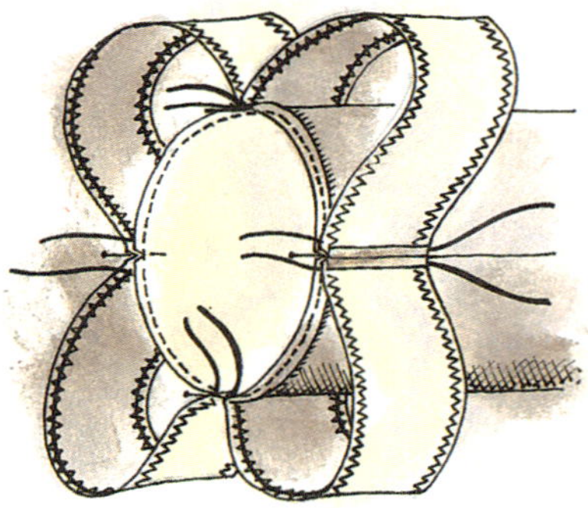
Abb. 12

4. An der Kante des Rollenbezuges auf dieselbe Weise vier gleiche Abschnitte markieren. Bezug und Endstück an den Markierungen rechts auf rechts aufeinanderstecken (Abb. 12). Die vier Kräuselfäden anziehen, bis die Stoffkanten genau aufeinanderpassen und die Fadenenden verknoten. Die Weite gleichmäßig verteilen (Abb. 13) und die Kanten aufeinander feststecken. Danach die Stofflagen dicht an der Paspel entlang mit dem Reißverschlußfuß zusammensteppen. Das andere Ende entsprechend arbeiten. Die Rolle vollenden, wie auf Seite 162, Schritt 5, beschrieben.

Abb. 13

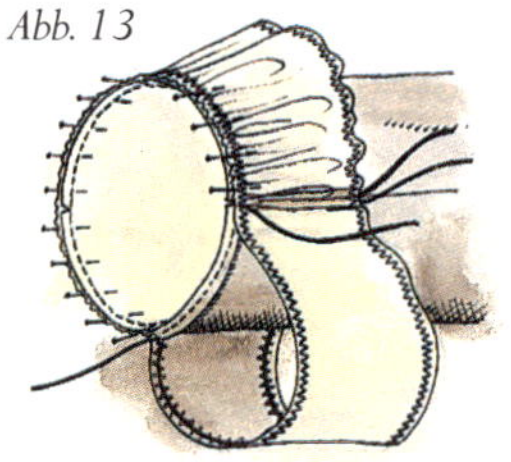

Abb. 14

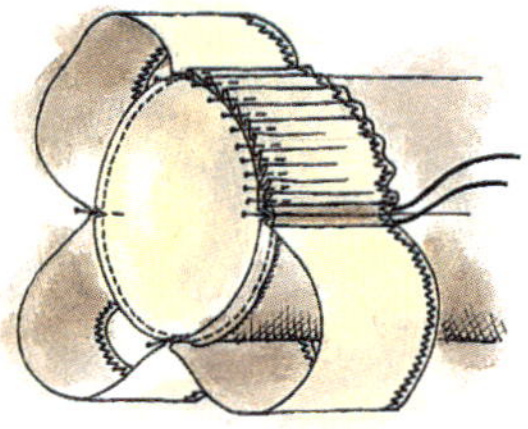

Gefältelte Enden

3. Die Schmalseiten eines Endstückes zusammensteppen, so daß ein großer Ring entsteht, und die Naht auseinanderbügeln. Auf der rechten Stoffseite 5 mm neben einer Stoffkante mit Zickzackstichen einen Kräuselfaden aufsteppen (siehe Seite 142). Die Weite des Endstückes an der ungekräuselten Seite und das Ende des Rollenpolsters jeweils in vier gleiche Abschnitte einteilen, wie für gerüschte Enden beschrieben. Das Endstück zunächst an den Markierungen rechts auf rechts an die Rolle stecken. Die Weite in kleine, gleichmäßige Falten legen, stecken und heften (Abb. 14). Durch alle Stofflagen mit dem Reißverschußfuß dicht an der Paspel entlangsteppen. Das zweite Endstück entsprechend arbeiten, als Abschluß Knöpfe oder Quasten aufnähen (siehe Seite 162, Schritt 5).

Rolle mit flachen Enden

Dieser fest sitzende Bezug ist mit einem Reißverschluß versehen, damit man ihn abnehmen kann. Als Dekoration eignen sich Paspeln, Litzen, Borten oder Fransen.

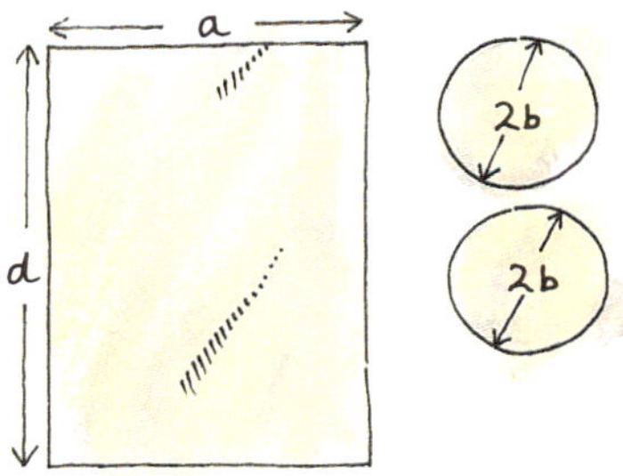

Abb. 15

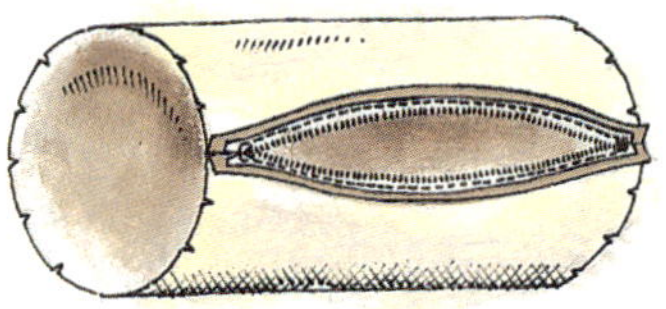

Abb. 16

Material

Bezugsstoff; Rohling für die Rolle; Reißverschluß, 6 cm kürzer als die Rolle; Borte oder Litze.

Maßnehmen & zuschneiden (Abb. 1 & 15)

Bezug der Rolle: Breite = a + 3 cm, Länge (Umfang) = d + 4 cm.

Endstücke: zwei Kreise zuschneiden. Durchmesser = 2b + 1,5 cm Nahtzugabe rundum.

Borte: 2d + 4 cm.

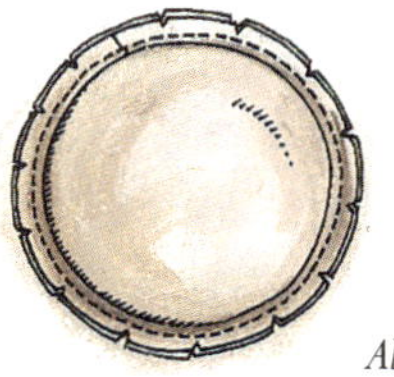

Abb. 17

Rolle nähen

1. Den Reißverschluß mittig in die Längsnaht der Rolle einsetzen (siehe Seite 144 und Abb. 16). Bei der weiteren Verarbeitung bleibt der Reißverschluß offen. An beiden Enden die Nahtzugabe in Abständen von 3 cm einschneiden.

2. Wenn Sie die Ansatznähte an den Enden paspeln wollen, steppen Sie die Paspelstreifen auf die rechte Seite der beiden Endstücke (Abb. 17), ehe Sie sie einsetzen.

3. Die Nahtzugabe der Endstücke in Abständen von 3 cm v-förmig einschneiden. Die Enden rechts auf rechts an den Bezug der Rolle stecken und heften. Die Naht (Abb. 18) steppen, leicht bügeln und den Bezug wenden.

4. Wenn Sie den Bezug mit Borte oder Litze verzieren wollen, setzen Sie diese von Hand mit feinen Stichen auf die Ansatznähte der beiden Endstücke. Die Enden einer Borte werden jeweils 1 cm weit nach links umgeschlagen und von Hand zusammengenäht (Abb. 19).

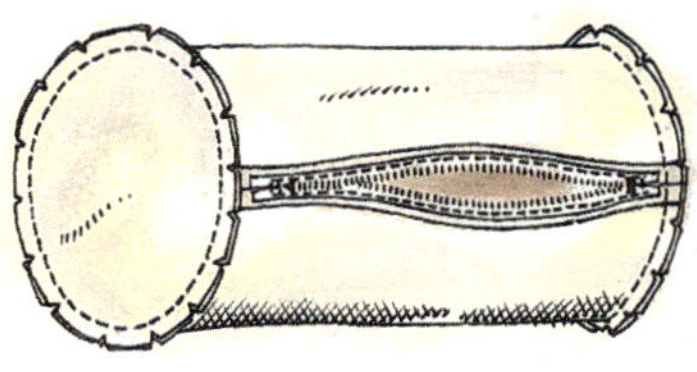

Abb. 18

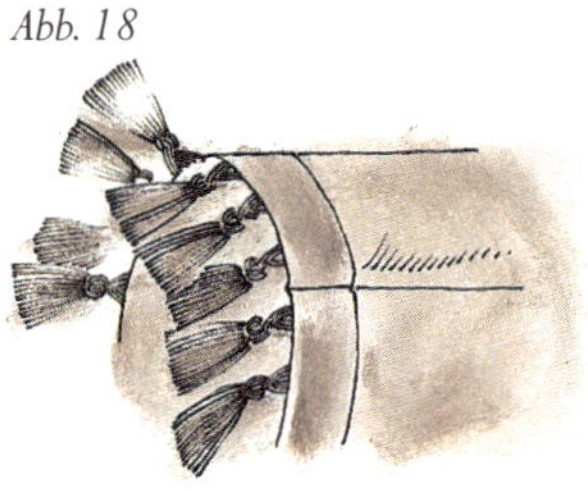

Abb. 19

Sitzkissen und Polster

Bezogene Polster und Kissen machen alle Sitzmöbel – ob Ohrensessel, Fußbänkchen, Stuhl oder Sitzbank – gemütlicher, lebendiger und farbenfroher. Auch auf dem Fußboden können dicke Polster sehr behaglich und praktisch sein. Wenn die Bezüge stark strapaziert werden sollen, müssen sie aus einem stabilen Stoff genäht werden und leicht abnehmbar sein; auf dekorative Details wie Paspeln und Borten sollten Sie in diesem Fall besser verzichten. Ein Polster auf einem antiken Stuhl, der kaum benutzt wird, kann dagegen aufwendiger verziert werden.

Für einfache Stuhlkissen eignen sich fertige Rohlinge recht gut. Größere, quaderförmige Polster sollten aus speziellem Schaumstoff nach Maß zugeschnitten werden. Dünne Schaumstoffplatten können Sie mit einer großen Schere selbst schneiden, dickeres Material lassen Sie sich besser in einer Polsterei zuschneiden. Achten Sie darauf, für Sitzpolster grundsätzlich schwer entflammbaren Schaumstoff zu verarbeiten. Beziehen Sie die Polster zuerst mit einem dünnen, glatten Baumwollstoff, den Sie nach dem gleichen Schnittmuster wie den äußeren Bezug schneidern.

Polsterbezug mit gekräuselten Ecken

Dies ist die einfachste Technik, um ein dünneres, eckiges Polster zu beziehen. Wenn Sie das Polster auf einem Stuhl befestigen wollen, fassen Sie an den hinteren Ecken beim Steppen stabile Stoffbänder mit.

Material

Bezugsstoff; Lineal; Schneiderkreide oder Textilstift; Reißverschluß, 10 cm kürzer als die Kante, in die er eingesetzt werden soll; Polsterrohling.

Maßnehmen & zuschneiden

Vorderteil: in der Größe des Polsters zuschneiden. Nahtzugabe rundum 1,5 cm. Rückteil: Breite wie beim Vorderteil, in der Länge 4 cm zum Einsetzen des Reißverschlusses zugeben.

Kissen nähen

1. Das Rückteil halbieren und den Reißverschluß einsetzen (siehe Seite 144). Vorder- und Rückteil rechts auf rechts zusammensteppen.
2. An allen vier Ecken die Kräusel-Linien vorzeichnen. Dazu werden drei Punkte markiert: Je einer 5 cm in beide Richtungen von der Ecke entfernt (a und b), ein dritter auf der Diagonale, 2,5 cm von der Ecke entfernt (c). Die drei Punkte mit einer gebogenen Linie verbinden (Abb. 1). Bei großen Polstern müssen diese Maße eventuell entsprechend vergrößert werden.
3. Von Hand mit stabilem Garn auf der vorgezeichneten Linie kleine Vorstiche nähen und die Ecke aufkräuseln (Abb. 2). Den Faden um den entstandenen Zipfel wickeln und fest verknoten. An allen vier Ecken wiederholen. Jetzt den Bezug wenden und das Polster einschieben. Dabei den Stoff an den Ecken zurechtzupfen (Abb. 3).

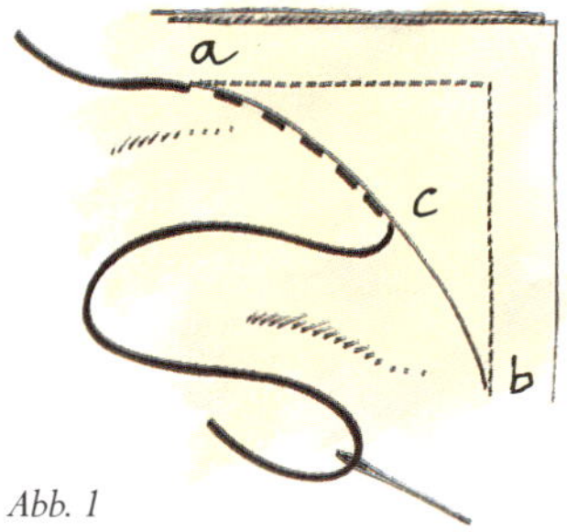

Abb. 1

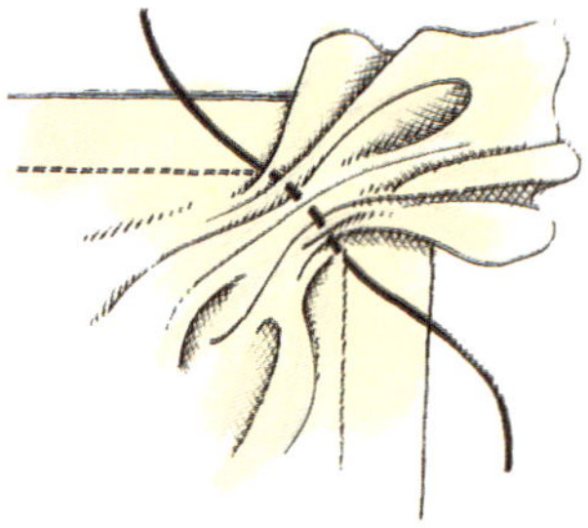

Abb. 2

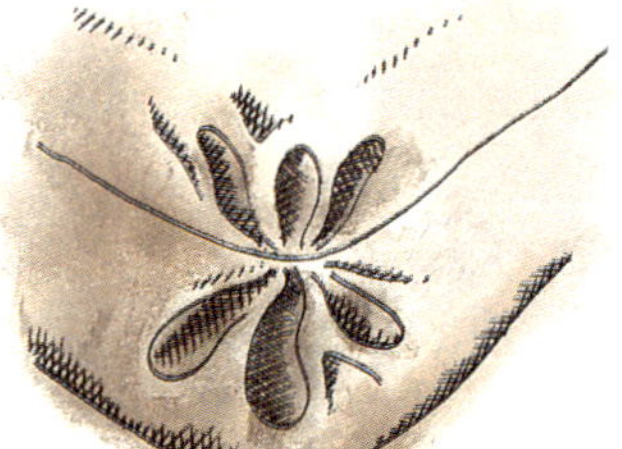

Abb. 3

Variante

Sehr dekorativ kann es aussehen, wenn Sie einige passend bezogene Knöpfe oder 10 cm große Stoffkreise durch alle Lagen des Polsters festnähen (siehe Seite 121, Abb. 2).

Maßgeschneiderte Sitzpolster

Dicke, quaderförmige Polster eignen sich ebenso für einen gemütlichen Sitzplatz auf einer breiten Fensterbank wie als Matratze für ein Bettsofa. Kleinere Polster, die jedoch genauso gearbeitet werden, passen auch zu Stühlen oder Bänken. Die Nähte an den Kanten sind mit Paspeln verstärkt, ein langer Reißverschluß reicht um die Ecken der rückwärtigen Seite herum.

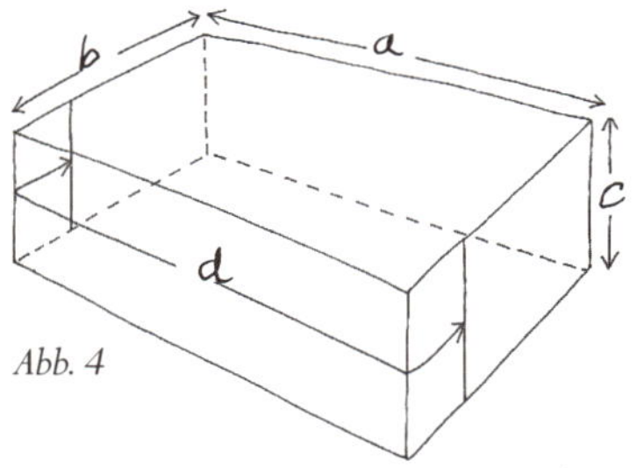

Abb. 4

Material

Polster mit Bezug aus leichtem Baumwollstoff; Bezugsstoff; stabiler Reißverschluß, 16 cm länger als das Polster; Paspelkordel, Länge = doppelter Umfang des Polsters + 10 cm.

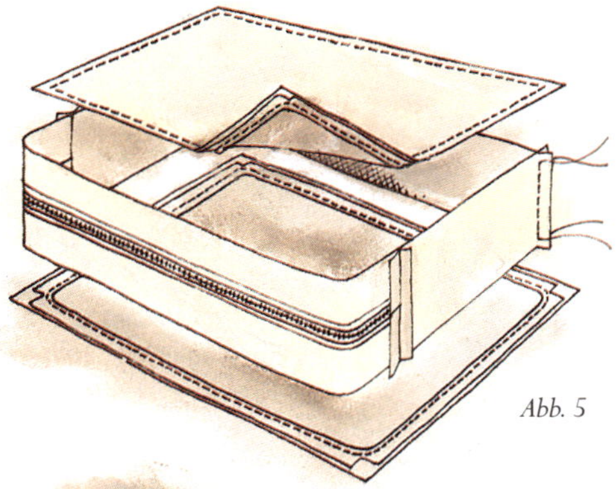

Abb. 5

Maßnehmen & zuschneiden (Abb. 4)

Ober- und Unterteil: zweimal zuschneiden. Länge = a, Breite = b, Nahtzugabe an allen Kanten = 1,5 cm.

Vorderes Seitenteil: Länge = a, Breite = c, Nahtzugabe an allen Kanten = 1,5 cm.

Seitliche Seitenteile: zweimal zuschneiden. Länge = b – 10 cm, Breite = c, Nahtzugabe an allen Kanten = 1,5 cm.

Hinteres Seitenteil: Länge = a + 20 cm, Breite = c + 4 cm, Nahtzugabe an allen Kanten = 1,5 cm.

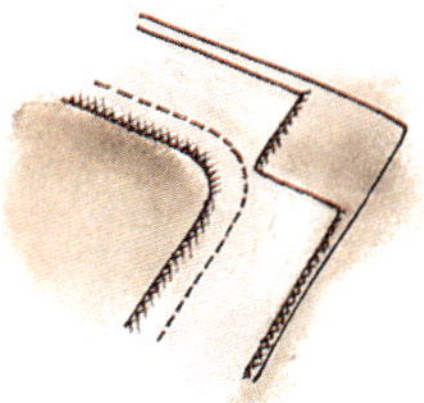

Abb. 6

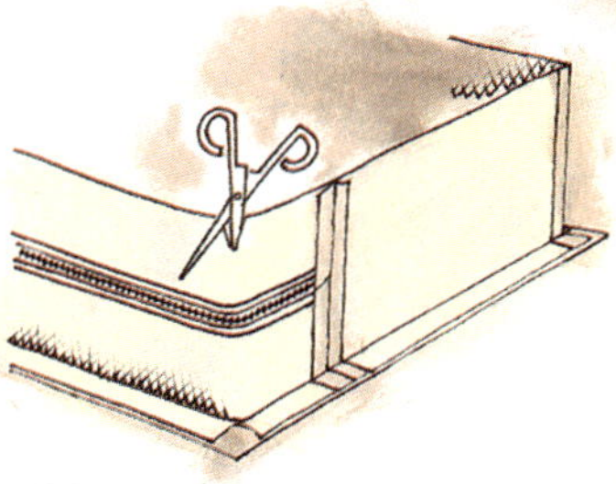

Abb. 7

Abb. 8

Polster nähen

1. Das hintere Seitenteil der Länge nach halbieren. Die Teile wieder zusammenheften und den Reißverschluß einsetzen (siehe Seite 144).
2. Alle Seitenteile jeweils rechts auf rechts zusammenstecken, so daß ein Ring entsteht. Die Weite am Umfang des Polsters überprüfen und gegebenenfalls korrigieren. Die Nähte steppen. An den Enden der beiden vorderen Nähte bleiben jeweils 1,5 cm offen (Abb. 5). Alle Nähte auseinanderbügeln.
3. Um die Kanten von Ober- und Unterteil je eine Paspel steppen (siehe Seite 141). Die Nahtzugaben der Paspel an den Ecken einschneiden (Abb. 6).
4. Das zum Ring geschlossene Seitenteil rechts auf rechts auf das Unterteil des Bezuges stecken. Die vorderen Nähte sollen genau auf die Ecken treffen (Abb. 7). Die Naht heften, dann mit dem Reißverschlußfuß dicht an der Paspel entlangsteppen. An den Ecken die Nahtzugaben einschneiden und zur Verstärkung eine zweite Naht dicht neben der ersten steppen. Den Reißverschluß öffnen und das Oberteil genauso festnähen. Die Nahtzugabe an den hinteren Ecken ebenfalls einschneiden (Abb. 8).
5. Alle Nahtzugaben auf 1 cm zurückschneiden und mit Zickzackstichen versäubern. Den Bezug wenden und die Ecken herausdrücken. Beim Einschieben des Polsters darauf achten, daß alle Nahtzugaben zu den Seitenteilen hin zeigen.

Formpolster

Formpolster werden passend zur Form eines ganz bestimmten Möbelstückes zugeschnitten. Sie können auf einem Hocker oder Sessel liegen, sie können aber auch mit Bändern an einem Eßzimmerstuhl befestigt sein. Der erste und wichtigste Arbeitsschritt ist es in jedem Fall, eine exakte Schablone anzufertigen.

Gepolstertes Fußbänkchen

Material

Bleistift und Papier; Klebeband; 4 cm dicke Schaumstoffplatte; Filzstift; dünner Baumwollstoff; Bezugsstoff; Zierkordel, Länge = Umfang der Fläche + 5 cm.

Die Schablone anfertigen (Abb. 9)

Papier über das Polster der Fußbank legen und glattstreichen, so daß die Kontur des Möbels sichtbar wird. Mit dem Bleistift nachzeichnen und ausschneiden. Zur Kontrolle die Schablone dann noch einmal auf die Fußbank legen.

Maßnehmen & zuschneiden

Futter: zwei Teile nach der Schablone aus Baumwollstoff zuschneiden. Nahtzugabe = rundum 2,5 cm.

Polster: ein Teil nach der Schablone aus Schaumstoff zuschneiden.

Bezug: zwei Teile nach der Schablone aus Bezugsstoff zuschneiden. Nahtzugabe = rundum 3,5 cm.

Polster nähen

1. Die beiden Stücke Futterstoff rechts auf rechts zusammenstecken und -steppen. An einer Längskante bleibt ein Schlitz zum Einschieben des Polsters offen (Abb. 10). Die Nahtzugaben beschneiden, an den Rundungen einschneiden. Dann das Polster einschieben und den Schlitz mit Handstichen schließen (Abb. 11).
2. Nun in der gleichen Weise die Teile des Bezuges zusammensetzen (Abb. 10). Die Rundungen einschneiden und das mit Futterstoff bezogene Polster einschieben. Die Öffnung bis auf 2 cm mit feinen Handstichen schließen. Von Hand die Kordel auf die Kante des Polsters nähen (siehe Seite 141). Die Enden der Kordel in den Schlitz in der Naht schieben, dann auch diesen schließen.

Rüschenkissen für einen Korbsessel

Korbsessel brauchen ganz besonders komfortable Polster, denn sie sind relativ hart. Je dicker das Polster, um so gemütlicher wird der Stuhl.

Material

Polyesterwatte; Futterstoff (z.B. Nessel); Bezugsstoff.

Maßnehmen & zuschneiden

Futter: zweimal nach der Schablone zuschneiden. Nahtzugabe = rundum 1,5 cm.

Bezug: zweimal nach der Schablone zuschneiden. Nahtzugabe = rundum 2,5 cm.

Rüsche: einen Streifen in 25 cm Breite und doppelter Länge der Vorderkante des Kissens zuschneiden.

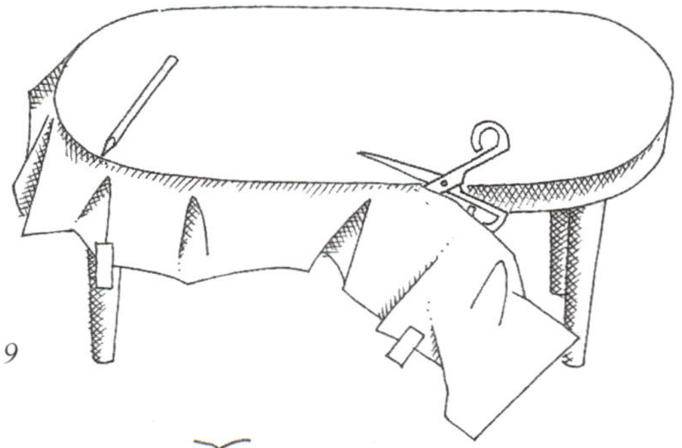

Abb. 9

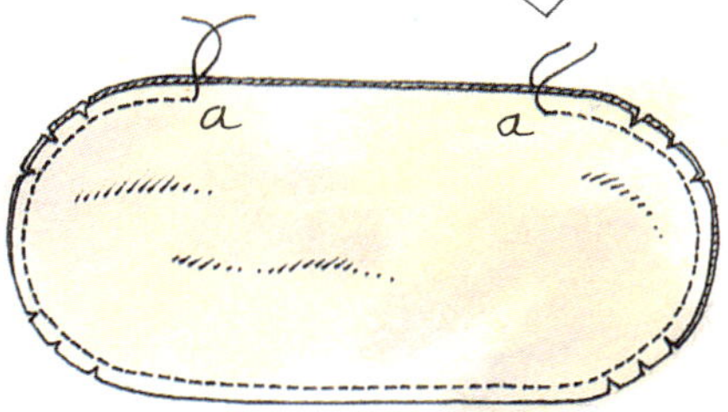

Abb. 10

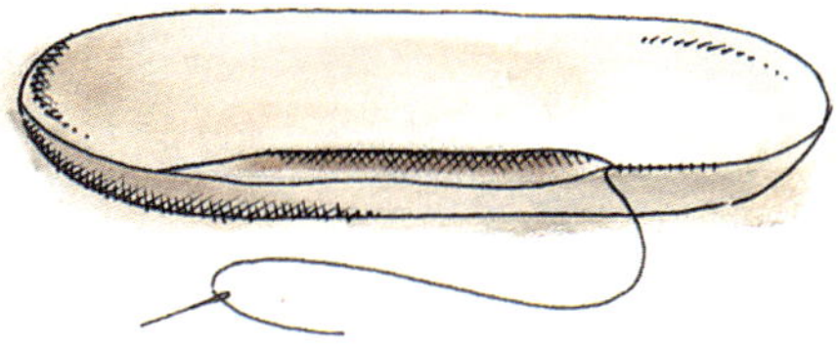

Abb. 11

Polster fertigen

Die beiden Stücke Futterstoff rechts auf rechts zusammenstecken und -steppen, dabei einen Schlitz von 10 cm Länge offen lassen. Die Nahtzugabe an der Rundung einschneiden und den Bezug wenden. Die Hülle fest mit Polyesterwatte ausstopfen und den Schlitz von Hand zunähen.

Bezug nähen

1. Die Rüsche rechts auf rechts der Länge nach zur Hälfte falten und die Schmalseiten zusammensteppen. Die Ecken abschrägen, die Rüsche wenden und bügeln, dann die Schnittkante mit Zickzackstichen versäubern und einen Kräuselfaden einziehen.

2. Die Rüsche rechts auf rechts an die Vorderkante des Oberteils stecken und die Weite gleichmäßig verteilen. Schön sieht es auch aus, wenn Sie den Stoff nicht kräuseln, sondern in regelmäßige Kellerfalten legen (siehe Seite 143). Die Rüsche 1,5 cm neben der Stoffkante feststecken und steppen (Abb. 12).

3. Die Nahtzugabe an der Vorderkante des Unterteils nach links umbügeln. Die beiden Bezugteile rechts auf rechts zusammenstecken und die gerundete Kante steppen. Dabei darf die Rüsche nicht mitgefaßt werden. Die Nahtzugabe an der Rundung einschneiden und den Bezug wenden. Nun das Polster einschieben und die Naht an der Vorderkante unterhalb der Rüsche von Hand schließen (Abb. 13).

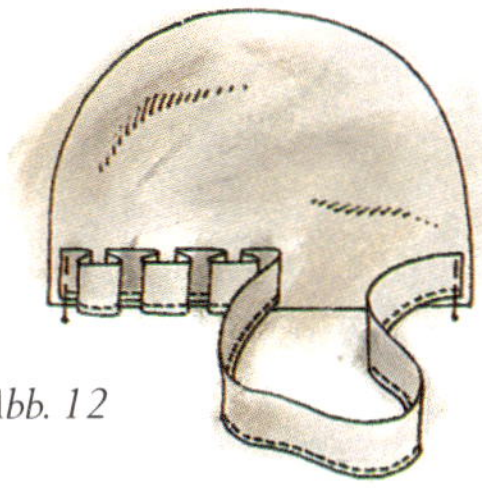
Abb. 12

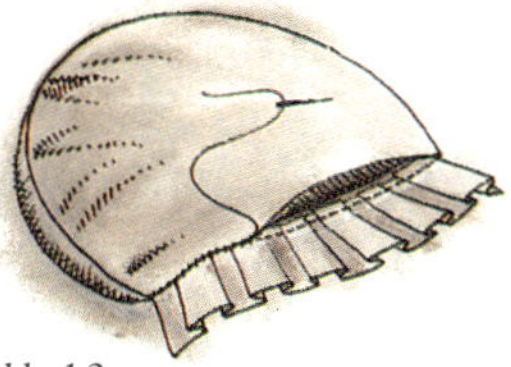
Abb. 13

Gebundene Stuhlkissen

Für einen geraden Stuhl muß eine etwas kompliziertere Schablone zugeschnitten werden, da das Kissen die Stützen der Rückenlehne aussparen muß. In die rückwärtige Naht kann ein Reißverschluß eingesetzt werden, oder Sie schließen die Naht von Hand und trennen Sie zum Waschen einfach wieder auf.

Material

Bleistift und Papier; Klebeband; Schaumstoffplatte, 4 cm dick; Futterstoff (z.B. Nessel); Bezugsstoff; Paspelkordel, Länge = Umfang des Polsters + 5 cm.

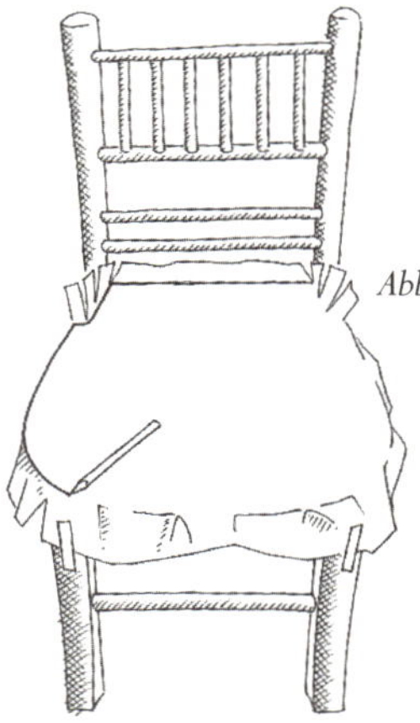
Abb. 14

Die Schablone herstellen (Abb. 14)

Das Papier auf den Sitz des Stuhles legen und glattstreichen, so daß die äußere Kontur sichtbar wird. Die Linie nachzeichnen und das Papier in der Symmetrieachse des Sitzes falten. Entlang der Kontur ausschneiden und den Sitz überprüfen. Die Positionen der Bänder auf der Schablone einzeichnen.

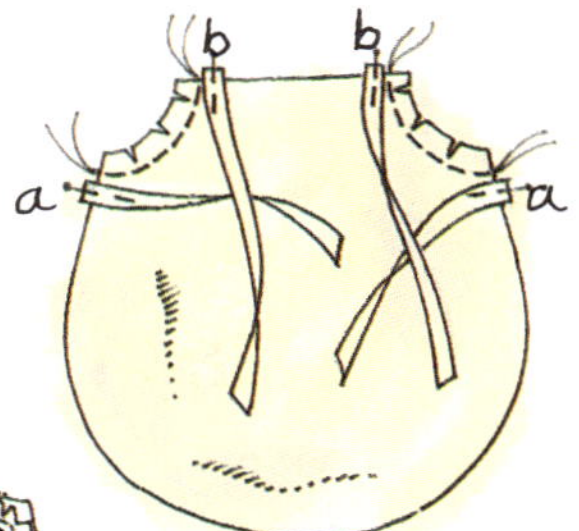

Abb. 15

Maßnehmen & zuschneiden

Polster: Schaumstoff nach der Schablone zuschneiden.

Futter: zweimal aus Futterstoff nach der Schablone zuschneiden. Nahtzugabe = rundum 2,5 cm.

Bezug: zweimal aus Bezugsstoff nach der Schablone zuschneiden. Nahtzugabe = rundum 3,5 cm.

Bänder: vier Streifen zuschneiden. Breite = 6 cm, Länge = 40 cm.

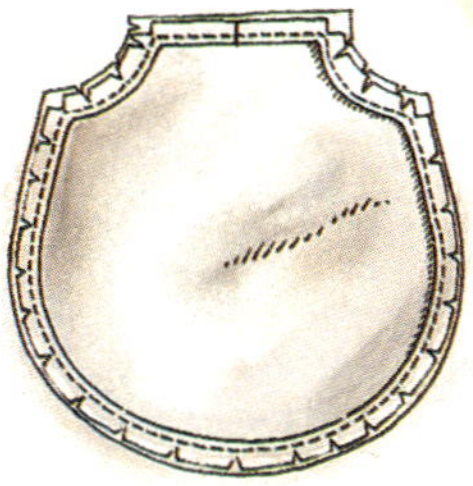
Abb. 16

Abb. 17

Kissen nähen

1. Die Futterteile rechts auf rechts mit 1,5 cm Nahtzugabe zusammensteppen. In der hinteren Mitte bleibt die Naht offen (Abb. 15). Ecken abschrägen und das Futter wenden. Dann das Polster einschieben und die Öffnung von Hand zunähen.

2. Die Markierungen a und b für die Ansatzpunkte der Bänder auf die Rückseite des Bezugsstoffs übertragen. An Ober- und Unterteil die ausgeschnittenen Rundungen für die Rückenlehne mit kurzen Stütznähten verstärken. Nun die Bänder anfertigen (siehe Seite 144) und an das Unterteil nähen (Abb. 15).

3. Die vorbereitete Paspel an das Oberteil steppen, die Nahtstelle soll in der hinteren Mitte liegen (siehe Seite 141). Ober- und Unterteil mit dem Reißverschlußfuß nahe an der Paspel entlangsteppen. In der hinteren Mitte eine Öffnung zum Einschieben des Polsters lassen. Den fertigen Bezug wenden, über das Polster ziehen und die Öffnung von Hand unterhalb der Paspel schließen (Abb. 17).

Lose Überzüge

Lose Überzüge dienen verschiedenen Zwecken: Sie können eine edle Polstergarnitur vor allzu schnellem Verschleiß schützen, sie können einem abgenutzten Ohrensessel das Leben retten oder sie können einem altmodischen Holzstuhl ein neues Gesicht geben. Bei solchen Bezügen ist es wichtig, daß sie ganz exakt der Form des jeweiligen Möbels angepaßt sind. Nähen Sie zur Sicherheit zuerst aus preiswertem Nessel oder aus einem alten Bettlaken ein »Probekleid«, das Sie dann so lange abstecken, bis es genau paßt. Dann verwenden Sie es als Schnittmuster für den endgültigen Bezug.

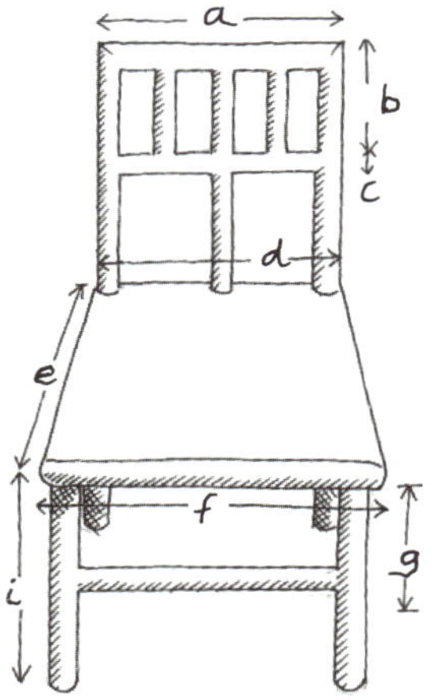

Abb. 1

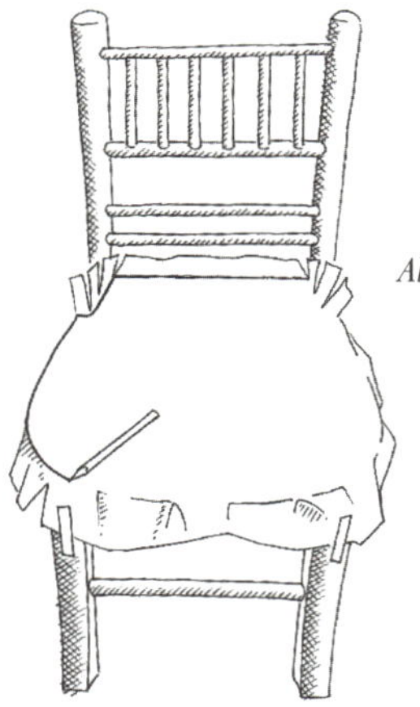

Abb. 2

Zweiteiliger Stuhlbezug

Diese Kombination ist für einen schlichten Stuhl ohne Armlehnen gedacht. Die Bezüge für die Rückenlehne und für den Sitz können aus dem gleichen Stoff gearbeitet werden, aber auch die Verarbeitung verschiedener Stoffe kann reizvoll aussehen. Schleifen oder unter dem Sitz gekreuzte Bänder halten den Bezug.

Material

Papier; Bleistift; Klebeband; Bezugsstoff; Futterstoff aus Baumwolle.

Maßnehmen & zuschneiden (Abb. 1, 2 & 3)

Messen Sie den Stuhl aus und überlegen Sie, wie lange Rüschen und Rückenteil werden sollen. Entscheiden Sie dann über Länge, Breite und Anzahl der Bindebänder. Berechnen Sie bei allen Teilen eine Nahtzugabe von 1,5 cm.

Sitz: zunächst eine Schablone herstellen (Abb. 2). An den Kanten e und f (schattierte Bereiche) 5 cm zugeben. Einmal aus Bezugsstoff und einmal aus Futterstoff zuschneiden.
Vordere Rüsche: einmal zuschneiden. Länge = 4e + 2f + 15 cm, Breite = g.
Hintere Rüsche: einmal zuschneiden. Länge = 2d, Breite = g.

Bänder: zwei- oder viermal zuschneiden. Länge = 75 cm, Breite = 10–18 cm.
Rückenlehne: zweimal zuschneiden. Länge = a + 5–7 cm (je nach Dicke der Lehne), Breite = b (halbe Höhe der Lehne).
Rüsche an der Lehne: einmal zuschneiden. Länge = 4a, Breite = 2c. Die Mitte einer Längskante markieren.

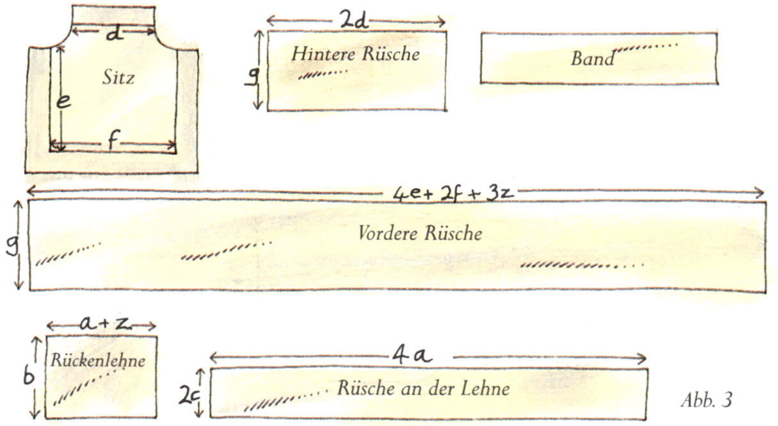

Abb. 3

Den Sitzbezug nähen

1. Die Schmalseiten und die Unterkante der vorderen und hinteren Rüsche 1 cm breit doppelt umsäumen. Die Ecken der hinteren Rüsche rechts auf rechts am Oberteil des Sitzbezuges, jeweils 1,5 cm vom Rand entfernt, feststecken. Die Weite in etwa 4 cm breite Falten legen (siehe Seite 143) und die Kanten aufeinanderstecken und heften, anschließend steppen.
2. Die oberen Ecken der vorderen Rüsche an den Seitenkanten des Sitzes feststecken, wiederum etwa 1,5 cm von den Ecken entfernt. Auch hier gleichmäßige Falten einlegen. Die jeweils letzte Falte jeder Seite soll nicht näher als 1,5 cm an

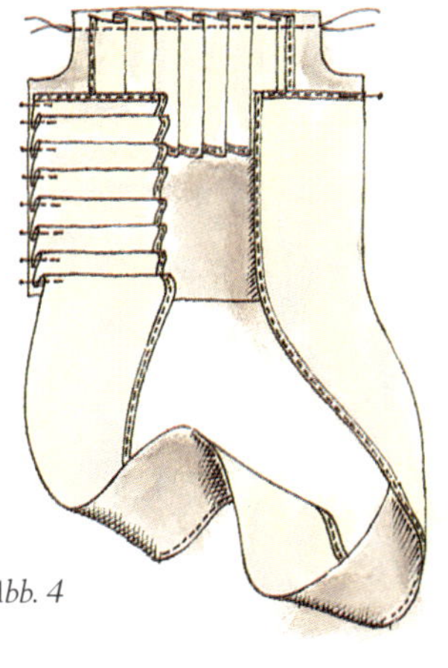

Abb. 4

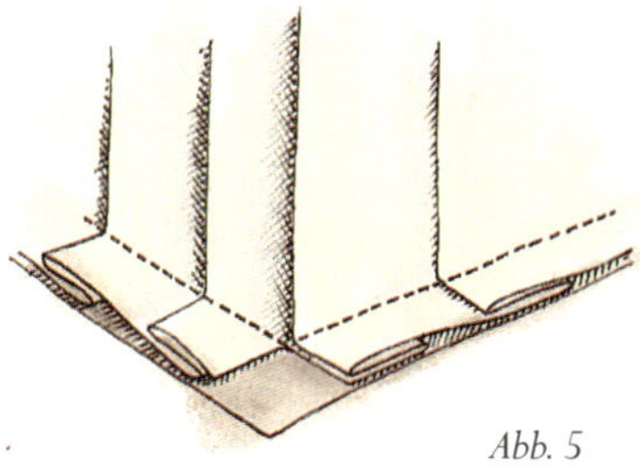

Abb. 5

der Ecke liegen (Abb. 4). Die Rüsche feststeppen und die Nahtzugabe an den Ecken der Rüsche einschneiden (Abb. 5).

3. Die Bänder nähen (siehe Seite 144) und an den Ecken der Ausschnitte für die Rückenlehne feststecken. Entscheiden Sie selbst, ob Sie einfache oder doppelte Schleifen wünschen. Nun das Unterteil aus Futterstoff rechts auf rechts an das Oberteil stecken. Rüsche und Bänder dürfen dabei nicht versehentlich mitgefaßt werden.

4. Die Teile an den Außenkanten zusammensteppen, die rückwärtige Naht bleibt zum Wenden offen. Für bessere Haltbarkeit dicht neben der ersten eine zweite Naht steppen. Dabei die Ansatzstellen der Bänder sowie die Ecken mit einigen Vor- und Rückstichen zusätzlich sichern. Die Ecken abschrägen und den Bezug wenden. Zum Schluß die Öffnung in der rückwärtigen Naht von Hand schließen.

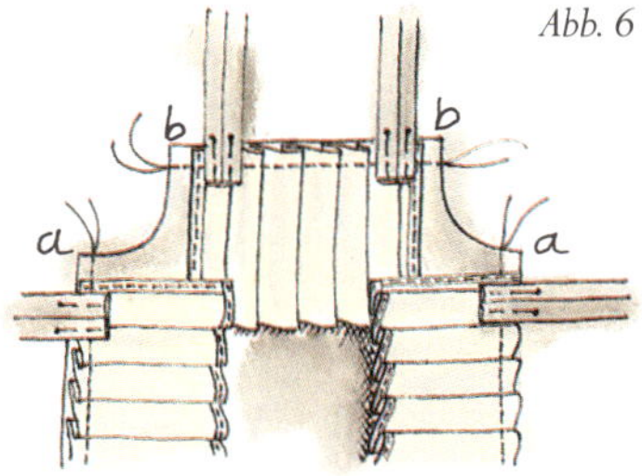

Abb. 6

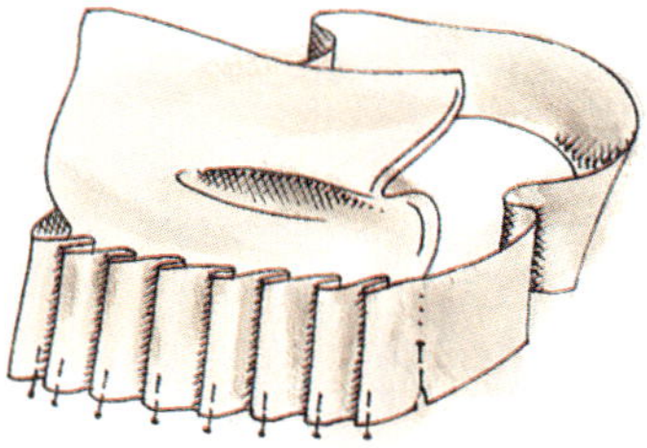
Abb. 7

Den Bezug für die Rückenlehne nähen

1. Vorder- und Rückteil der Rückenlehne rechts auf rechts zusammenstecken und die Ober- und Seitenkanten bis 1,5 cm vor dem unteren Rand steppen. Dann den Bezug wenden und bügeln. Die Schmalseiten der Rüsche zusammensteppen und die Nahtzugabe auseinanderbügeln. Die Rüsche der Länge nach zur Hälfte falten und erneut bügeln.

2. Die Mittelmarkierung und die Naht an der Rüsche an den Seitennähten des Bezuges ausrichten und feststecken. Nun die Stoffweite in gleichmäßige Fältchen legen, rechts auf rechts feststecken, heften und steppen (Abb. 7). Die Nahtzugabe in den Bezug bügeln und 3 mm neben der Naht absteppen.

Sitzbezug mit Kellerfalten

Für schwere Stoffe, die nicht so weich fallen, ist dieser Sitzbezug ideal. Wenn der Stuhl eine massive Rückenlehne hat, braucht diese nicht bezogen zu werden.

Material

Bezugsstoff; Futterstoff.

Maßnehmen & zuschneiden

Sitz: zwei gleiche Teile aus Bezugs- und Futterstoff zuschneiden, die vordere und hintere Mitte mit kleinen Einschnitten markieren.

Rüsche: einmal zuschneiden. Länge = 2e + f + 50 cm, Breite = ca. 20 cm.

Die Mitte der Oberkante mit einem Einschnitt markieren.

Bänder: viermal zuschneiden. Länge = 30 cm, Breite = 5 cm.

Bezug nähen

Die Rüsche an Seiten- und Unterkante 1 cm breit doppelt umsäumen. Auf Höhe der Mittelmarkierung eine Kellerfalte einlegen und am Bezugsstoff für den Sitz feststecken. Weitere Falten an den Ecken und in der Mitte der Seitenkanten einlegen und fixieren. Eventuell noch übrige Stoffweite an den Enden der Rüsche so einschlagen, daß sie beidseitig 1,5 cm vor den Ausschnitten für die Rückenlehne endet (Abb. 8). Die Rüsche feststeppen und die Nahtzugabe an den Ecken einschneiden (Abb. 5). Weiterverarbeitung wie oben in Schritt 3 und 4.

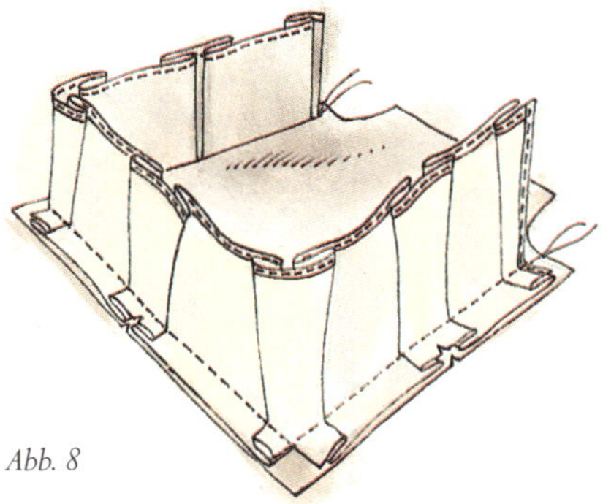
Abb. 8

Bodenlanger Stuhlüberwurf

Dieser ganz feminine Überwurf für einen Stuhl mit rundem Sitz erinnert an ein üppiges Ballkleid. Der weite, gekräuselte Volant ist mit einer Borte verziert, die Rückseite der Lehne wird von einer breiten, gerafften Schärpe mit großer Schleife gehalten.

Abb. 9

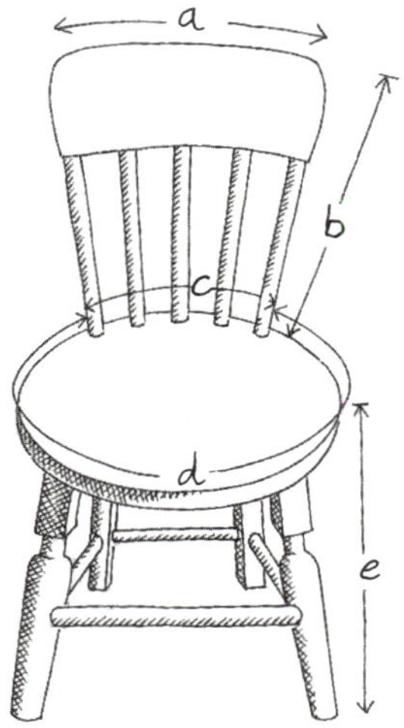

Material

Papier; Bleistift; Klebeband; Stoff 1 für den Bezug; Stoff 2 für Schärpe und Schleife; Paspel, Länge = a + 2b + d; Reißverschluß, 50 cm lang; einen großen Druckknopf (bei Bedarf); Borte, Länge = 2c + 2d; Knopflochgarn zum Kräuseln.

Maßnehmen & zuschneiden (Abb. 9 & 10)

Messen Sie den Stuhl genau aus, beachten Sie dabei auch die Dicke der Rückenlehne. Wenn die Rückenlehne oben und unten gleich breit oder sogar oben breiter als unten ist, läßt sich der Bezug leicht darüberziehen und Sie können auf den Reißverschluß verzichten. Fertigen Sie von Sitz und Rückenlehne Schablonen an (siehe Seite 168). Wenn die Lehne gebogen ist, schneiden Sie das äußere Teil des Bezuges etwas größer als das innere zu, so paßt sich der Bezug der Rundung besser an. Geben Sie beim Zuschneiden an allen Kanten 1,5 cm Nahtzugabe zu.

Abb. 10

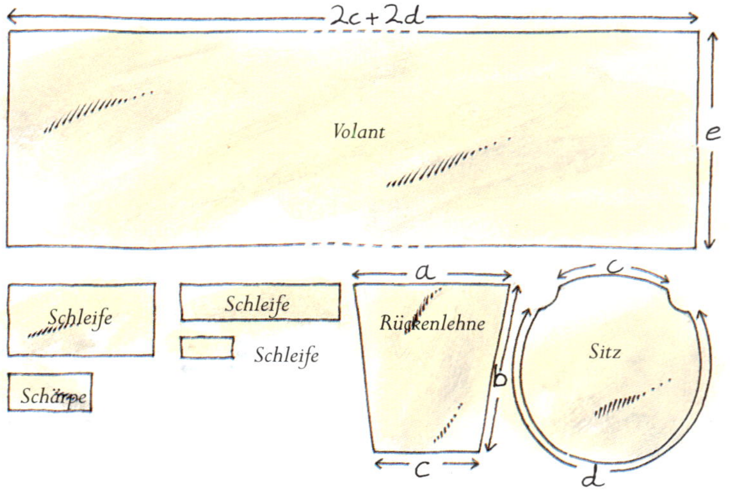

Rückenlehne: zweimal zuschneiden. Obere Breite = a + 5 cm (je nach Dicke der Lehne), untere Breite = c, Höhe = b.

Sitz: einmal nach Schablone zuschneiden.

Volant: einmal zuschneiden. Breite = e (größter Abstand zwischen Sitzfläche und Fußboden), Länge = 2c + 2d.

Schärpe: zweimal zuschneiden. Länge = $^1/_2$c + 5 cm, Breite = 25 cm.

Schleife: ein Mittelstück 80 cm x 40 cm, ein Knoten 10 cm x 20 cm und zwei Bänder, je 90 cm x 20 cm, zuschneiden.

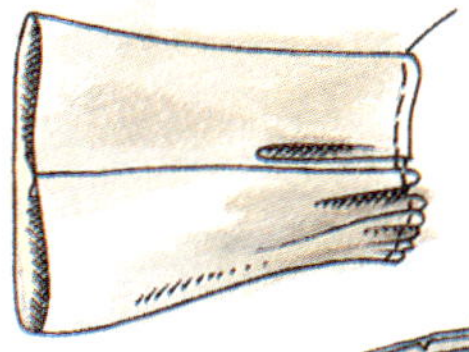

Abb. 11

Den Überwurf nähen

1. Das innere Teil der Rückenlehne rechts auf rechts mit 1,5 cm Nahtzugabe an die Hinterkante des Sitzstoffes steppen. Dann rund um die Außenkante auf der rechten Seite eine Paspel ansteppen (siehe Seite 141). An den Rundungen die Nahtzugabe der Paspel in regelmäßigen Abständen einschneiden.
2. Ein Schärpenteil rechts auf rechts längs zur Hälfte falten und die Längskante steppen. Das Teil wenden und so bügeln, daß die Naht auf der Rückseite in der Mitte liegt. Die Nahtzugabe an einem Ende nach innen schlagen und einen Kräuselfaden mit Zickzackstichen aufsteppen. Den Faden anziehen und gut verknoten (Abb. 11). Das andere Schärpenteil gegengleich arbeiten.
3. Nun die ungekräuselten Kanten der Schärpenteile rechts auf rechts an die Seitenkanten der inneren Rückenlehne steppen. Die Unterkanten der Schärpe sollen auf die Quernaht zwischen Lehne und Sitz treffen (Abb. 12).
4. Den äußeren Bezug der Lehne rechts auf rechts auf den inneren stecken, Oberkante und Seiten bis 1,5 cm vor der Unterkante dicht am Paspel entlang mit dem Reißverschlußfuß zusammensteppen. Wenn Sie einen Reißverschluß einsetzen wollen, lassen Sie an der Seitennaht einen entsprechenden Schlitz offen (Abb. 13).
5. Jetzt die Schmalseiten des Volants zusammensetzen. Eventuell die Naht an der

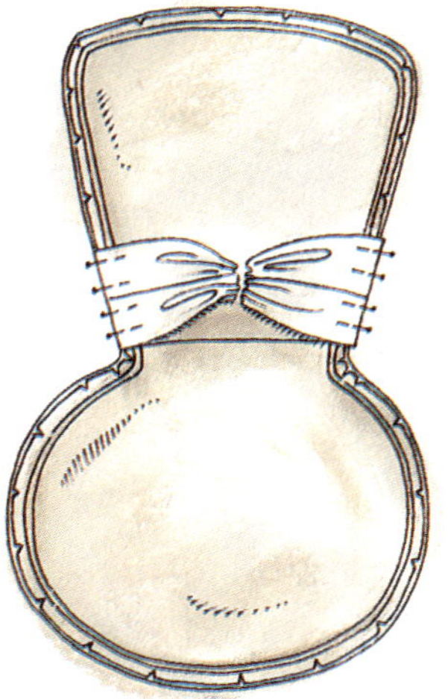

Abb. 12

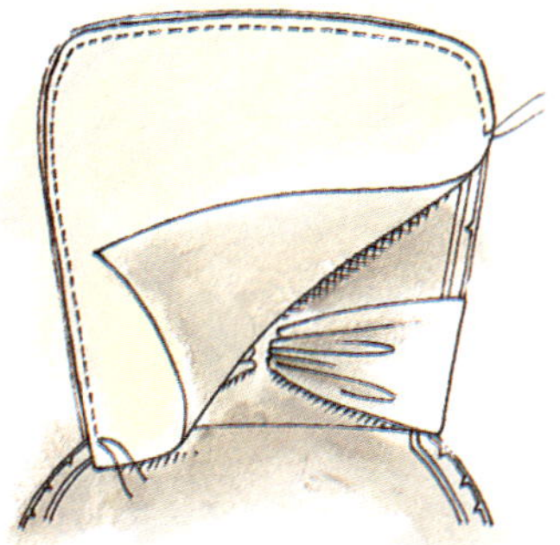

Abb. 13

Oberkante ein Stück weit für den Reißverschluß offen lassen. Mit Zickzackstichen 1,5 cm von der Oberkante entfernt rundherum einen Kräuselfaden aufsteppen (siehe Seite 142). Die Weite des Volants auf die Hälfte einkräuseln.

6. Den Bezug mit der linken Seite nach außen über den Stuhl ziehen und den Volant an die Außenkante der Sitzfläche stecken. Dabei müssen die Öffnungen für den Reißverschluß zusammentreffen. Die Weite gleichmäßig verteilen (Abb. 14). Den Bezug wieder abnehmen und den Volant mit dem Reißverschlußfuß dicht an der Paspel entlang feststeppen. Den Reißverschluß einsetzen (siehe Seite 144). Danach die Nahtzugaben im Bereich der Rundungen einschneiden, den Bezug wenden und bügeln.

7. Die Schleife anfertigen (siehe Seite 144). Auf das Ende des linken Schärpenteiles einen großen Druckknopf nähen, das Gegenstück mittig auf die Unterseite der Schleife (Abb. 15). Wenn der Bezug keinen Reißverschluß hat, können Schärpe und Schleife fest miteinander vernäht werden.

8. Den Bezug über den Stuhl ziehen, die Saumlänge abstecken und den Volant säumen. Zum Schluß kann die Kante des Volants mit einer Borte verziert werden.

Abb. 14

Abb. 15

Gefältelter Volant

Diese elegantere Version wird ähnlich angefertigt, die verspielte Schärpe fällt jedoch weg. Der Volant wird nicht gekräuselt, sondern in Kellerfalten gelegt, anstelle der Paspel werden Goldborten ganz zum Schluß über die Nähte und Saumkanten gesetzt. Messen Sie den Umfang von Sitz und Rückenlehne aus, um den Bedarf an Borte zu ermitteln.

Strenger Stuhlbezug

Die geometrischen Linien dieses Bezuges passen gut zu einem schlichten, strengen Stuhl mit eckiger Sitzfläche. Für diese Art des Bezugs eignen sich karierte oder gestreifte Stoffe. Die seitlichen Taschen können auf Wunsch auch weggelassen werden.

Material

Bezugsstoff.

Maßnehmen & zuschneiden (Abb. 16 & 17)

Die schattierten Bereiche in der Schemazeichnung beziehen sich auf Stühle mit trapezförmigem Sitz, durchbrochene Linien kennzeichnen Bruchlinien. Wegen der 10 cm tiefen Falten paßt dieser Bezug über die meisten gängigen Stühle. Sind die Beine jedoch sehr weit nach außen gerichtet, müssen Sie eine entsprechend größere Faltentiefe abstecken. Die Nahtzugabe an allen Teilen beträgt 1,5 cm.

Inneres Rückteil: einmal zuschneiden. Obere Breite = a + z (je nach Dicke der Lehne), untere Breite = d, Höhe = h. Die obere Mitte markieren.
Äußeres Rückteil: einmal nach Schablone zuschneiden. Je nach Dicke der Stuhllehne 5 cm oder mehr zugeben. Die Bruchlinien an Ober- und Unterkanten durch Einschnitte markieren. (Wenn Sie Streifen oder Karos verarbeiten, müssen Sie eventuell die Faltentiefe an den Seiten und in der hinteren Mitte verändern, damit die Musterstöße zusammenpassen.)
Sitz: einmal zuschneiden. Vordere Breite = d, hintere Breite = f + z, Tiefe = e.
Vorderes Seitenteil: einmal zuschneiden. Breite = f + 4z, Länge = i. Die Bruchlinien an Ober- und Unterkante durch Einschnitte markieren.
Hintere Seitenteile: zweimal gegengleich zuschneiden. Breite = e + 4z, Länge vorne = i, Länge hinten = j. (Die vorderen und hinteren Beine können unterschiedlich lang sein, messen Sie daher i und j ganz genau nach!) Die Bruchlinien an Ober- und Unterkante mit Einschnitten markieren.
Taschen: zwei Rechtecke passend zu den Seitenteilen zuschneiden.
Bänder: sechsmal zuschneiden. Breite = 5 cm, Länge = 35 cm. (Nahtzugabe ist bereits enthalten.)

Bezug nähen

1. Die Kellerfalte im äußeren Rückteil an Hand der vorgegebenen Bruchlinien einlegen. Die Falte scharf einbügeln. An der Oberkante die Falte feststecken und danach 1 cm neben der Schnittkante steppen (Abb. 17).
2. Die Oberkanten der Taschen 1 cm breit säumen und die übrigen Kanten nach links umbügeln. Dann die Taschen auf die hinteren Seitenteile steppen.
3. Das vordere Seitenteil zwischen die beiden Seitenteile stecken und steppen. Danach an den Kanten j die hinteren Seitenteile und das äußere Rückteil ebenso zusammennähen. Auf jeder Ecke eine Falte einlegen. Dabei werden jeweils die Einschnitte an den Enden der Bruchlinien in Deckung gebracht (Abb. 18). Die Falten einbügeln und feststeppen (Abb. 19).
4. Das innere Rückteil rechts auf rechts auf das äußere stecken und an den Seitenkanten und der Oberkante zusammensteppen. Dann den Sitz rechts auf rechts an das innere Rückteil stecken und ebenfalls feststeppen.

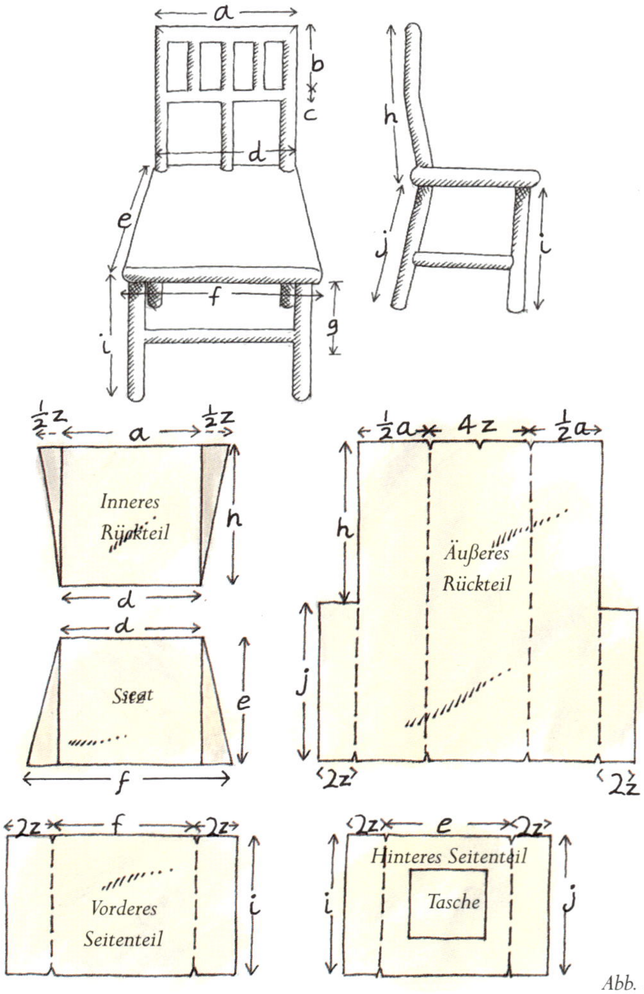

Abb. 16

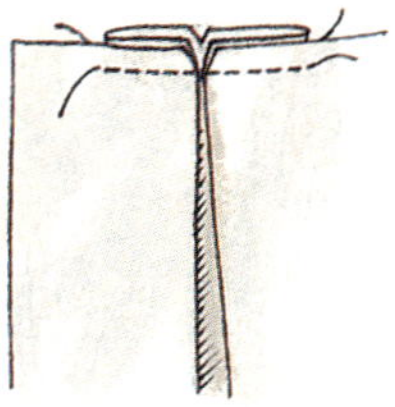

Abb. 17

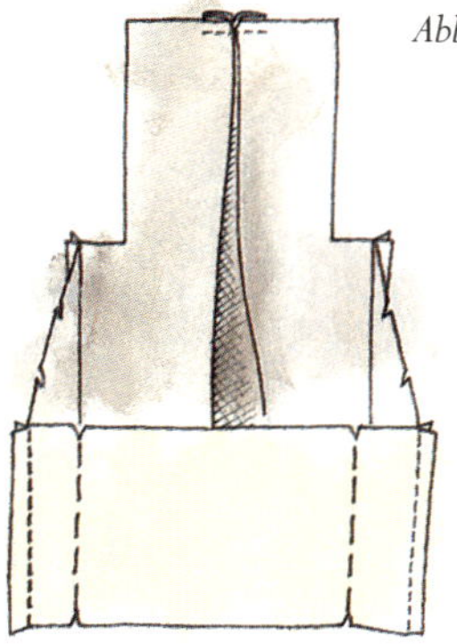

Abb. 18

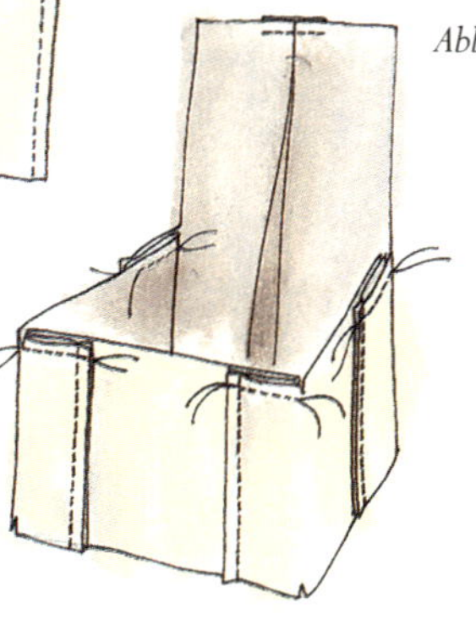

Abb. 19

5. Die Oberkante der Seitenteile an die Außenkanten der Sitzfläche stecken. Dabei ist darauf zu achten, daß die Falten exakt an den Ecken sitzen. Die Nähte an den Ecken zur Verstärkung doppelt steppen.

6. Den Bezug wenden und den Saum an der Unterkante abstecken. Die Bänder nähen (siehe Seite 144) und paarweise in Abständen von je 15 cm an die Innenkanten der Kellerfalte im Rückteil steppen.

Bezug für einen Korbsessel

Dieser edle Bezug wurde für einen klassischen Korbsessel entworfen, er läßt sich aber leicht allen anderen Sesseln anpassen, die eine ähnliche Form haben. Die fünf Stoffteile müssen sehr sorgfältig zugeschnitten werden. Kellerfalten im Rücken helfen dabei, den Sitz eventuell zu korrigieren.

Material

Zeitungspapier; Filzstift; Klebeband; Bezugsstoff.

Maßnehmen & zuschneiden (Abb. 1 & 2)

Schablonen für Sitz, Seitenteile und äußere Rückenlehne lassen sich recht einfach herstellen, die Form für die innere Rückenlehne ist etwas schwieriger abzunehmen. Schneiden Sie aus Zeitungspapier vier Rechtecke laut Abb. 2 zu. Kleben Sie die Rechtecke auf den Stuhl und zeichnen die Konturen nach. Die schattierten Bereiche in der Schemazeichnung werden weggeschnitten, die gestrichelten Linien kennzeichnen Bruchlinien. Wenn Sie ganz sicher gehen wollen, nähen Sie einen Probebezug aus billigem Nessel, ehe Sie den Bezugsstoff zuschneiden.

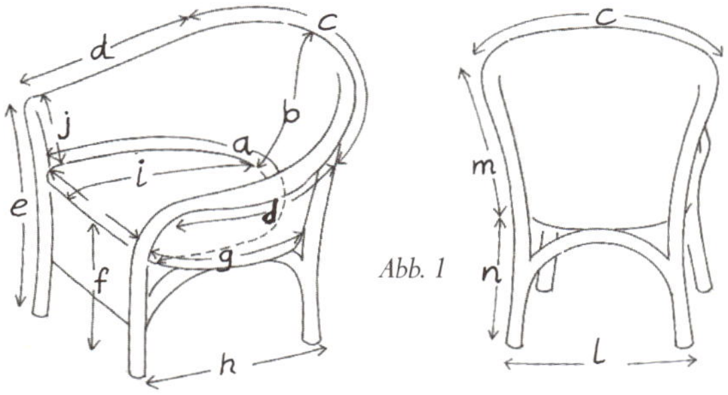

Abb. 1

Seitenteil: Breite = h + z (je nach Dicke der Lehne), Höhe = m + n.

Ein Rechteck (m x z) an der oberen rechten Ecke wegschneiden, so daß an der unteren rechten Ecke Stoff für die Kellerfalte (n x z) stehen bleibt. Die Oberkante wird der Rundung der Armlehne (d) angepaßt.

Äußeres Rückteil: Breite = l + 6z, Höhe = m + n.

An den beiden oberen Ecken je ein Rechteck (m x 3z) wegschneiden und die Oberkante der Rundung der äußeren Rückenlehne c anpassen.

Sitz: Breite = k, Tiefe = i + f.

Die hintere Kante wird der Rundung der Rückenlehne a angepaßt.

Inneres Rückteil: Breite = a + 12z, Tiefe = b + 3z (oder mehr, je nach Neigungswinkel der Lehne).

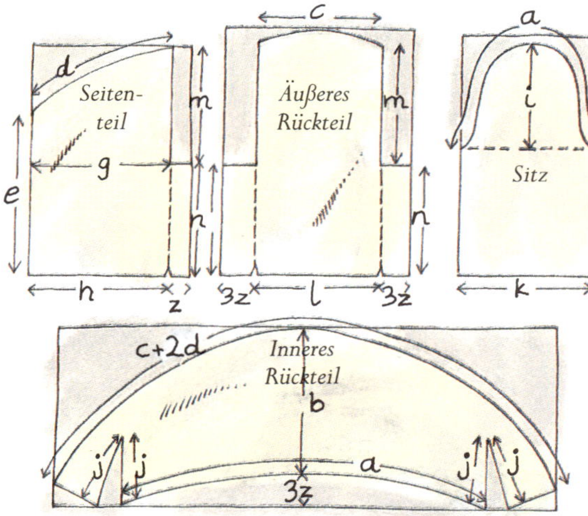

Abb. 2

Das Papier der Breite nach zur Hälfte falten und an die hintere Mitte kleben, so daß der Falz an der Außenkante b liegt. Die Rundung der Außenkante von Arm- und Rückenlehne ausschneiden und die Linie j als Markierung für die vordere Innenkante der Armlehne einzeichnen. Nun die Unterkante der Papierschablone in einer Rundung zuschneiden, die von a bis j reicht. Das Papier abnehmen, die Linie d in einem Bogen verlängern und auf dieser Linie entlangschneiden.

Das Papier wieder am Stuhl befestigen und die verlängerte Rundung der äußeren Vorderkante der Armlehne anpassen. Überstehendes Papier zur Sitzfläche hin umfalten und als Abnäher abstecken (Abb. 3). Jetzt die Unterkante der Schablone an der vorderen Armlehne abrunden (a). Das Papier wieder abnehmen und den abgesteckten Abnäher ausschneiden.

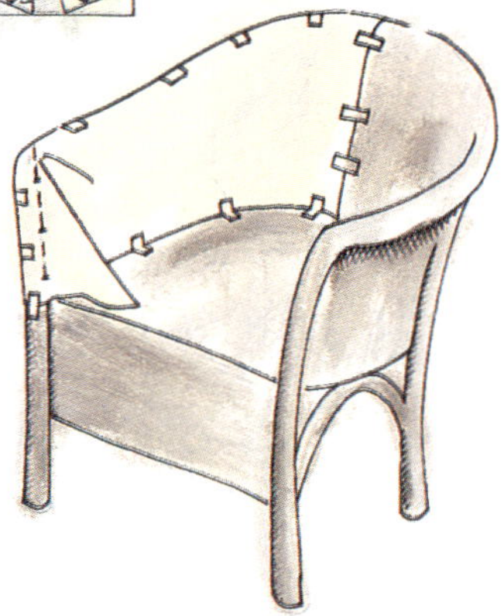

Abb. 3

Zuschneiden

Alle Teile werden mit 1,5 cm Nahtzugabe zugeschnitten.

Seiten: zwei gegengleiche Teile zuschneiden.

Inneres Rückteil: einmal zuschneiden. Die hintere Mitte an Ober- und Unterkante durch Einschnitte markieren.

Sitz: einmal zuschneiden. Die hintere Mitte durch einen Einschnitt markieren.

Äußeres Rückteil: einmal zuschneiden. Die hintere Mitte sowie die Bruchlinien für die Falten durch Einschnitte an den Kanten markieren.

Bänder: viermal zuschneiden. Breite = 6 cm, Länge = 40 cm.

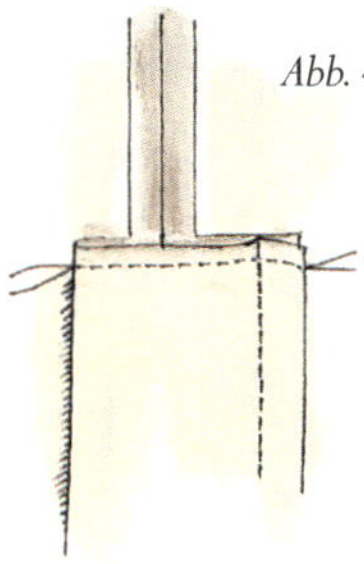

Abb. 4

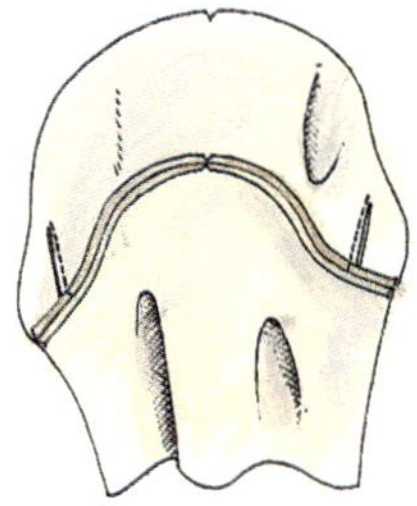

Abb. 5

Abb. 6

Bezug nähen

1. Ein Seitenteil mit 1,5 cm Nahtzugabe an das äußere Rückteil steppen. Den oberen Bereich der Naht auseinanderbügeln. Die Falte einlegen (Abb. 4) und knapp an der Oberkante feststeppen. Das andere Seitenteil gegengleich ansetzen.
2. Die Abnäher von der linken Stoffseite her steppen, die Nahtzugabe auf 1 cm zurückschneiden und nach außen bügeln. Die gerundete Kante des Sitzes an das innere Rückteil stecken. Die Markierungen müssen genau aufeinandertreffen (Abb. 5). Die Nahtzugaben auf 1 cm zurückschneiden und mit Zickzackstichen versäubern.
3. Nun Rücken und Seitenteile rechts auf rechts an den Sitz und das innere Rückteil stecken. Wieder werden die Markierungseinschnitte genau aufeinander ausgerichtet. Die Naht steppen, dann die Nahtzugabe auf 1 cm zurückschneiden und die Schnittkanten mit Zickzackstichen versäubern. An der inneren Rückenlehne muß die Nahtzugabe dort, wo sie auf die Ecken der Seitenteile trifft, eingeschnitten werden.
4. Die Falten einlegen und die Bruchlinien scharf bügeln. Die Bänder nähen (siehe Seite 144), dabei beide Enden schließen. Je ein Bänderpaar 5 cm unterhalb des Ansatzes der Falten neben den Bruchlinien aufsteppen (Abb. 6) und Schleifen binden.
5. Den Bezug über den Sessel ziehen, die Unterkante abstecken und den Saum steppen.

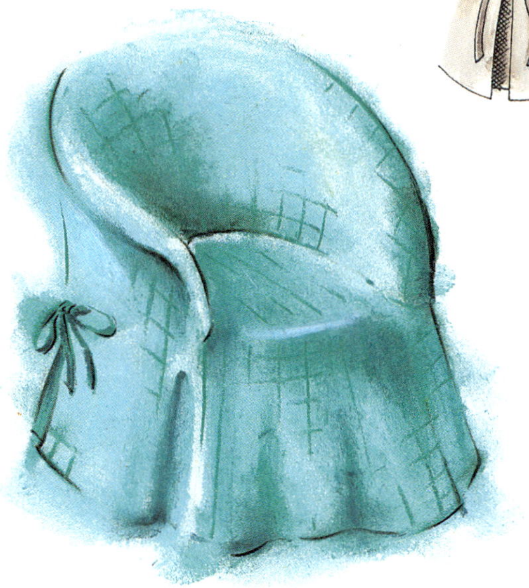

Bezug für einen Regiestuhl

Der zusammenklappbare Regiestuhl ist ein Klassiker, aber hier erscheint er in einem neuen Gewand. Das Unterteil wird separat genäht und an den Ecken in tiefe Kellerfalten gelegt, die Öffnung verbirgt sich an der rechten Seite.

Material

Bezugsstoff; Filzstift; großer Druckknopf.

Maßnehmen & zuschneiden (Abb. 1 & 2)

Die Teile nach den Vorgaben auf Abb. 2 aus Bezugsstoff zuschneiden. Wenn Sie unsicher sind, nähen Sie zuerst einen Probebezug aus Nessel oder preiswertem Baumwollstoff. Die Nahtzugabe beträgt an allen Kanten 1,5 cm. An der Rückenlehne und den Armlehnen geben Sie für die

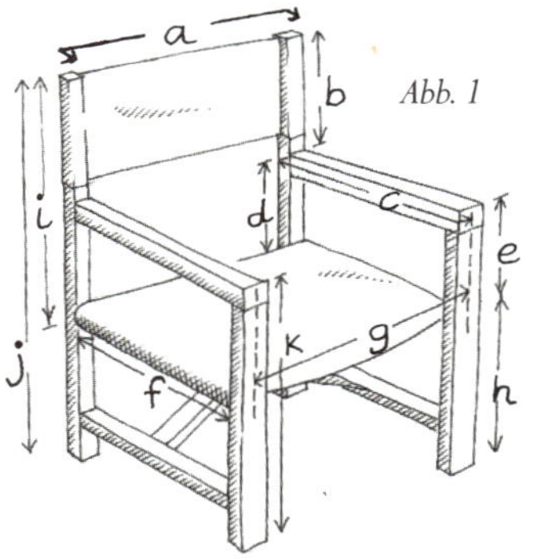

Abb. 1

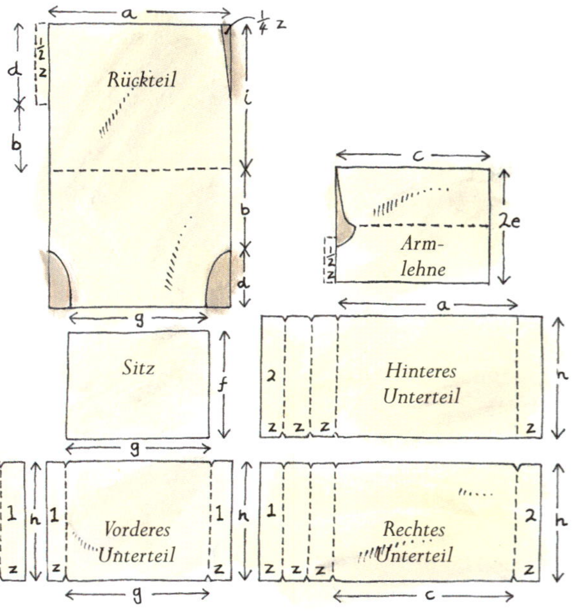
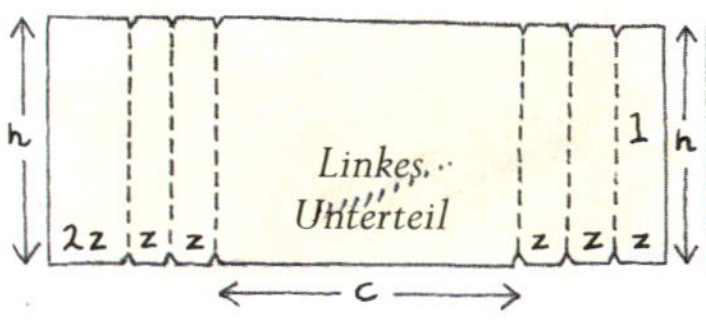

Abb. 2

Öffnungen zusätzlich 5 cm zu. Für den Saum an der Unterkante kalkulieren Sie etwa 6 cm Zugabe. Markieren Sie etwa an Oberseite und Saum des Unterteils die Bruchlinien, die durch die gestrichelten Linien angegeben sind. Die dunkel schattierten Bereiche in der Schemazeichnung kennzeichnen Stoff, der für die Formgebung von Rücken und Armlehnen weggeschnitten wird. Das Maß z richtet sich nach der Dicke des Gestells.

Rückteil: einmal zuschneiden. Breite = a, Länge = i + b + d. Das Teil quer in der Mitte falten. Im Bruch eine kleine Kellerfalte einlegen, um Platz für die Breite des Gestells zu erhalten.

Armlehne: zweimal zuschneiden. Breite = c (von der äußeren Kante des Rückenteils bis zur vorderen Mitte der Armlehne), Länge = 2e (von der Mitte der Armlehne bis zum Sitz). Die Teile quer in der Mitte falten und über die Armlehne legen. Die Unterkante an die seitliche Kante der Sitzfläche stecken. Die inneren hinteren Kanten am Rückenteil feststecken, so daß die Nähte mittig auf den Außenseiten der Rückenstreben liegen. Die abgesteckten Linien nachzeichnen, dann die Nahtzugaben auf 1,5 cm zurückschneiden.

Sitz: einmal zuschneiden. Breite = g, Länge = f.

Linkes Unterteil: einmal zuschneiden. Breite = c + 8z, Länge = h.

Rechtes Unterteil: einmal zuschneiden. Breite = c + 11z, Länge = h.

Vorderes Unterteil: einmal zuschneiden. Breite = g + 5z, Länge = h.

Hinteres Unterteil: einmal zuschneiden. Breite = a + 7z, Länge = h.

Abb. 3

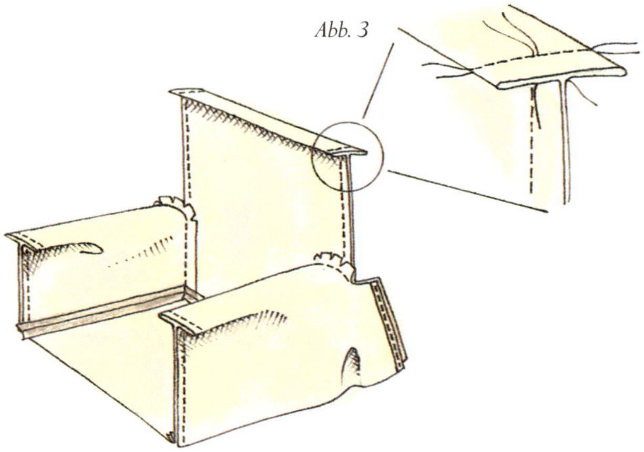

Abb. 4

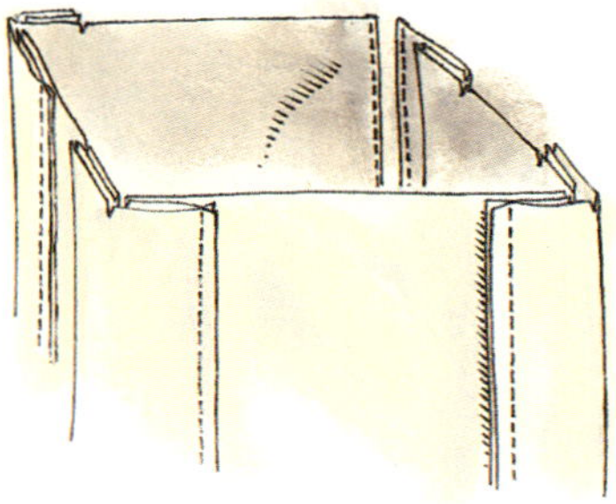

Abb. 5

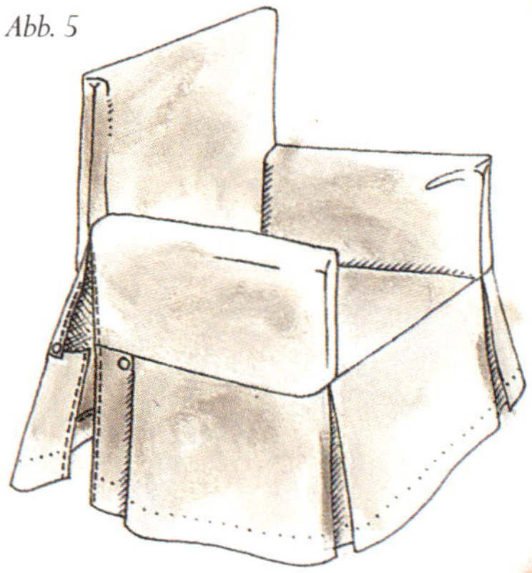

Bezug nähen

1. Das Rückteil an den Seiten zusammensteppen. Der Anfang der Naht muß 2 cm unter dem Bruch und 2,5 cm über der Kante liegen. Das offene Nahtende zu einer kleinen Kellerfalte legen und feststeppen (Abb. 3). Mit den vorderen Ecken der Armlehnen ebenso verfahren.
2. Nun die hintere Kante des Sitzes rechts auf rechts an die Unterkante des inneren Rückteils stecken und steppen. Anschließend die hinteren Innenkanten der Armlehnen am Rückteil feststeppen. Die Nahtzugaben einschneiden, wo es nötig ist. Die hintere Außenkante der linken Armlehne an das hintere Rückteil nähen. Die Schnittkante der hinteren rechten Armlehne säumen (Abb. 4).
3. Die seitlichen Unterteile an das vordere Unterteil ansetzen, dann die linke Seite des hinteren Unterteils an das rechte seitliche Unterteil. Die Kanten der offen gebliebenen Naht versäubern und säumen. An den drei Nähten die Markierungen so in Deckung bringen, daß jeweils 10 cm tiefe Kellerfalten entstehen. An der rechten Kante eine einfache Falte einlegen (Abb. 5). Alle Falten an der Oberkante feststeppen.
4. Die Oberkante des Unterteils rechts auf rechts an den oberen Teil des Bezuges stecken. Die Falten sollen genau auf den Ecken liegen. Die Teile mit 1,5 cm Nahtzugabe zusammensteppen und die Ecken durch eine doppelte Naht verstärken. Den Bezug wenden und die Falten einbügeln.
5. Den Bezug über den Stuhl ziehen und den Sitz kontrollieren. Den Saum gerade abstecken und steppen. Den überstehenden Stoff an der rechten Seitenkante nach links umbügeln. Auf jeder Seite der Öffnung eine Hälfte des Druckknopfes annähen (Abb. 5).

Regiestuhl mit Kapuze

Diese Variante ist viel einfacher zu nähen, weil das Unterteil nicht separat angesetzt wird. Dafür hängt im Rücken eine dekorative Kapuze, die noch mit einer Quaste verziert werden kann.

Material

Bezugsstoff; fertige Paspel, Länge = 2k + 2c + Umfang der Kapuze; große Quaste.

Maßnehmen & zuschneiden (siehe Abb. 1 auf Seite 174 sowie Abb. 6)

Schneiden Sie die Teile gemäß der Schemazeichnung zu. Die kleinen Rundungen an den Außenkanten sorgen dafür, daß Platz für die Breite des Stuhlgestells bleibt. Passen Sie die Tiefe dieser Ausschnitte eventuell der Rahmenbreite Ihres Stuhles an. Die Nahtzugabe an allen Kanten beträgt 1,5 cm.

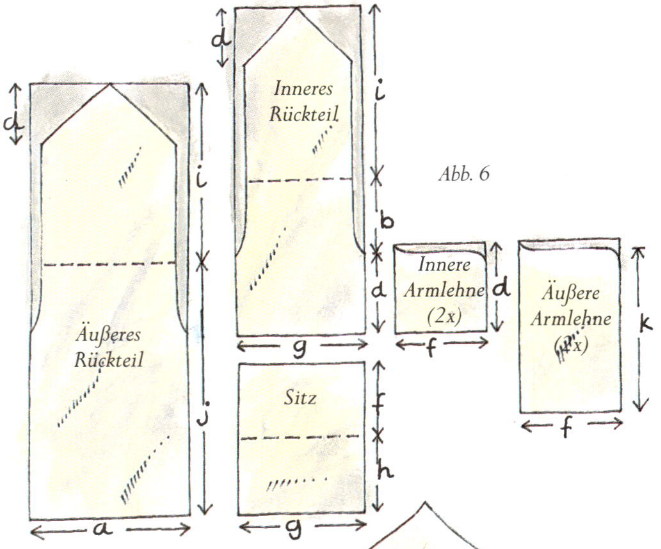

Abb. 6

Bezug nähen

1. Die Hinterkante des Sitzes und die Unterkante des inneren Rückens rechts auf rechts zusammensetzen. Dann die inneren Armlehnenkanten d und f an die seitlichen Kanten des inneren Rückteils nähen (Abb. 7).
2. Die Außenseiten der Armlehnen kantenbündig an die gerundeten Ausschnitte des hinteren Rückens steppen. Die Oberkante des Rückens rechts auf rechts zur Hälfte falten und die Kapuze steppen (Abb. 8). Mit dem inneren Rückteil entsprechend verfahren.
3. Eine Paspel (siehe Seite 141) auf die Außenkanten der Armlehnen und des Rückens steppen. Den inneren Teil des Bezuges rechts auf rechts auf den äußeren stecken und mit dem Reißverschlußfuß dicht an der Paspel entlang zusammensteppen. Den Bezug wenden und bügeln, die Unterkante säumen und die Quaste an die Spitze der Kapuze nähen.

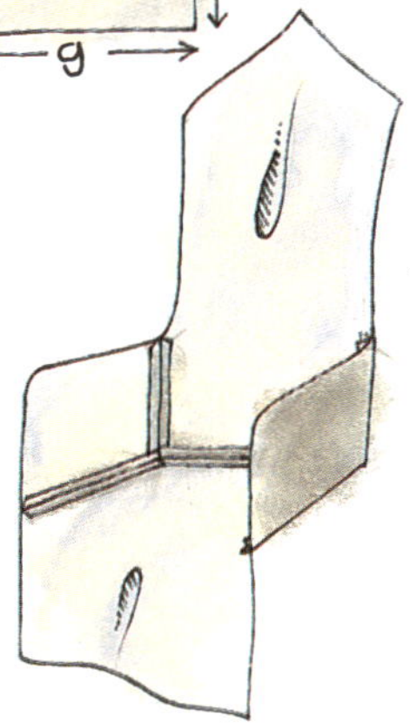
Abb. 7

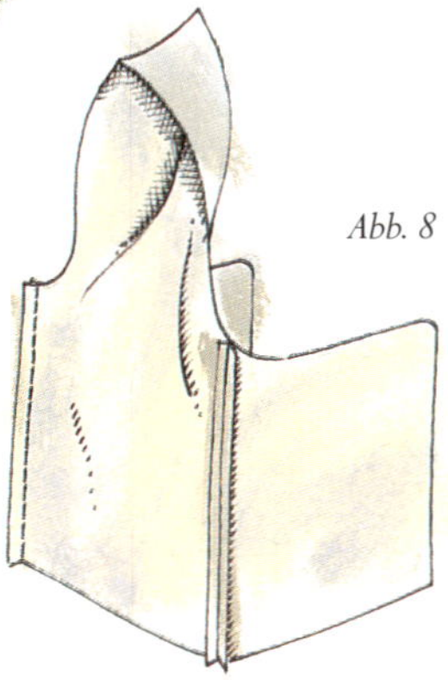
Abb. 8

Bezug für einen Cocktailsessel

Schlichte Sessel ohne Armlehnen eignen sich gut, um das Beziehen von Polstermöbeln zu üben. Hier kommt es besonders darauf an, die Dicke der Polsterung zu berücksichtigen. Wo Sitz und Rückenlehne zusammentreffen, muß eine Stoffreserve, ein sogenannter Zugstreifen, einkalkuliert werden, damit der Bezug nicht reißt.

Material

Nessel; Schneiderkreide; wasserfester Filzschreiber; Bezugsstoff; Paspel, Länge = a + 2h + f + 15 cm; Reißverschluß, Länge = 30 cm.

Maßnehmen & zuschneiden (Abb. 1 & 2)

Schneiden Sie drei Rechtecke aus Nessel für die wichtigsten Bezugsteile zu. An den Seitenkanten geben Sie je 5 cm zu, an der Stoßkante von Rücken und Sitz je 15 cm. Beschriften Sie die Teile.

Vorderes Rückteil: einmal zuschneiden. Breite = a, Länge = b + Zugstreifen.

Sitz: einmal zuschneiden. Breite = c, Länge = d + Zugstreifen.

Hinteres Rückteil: einmal zuschneiden. Breite = g, Länge = h.

Rüsche: einmal zuschneiden. Länge = 2e + 2g, Breite = f.

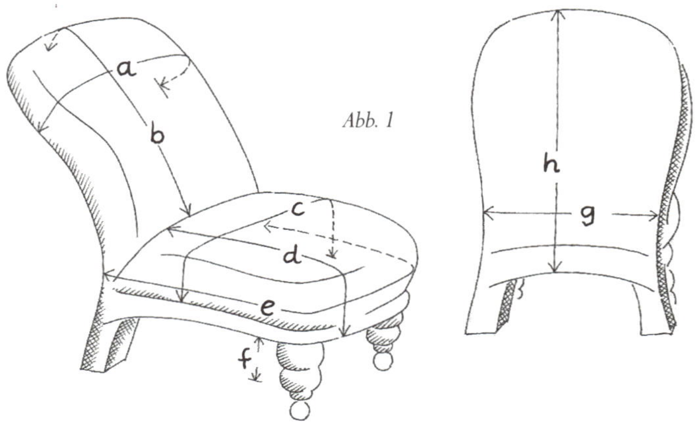

Abb. 1

Den Probebezug zuschneiden

Der Nesselbezug wird direkt auf dem Sessel in Form gebracht, die Nähte des vorhandenen Bezuges dienen dabei als Orientierungshilfe. Den zugeschnittenen Nessel verwenden Sie als Vorlage zum Zuschneiden des Bezugsstoffes. Die grau schattierten Bereiche auf Abb. 2 werden weggeschnitten.

1. Die Mitte des Sitzes und der Rückenlehne mit je einer Kreidelinie markieren. Die Stoffteile zur Hälfte falten und an dieser Hilfslinie feststecken, damit die Teile symmetrisch ausfallen. Den Stoff beim Abstecken immer wieder glattstreichen und darauf achten, daß der Fadenlauf gerade verläuft. Den Nessel mit Nadeln in Abständen von 10 cm rechtwinklig zur Naht feststecken. Alle Nesselteile an den Außenkanten des jeweiligen Polsters in der folgenden Reihenfolge befestigen:

a. Vorderes Rückteil: An der Außennaht des Bezuges feststecken. Dabei an den oberen Ecken je zwei Falten einlegen.
b. Hinteres Rückteil: Am Rücken des Sessels feststecken. Vorderes und hinteres Rückteil oben und an den Seiten zusammenstecken. Die Nahtzugabe auf 2 cm zurückschneiden (Abb. 3). An Oberkante und Seiten jeweils die Mitte durch einen Einschnitt kennzeichnen, außerdem die Lage der Fältchen auf der Nahtzugabe markieren.
c. Sitz: An den Seiten und an der Vorderkante feststecken. An den vorderen Ecken wird die Stoffweite durch je eine Kellerfalte eingehalten. Die Hinterkante seitlich am hinteren Rücken feststecken, den mittleren Bereich an der Unterkante des vorderen Rückens fixieren.

2. Nun die Außenkanten der Zugstreifen von Sitz und vorderem Rücken herausklappen und kantenbündig zusammenstecken. Den überschüssigen Stoff auf 2 cm zurückschneiden (Abb. 4). Die Mitte von Vorder- und Seitenkanten sowie die Position der Falten markieren. Bevor Sie die Teile auseinandernehmen, zeichnen Sie alle Linien mit einem Filzschreiber nach. Nun können Sie den Bezugsstoff nach der Vorlage zuschneiden.

Den Bezug nähen

1. Die Falten an den oberen und vorderen Ecken einlegen und feststeppen. Den vorderen Rücken rechts auf rechts an den Sitz stecken und steppen.
2. Die Paspel auf die Seiten und die obere Kante des hinteren Rückens setzen (siehe Seite 141). Jetzt den vorderen und den hinteren Rücken rechts auf rechts mit dem Reißverschlußfuß knapp neben der Paspel zusammensteppen. Im unteren Bereich einer Seitenkante 30 cm offen lassen und einen Reißverschluß einsetzen (siehe Seite 144). Die restliche Paspel um die Unterkante des Bezuges nähen.
3. Die Unter- und Seitenkanten der Rüsche säumen. Den Streifen an der Unterkante des Bezuges feststecken und dabei in Abständen von 5 cm Kellerfalten einlegen. Die Rüsche mit dem Reißverschlußfuß annähen. Die Nahtzugaben an engen Kurven einschneiden, den Bezug wenden und bügeln.

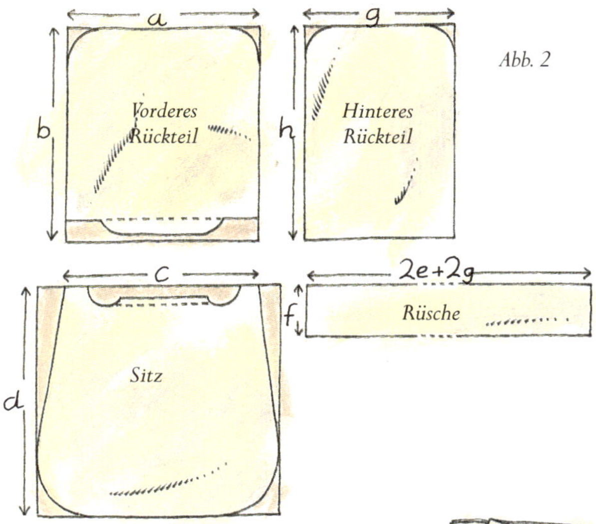

Abb. 2

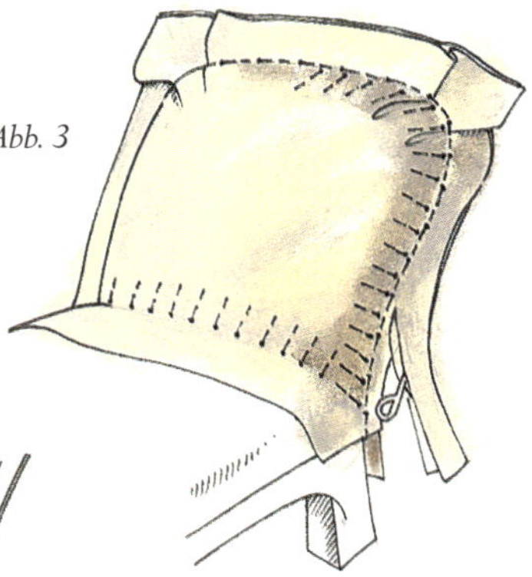
Abb. 3

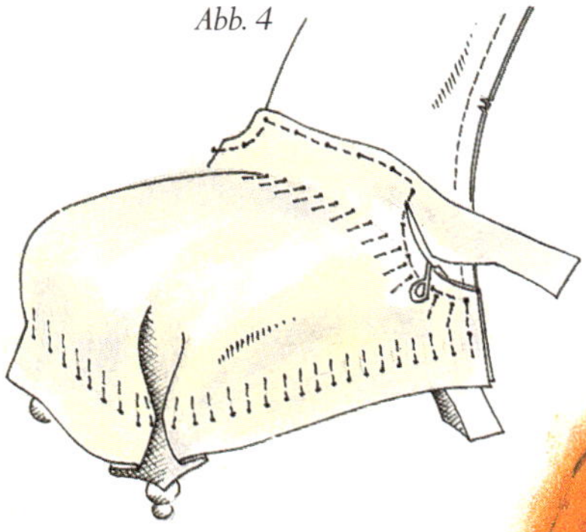
Abb. 4

Bezug für einen Lehnstuhl

Es gibt viele unterschiedliche Typen von Lehnstühlen, aber der Grundaufbau ist bei allen der gleiche. Obwohl dieser Bezug sehr kompliziert aussieht, ist er gar nicht so schwer zu schneidern. Er besteht aus zehn Teilen, die in einer vorgegebenen Reihenfolge zusammengesetzt werden. Unser Modell wird am Rücken mit Bändern geschlossen und hat eine Bogenkante, aber Sie können es auch ganz einfach mit einem Reißverschluß oder einer Rüsche abwandeln.

Material

Nessel; Schneiderkreide; Filzschreiber; Bezugsstoff; Paspel, Länge = 2g + 4h + i + 2l + 2n + m.

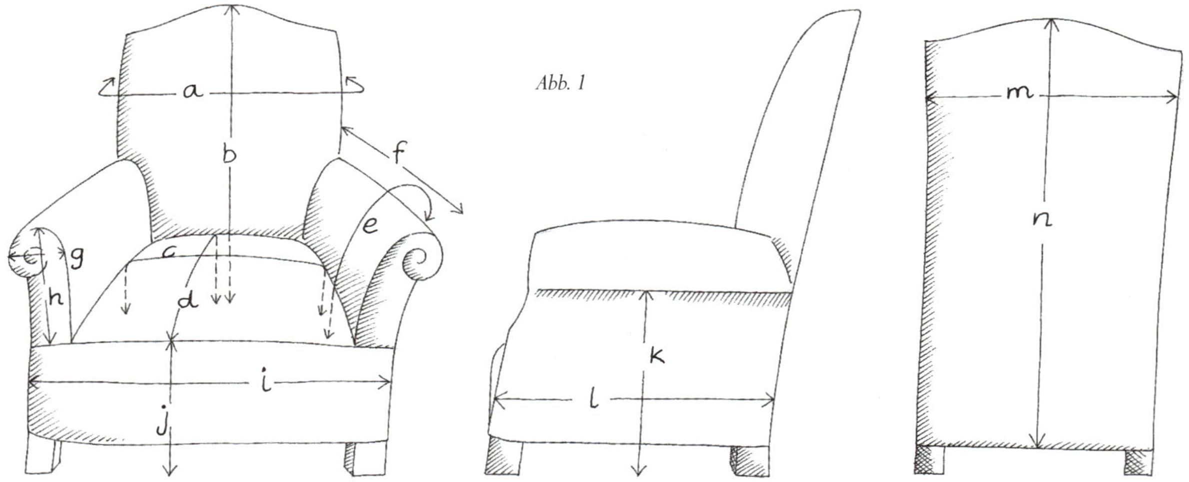

Abb. 1

Maßnehmen für den Probebezug (Abb. 1 & 2)

Schneiden Sie sieben Rechtecke aus Nessel zu, Abb. 2 dient dabei als Orientierung. Vermessen Sie den Sessel jeweils an den breitesten Stellen jedes Teils und geben Sie rundum 5 cm zu. An den Seiten und der Hinterkante des Sitzes sowie an den Unterkanten des inneren Rückens und der inneren Armlehnen müssen 15 cm für die Zugstreifen zugegeben werden.

Den Probebezug zuschneiden

Der Nessel wird im wesentlichen wie beim Cocktailsessel auf Seite 176/177 aufgesteckt und zugeschnitten. Sie brauchen nur für eine Armlehne ein Schnittmuster zu fertigen, die zweite wird genau spiegelverkehrt zugeschnitten.

1. Äußerer Rücken: Den Stoff flach an alle vier Kanten des Rückens stecken. Wenn Sie den Bezug mit Schleifen schließen wollen, schneiden Sie ihn in der Mitte durch und geben jeweils 5 cm für den Untertritt zu. Wollen Sie einen Reißverschluß einsetzen, bleibt der Rücken ungeteilt.
2. Innerer Rücken: Den Nessel an Ober- und Seitennähten feststecken. Wenn die oberen Ecken kantig sind, stecken Sie einen Abnäher ab, bei runden Ecken legen Sie Fältchen ein. An den unteren Kanten je eine Rundung ausschneiden, damit der Stoff sich um die Armlehnen herum der Form des Sessels anpaßt. Dabei muß der Zugstreifen an der Unterkante allerdings stehenbleiben. Jetzt den Nessel an den Rundungen und der Unterkante feststecken und die Konturen sauber nachschneiden. Anschließend die beiden Rückenteile an den Außenkanten wie beim Cocktailsessel (Seite 176/177) zusammenstecken.

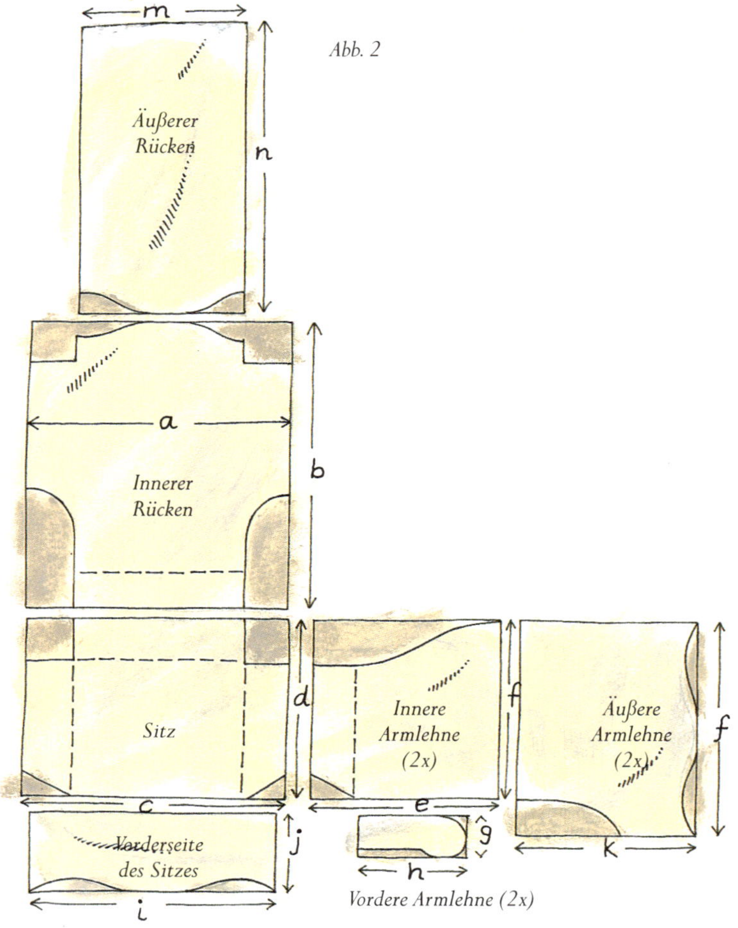

Abb. 2

3. Sitz: Die Zugstreifen an der hinteren und den seitlichen Kanten nach oben klappen und den Stoff auf dem Sitz feststecken (Abb. 3).

4. Innere Armlehne: Den Nessel auf der rechten Armlehne feststecken, so daß die Nahtzugabe an der breitesten Stelle über die Außenkante und die Vorderkante hinausragt. Dann die Rundung im hinteren Bereich dem Rücken anpassen und den Zugstreifen am seitlichen Zugstreifen des Sitzes fixieren. Die Ecke des Zugstreifens abschrägen (Abb. 4).

5. Äußere Armlehne: Oberkante an Oberkante an die innere Armlehne stecken. Die Unterkante soll parallel zum Boden hängen. Nun zuerst die hintere, danach die untere Kante des Stoffes am Sessel feststecken.

6. Sitz: Die hintere Stoffkante an die Unterkante des inneren Rückens stecken. Die Ecken nach innen falten. Eventuell überschüssige Stoffweite zu Abnähern oder Falten abstecken. Die Nahtzugabe auf 2 cm zurückschneiden. Jetzt sollte der Sitz fest am Sessel anliegen.

7. Vordere Armlehne: Die Nesselteile im geraden Fadenlauf an die Kanten der inneren und äußeren Armlehnen stecken (Abb. 5). Die Stoffweite dabei mit kleinen Fältchen einhalten. Bei sehr stark geschwungenen Armlehnen muß eventuell ein Kräuselfaden eingezogen werden.

8. Vorderseite des Sitzes: Den Stoff zur Hälfte falten und an der Kante von Sitz und vorderer Armlehne feststecken. Die Saumkante beschneiden, so daß der Stoff gerade auf dem Boden aufsteht.

Den Bezug zuschneiden

1. Am Nessel alle Nahtzugaben auf 2 cm zurückschneiden und an den Kanten Markierungen anbringen, damit die Teile später genau zusammenpassen. Dann den Nessel abnehmen und bügeln.

2. Stecken Sie den Nessel auf den Bezugsstoff, ehe Sie mit dem Zuschneiden beginnen. Wenn Sie einen gemusterten Stoff verwenden, richten Sie größere Motive in der Mitte von Sitz und Rücken aus. Gestreifte Muster sollten immer längs verlaufen und an den Nahtstellen von innerer und äußerer Armlehne genau zusammenpassen.

3. Alle Teile nach der Nesselvorlage ausschneiden und die Markierungen übertragen. Außerdem für die Bänder acht Stoffstreifen in der Größe 8 cm x 50 cm zuschneiden sowie ein 15 cm breiter Streifen in der Länge des unteren Umfanges für die Bogenkante. Zur Kontrolle alle Teile noch einmal auf den Sessel legen und die Kanten feststecken.

Den Bezug nähen

Nehmen Sie die Teile nach und nach vom Sessel ab und steppen Sie sie mit 2 cm Nahtzugabe rechts auf rechts zusammen. Paspeln Sie die Nähte (siehe Seite 141), wenn Sie es wünschen.

1. Die Abnäher im inneren Rückenteil steppen, dann die Unterkanten an die inneren Armlehnen nähen. Die Rundungen werden zur Stabilisierung doppelt gesteppt.

2. Eine Paspel auf die äußeren Armlehnen setzen und mit dem Reißverschlußfuß auf die inneren Armlehnen steppen. 2 cm der Paspelkordel aus der Umhüllung herauslösen, damit die Paspel in der quer laufenden Naht flach liegt. Die Ecken des

Abb. 3

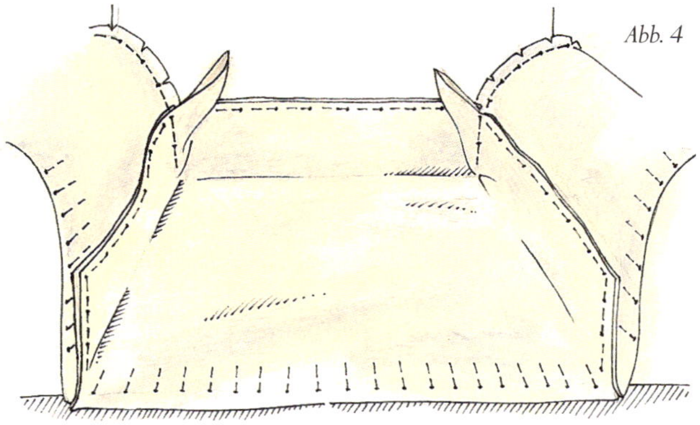

Abb. 4

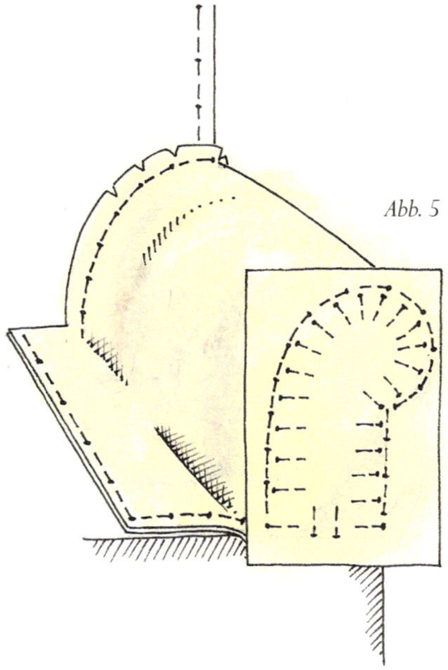

Abb. 5

Zugstreifens an den Sitz nähen, dann den Sitz an die Unterkanten des inneren Rückens und der inneren Armlehnen steppen (Abb. 6).

3. Die Ober- und Seitenkanten der vorderen Armlehnen paspeln und dabei wiederum die Paspelkordel an den Enden 2 cm weit zurückschneiden. Die Vorderseite des Sitzes ebenfalls mit Paspel verzieren und an die Seiten der äußeren Armlehnen und die Vorderkante des Sitzes nähen.

4. Die Stoßkanten der beiden äußeren Rückenteile 1 cm breit umsäumen und eine Paspel unter die Saumkanten setzen. Dann die äußeren Rückenteile mit dem Reißverschlußfuß an den inneren Teil des Bezuges steppen. Bänder nähen (siehe Seite 144) und paarweise in Abständen von je 25 cm am Schlitz im Rücken des Sesselbezuges befestigen. Wenn Sie den Rücken nicht binden wollen, lassen Sie in einer Seitennaht ein Stück offen und setzen einen Reißverschluß ein.

5. Die Oberkante des Streifens für die Bogenkante versäubern und rechts auf rechts auf die Unterkante des Bezuges stecken. Die Bögen aufzeichnen und entlang dieser Linie steppen. Den überschüssigen Stoff bis auf 1 cm wegschneiden (Abb. 7) und die Nahtzugabe an den Rundungen einschneiden. Den Streifen wenden und die Kante bügeln.

Varianten

Wenn der Sitz vorn über die Armlehnen hinaussteht, muß der Stoff für den Sitz entsprechend länger zugeschnitten werden. Ist das Sitzpolster lose eingelegt, kann der Zugstreifen knapper bemessen sein. Das Sitzpolster wird dann separat bezogen (siehe Seite 165).

Abb. 6

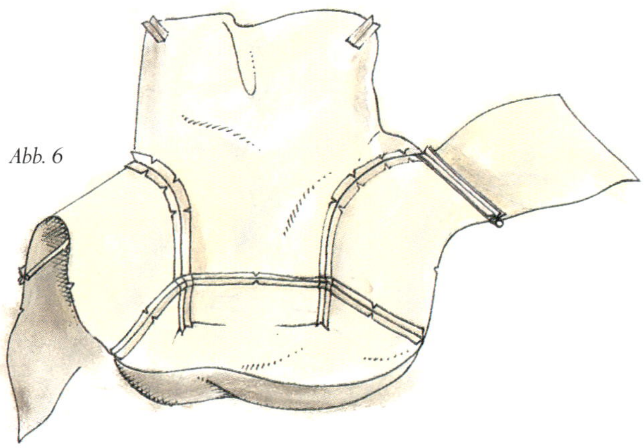

Abb. 7

Abb. 8

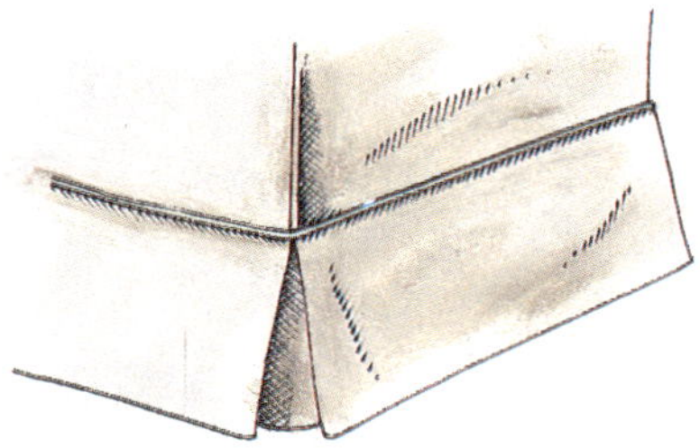

Ein Sofa ist im Grunde nur ein sehr breiter Sessel, daher kann es in der gleichen Weise bezogen werden. Die Schabracke, die die Unterkante ziert, kann in einem oder in vier Teilen geschnitten sein, sie kann in einer glatten oder in einer Bogenkante enden. Wenn Sie die Schabracke separat arbeiten, endet der Bezug auf Höhe des Ansatzes der Beine. Dekorativ kann es aussehen, wenn auch an dieser Naht eine Paspel mitgefaßt wird (Abb. 8).

Hocker und Fußbänkchen

Ein Hocker oder Fußbänkchen, passend zum Sessel bezogen, ist nicht nur ein reizvolles Accessoire, es ist auch eine sinnvolle Möglichkeit, um übriggebliebenen Stoff zu verarbeiten. Wir stellen Ihnen zwei Versionen vor – ein Bezug ist aus einem einfachen Rechteck geschnitten, der andere hat einen gerafften Volant.

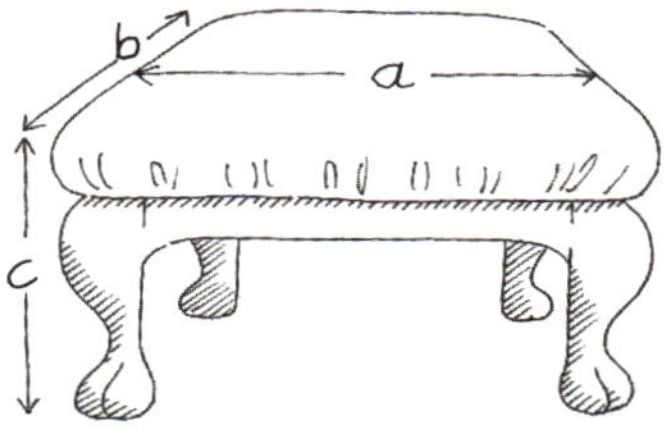

Abb. 1

Bezug mit Schleifen

Material

Bezugsstoff; Schneiderkreide; Untertasse; 5 cm breites Band, 120 cm lang.

Maßnehmen & zuschneiden (Abb. 1)

Ein Rechteck zuschneiden. Länge = a + 2c, Breite = b + 2c. Mit Hilfe der Untertasse Rundungen auf die Ecken zeichnen und entsprechend zuschneiden.

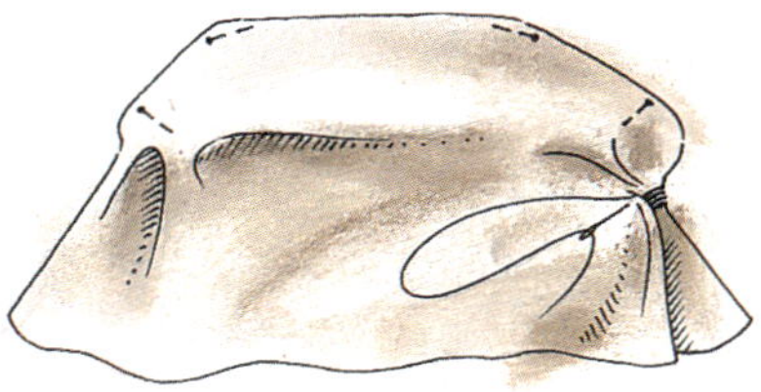
Abb. 2

Bezug nähen

1. Die Stoffkante versäubern und 1 cm breit umsäumen. Den Stoff mittig über den Hocker legen und an den Ecken feststecken. An jeder Ecke eine Falte einlegen, so daß der Stoff straff über der Fläche des Hockers gespannt ist. Den Stoff mit einigen Handstichen festnähen (Abb. 2).
2. Das Band in vier gleiche Stücke schneiden und Schleifen daraus binden. An jede Ecke des Hockers eine Schleife nähen.

Geraffter Bezug

Material

Bezugsstoff; 5 cm breite Fransenborte, Länge = 3a + 3b; Knopflochgarn.

Maßnehmen & zuschneiden (Abb. 1)

Oberteil: einmal zuschneiden. Breite = a, Länge = b, Nahtzugabe = rundum 1,5 cm.
Volant: einmal zuschneiden. Breite = 2c, Länge = 3a + 3b, Nahtzugabe = rundum 1,5 cm.

Abb. 3
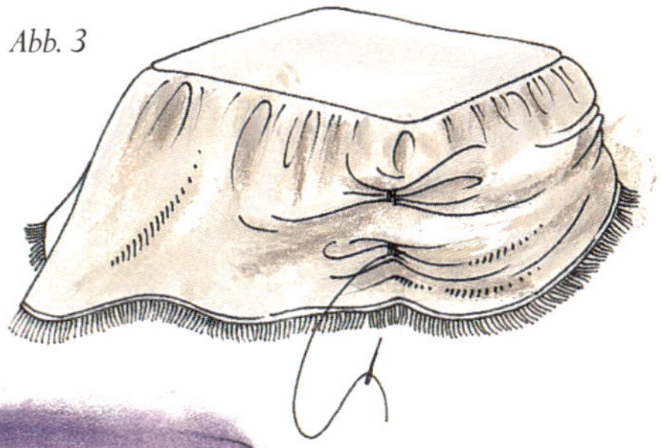

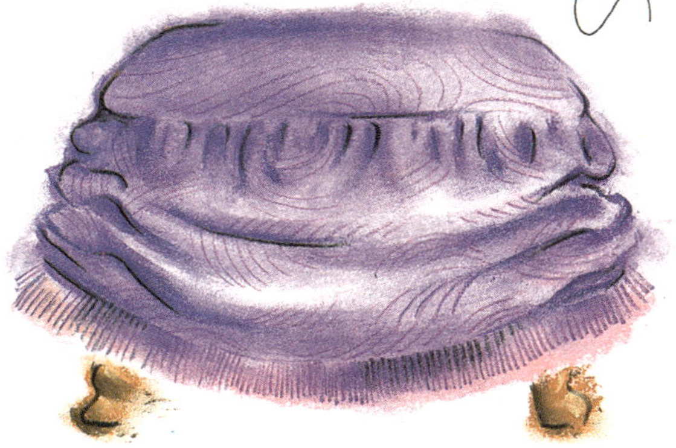

Bezug nähen

1. Die beiden Schmalseiten des Volants rechts auf rechts zusammensteppen und die Naht auseinanderbügeln. Die Unterkante 1 cm breit doppelt säumen. Die Fransenborte aufsteppen, die Ansatzstelle soll an der Naht liegen. Mit Zickzackstich einen Kräuselfaden 1,5 cm unterhalb der Oberkante des Volants aufsteppen (siehe Seite 142) und Stoff auf zwei Drittel seiner Weite einkräuseln.
2. Jetzt den Volant ans Oberteil stecken, dabei die Weite gleichmäßig verteilen. Mit 1,5 cm Nahtzugabe steppen, an den Ecken die Zugabe einschneiden.
3. An den Ecken des Hockers je zwei Querfalten in den Volant legen und mit einigen unsichtbaren Stichen festhalten (Abb. 3). Wenn der Hocker dekorative Füße hat, raffen Sie den Volant so weit hoch, daß sie gut zu sehen sind.

Textiles fürs Bett

Rechteckige Tagesdecken sind ganz einfach zu nähen. Sie müssen nur einige Grundtechniken des Schneiderns beherrschen – gerade Nähte, Säume, Kräuselungen – und sich an die Größe des Werkstückes gewöhnen. Ein Bettbezug aus einem freundlichen Baumwollstoff oder eine dekorative Tagesdecke aus schwererem Material geben Ihrem Schlafzimmer schnell ein neues Gesicht. Ein entsprechender Volant macht das Bild perfekt. Auf Seite 155–160 sehen Sie, wie Sie dazu noch die passenden Kissen schneidern können.

Überwürfe

Überwürfe sind sehr vielseitig. Sie können in jeder beliebigen Größe und aus fast jedem Stoff – von Brokat bis Webpelz – genäht werden. Kleinere Überwürfe können über die Lehne eines Sessels oder Sofas drapiert werden, größere eignen sich fürs Picknick ebenso wie als Tagesdecken. Ein wendbarer Überwurf besteht aus zwei miteinander verstürzten Stoffen (siehe Seite 143). Die untere Stofflage kann wattiert und gesteppt werden, das macht die Decke wärmer. Auch einlagig verarbeiteter Stoff kann für einen Überwurf verwendet werden, dann nähen Sie ihn wie eine Tischdecke (siehe Seite 184). Verzieren Sie die Kante mit Fransen, Borten, Schleifen oder Rüschen – ganz wie es Ihnen gefällt.

Bettbezug mit Schleifen

Dieser Bettüberzug wird wie der schwedische Kissenbezug von Seite 155 genäht. Achten Sie darauf, daß der Stoff breit genug für die Decke ist, um Quernähte auf der Fläche zu vermeiden.

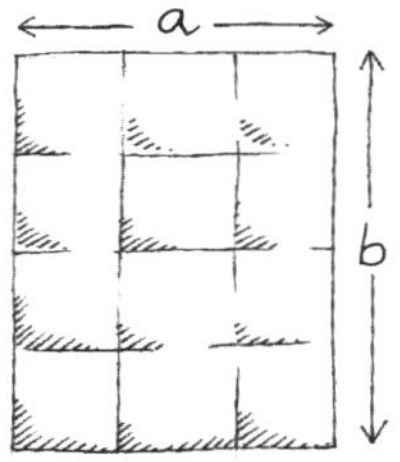

Abb. 1

Material

Stoff 1 für den Bezug; Stoff 2 für Klappe und Bänder.

Abb. 2

Maßnehmen & zuschneiden (Abb. 1)

Vorderteil: einmal zuschneiden. Breite = a + 3 cm, Länge = b – 5 cm.
Rückenteil: einmal zuschneiden. Breite = a, Länge = b, Nahtzugabe = rundum 2 cm.
Klappe: einmal zuschneiden. Breite = a + 3 cm, Länge = 1/4 b + 10 cm.
Bänder: sechsmal zuschneiden. Breite = 8 cm, Länge = 53 cm.

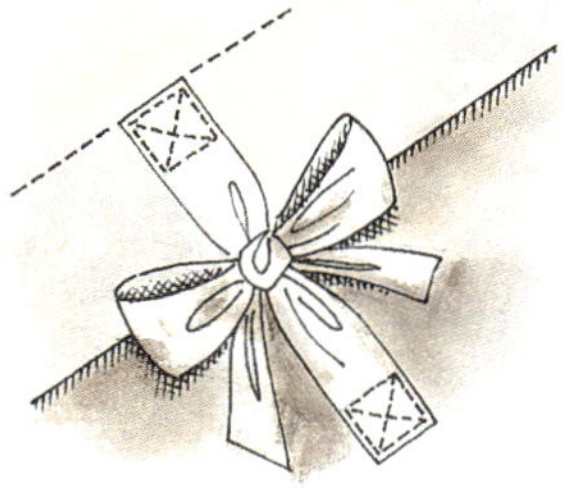
Abb. 3

Bezug nähen

1. An einer Längskante der Klappe einen 4 cm breiten doppelten Saum arbeiten. Die andere Längskante rechts auf rechts an eine Schmalseite des Rückenteils steppen. Eine Schmalseite des Vorderteils doppelt säumen und die andere Schmalseite an das Rückenteil nähen.
2. Vorder- und Rückenteil an den Seiten zusammenstecken, die Klappe liegt zwischen den beiden Teilen (Abb. 2). Die Nähte steppen, an den Ecken zur Verstärkung doppelt nähen. Dann die Nahtzugabe auf 1 cm beschneiden und versäubern. Den Bezug wenden und bügeln.
3. Die Breite der Klappe durch vier teilen und die Segmente mit Stecknadeln markieren. Die Bänder nähen (siehe Seite 144) und je ein Paar an den markierten Stellen auf der Klappe und gegenüber auf dem Bezug befestigen (Abb. 3).

Volants

Ein Volant unter einer Matratze verbirgt die Beine und den Unterbau eines Bettes. Wenn Sie einen teuren Stoff verarbeiten, ist es sinnvoll, das Mittelteil aus einem preiswerteren Material zuzuschneiden und nur die Kante aus dem eigentlichen Stoff zu nähen. Zwischen Mittelteil und Volant kann nach Wunsch eine Paspel mitgefaßt werden.

Gekräuselter Volant

Material

Stoff 1 für den Volant (und für die Kante des Mittelteils, falls erforderlich); Stoff 2 für das Mittelteil.

Maßnehmen & zuschneiden (Abb. 4)

Mittelteil ohne Kante: einmal aus Stoff 2 zuschneiden. Breite = a + 3 cm, Länge = b + 4,5 cm, Nahtzugabe = rundum 1,5 cm.

Die Ecken eventuell abrunden, um sie der Form des Bettes anzupassen.

Mittelteil mit Kante: einmal aus Stoff 2 zuschneiden. Breite = a – 30 cm, Länge = b – 15 cm.

Kante: drei Streifen aus Stoff 1 zuschneiden. Ein Streifen: Länge = a – 30 cm, Breite = 15 cm. Zwei Streifen: Länge = b, Breite = 15 cm. Nahtzugabe = rundum 1,5 cm.

Volant: einmal aus Stoff 1 zuschneiden. Länge = 2c, Breite = 2a + 4b, Nahtzugabe = rundum 1,5 cm.

Volant nähen

1. Bei einem Mittelteil mit Kante zunächst den kurzen Kantenstreifen an die Unterkante des Mittelteils steppen und die Naht auseinanderbügeln. Dann die beiden seitlichen Streifen ansteppen. Eventuell die Ecken abrunden, wenn die Form des Bettes es verlangt. Die Oberkante des Teiles 1 cm breit doppelt säumen.
2. Die Rüsche der Länge nach zur Hälfte falten und die Seitennähte steppen. Die Ecken abschrägen, den Volant wenden und bügeln. Aufkräuseln wie auf Seite 142 beschrieben und an die drei ungesäumten Kanten des Mittelteils steppen (Abb. 5).

Volant mit Falten

Material

Stoff 1 für Volant und Streifen; Stoff 2 für das Mittelteil; kontrastfarbiger Stoff 3 für die Faltenböden.

Maßnehmen & zuschneiden (Abb. 4)

Mittelteil: wie für den gekräuselten Volant.

Seitliche Volants: zweimal zuschneiden. Breite = c, Länge = 1 1/3 b, Nahtzugabe = rundum 1,5 cm.

Unterer Volant: einmal zuschneiden. Breite = c, Länge = 1 1/3 a, Nahtzugabe = rundum 1,5 cm.

Faltenböden (für die Ecken): zweimal zuschneiden. Breite = 20 cm, Länge = c, Nahtzugabe = rundum 1,5 cm.

Abb. 4

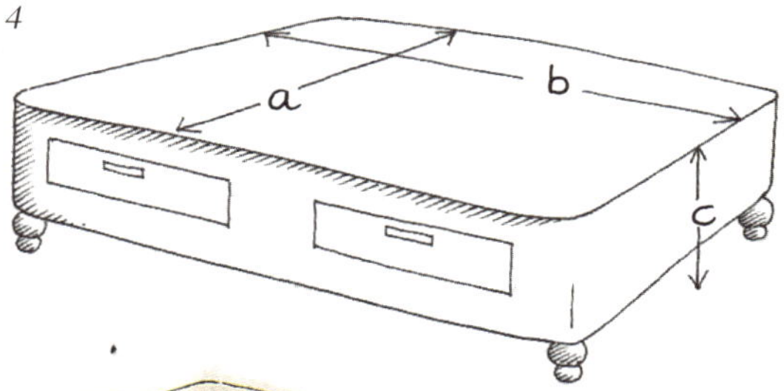

Abb. 5

Volant nähen

1. Das Mittelteil wie beim gekräuselten Volant nähen. Die Faltenböden rechts auf rechts zwischen die Teile des Volants steppen. An der Unterkante und den beiden Schmalseiten des Volants einen 7 cm breiten doppelten Saum arbeiten.
2. Die Nahtzugabe in der oberen Mitte der beiden Faltenböden einschneiden. Nun an den Ecken des Volants Kellerfalten einlegen und feststecken. Die Kellerfalten rechts auf rechts an die unteren Ecken des Mittelteils stecken, die Enden des Volants an den oberen Ecken fixieren. Danach den restlichen Volant feststecken, dabei wird alle 15 cm eine 10 cm tiefe Kellerfalte eingelegt (Abb. 6). Zum Schluß den Volant feststeppen.

Abb. 6

Tischwäsche

Eine Tischdecke oder sogar eine Kombination aus Decke und Servietten sind einfach zu nähen und haben dennoch eine große Wirkung. Eine quadratische, kontrastfarbige Decke zum Beispiel paßt exzellent über eine bodenlange, runde Tischdecke im Schlafzimmer. Auf dem Frühstückstisch verbreiten geblümte Sets auf einer einfarbigen Decke gute Laune. Auf Seite 143 sehen Sie, wie Sie mehrere Stoffbahnen für eine besonders große Decke zusammenfügen.

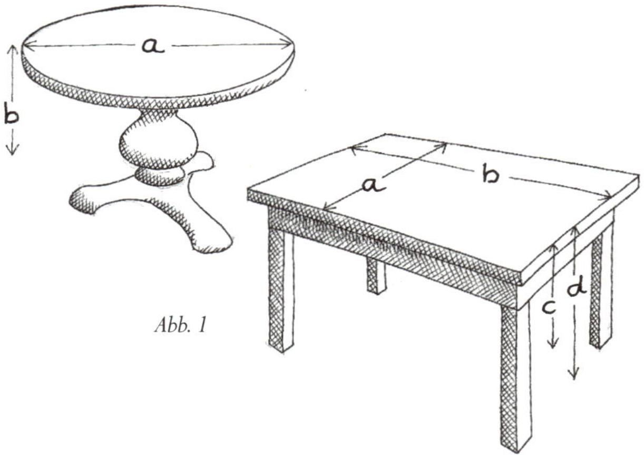

Abb. 1

Tischdecken

Überlegen Sie zuerst, wo die Decke benutzt wird, und entscheiden Sie danach, wie lange sie herabhängen soll. Ist die Decke überwiegend Dekoration, darf sie sich ruhig auf dem Boden bauschen. Eine Decke für einen Küchentisch sollte dagegen höchstens bis zu den Sitzen der Stühle reichen.

Abb. 2

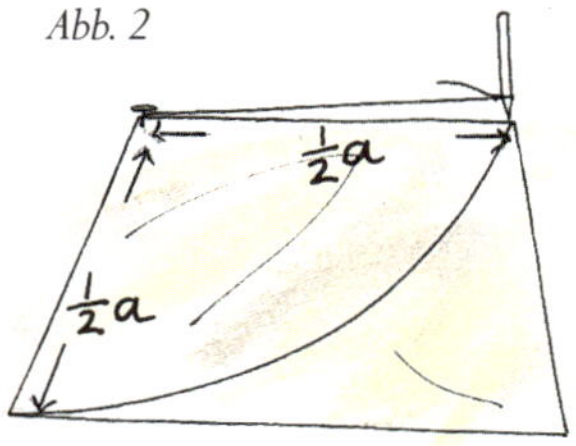

Runde Tischdecke

Material

Stoff; Papier; Bleistift; Bindfaden; Reißbrettstift.

Schablone zuschneiden (Abb. 1 & 2)

Ein quadratisches Stück Papier zuschneiden: Die Kantenlänge entspricht dem Radius der Tischdecke $^1/_2$(a+b) + 1,5 cm Nahtzugabe. Knoten Sie ein Ende des Bindfadens nahe der Spitze um den Bleistift. Das andere Ende befestigen Sie mit dem Reißbrettstift in einer Ecke des Papiers, so daß die Länge des Fadens der Kantenlänge des Papiers entspricht. Halten Sie den Faden stramm und den Bleistift aufrecht und ziehen Sie einen Viertelkreis wie mit einem Zirkel. Die fertige Schablone ausschneiden.

Maßnehmen & zuschneiden

Ein Stoffquadrat mit der Kantenlänge a + 2b zuschneiden. Das Quadrat vierteln und die Schablone darauf feststecken. Dabei alle Stofflagen durchstechen. Nun den Stoff entlang der Schablone zuschneiden.

Decke nähen

Eine Stütznaht nähen, 1,5 cm von der Kante entfernt, damit der Stoff nicht ausdehnt oder ausfranst. Dann die Nahtzugabe umbügeln, so daß die Stütznaht gerade auf der linken Seite der Decke liegt. Die Schnittkante noch einmal nach links umschlagen und den Saum heften und steppen.

Rechteckige Tischdecke

Material

Stoff.

Maßnehmen & zuschneiden (Abb. 1)

Ein Rechteck zuschneiden. Breite = a + 2c, Länge = b + 2c oder 2d, Nahtzugabe = rundum 5 cm.

Decke nähen

Alle Kanten zunächst 2 cm breit, dann noch einmal 3 cm breit umbügeln. Ecken zu Briefecken legen (siehe Seite 140) und heften. Den Saum steppen.

Maßgeschneiderte Decke

Material wie oben

Maßnehmen & zuschneiden (Abb. 1)

Oberteil: Breite = a, Länge = b, Nahtzugabe = rundum 1,5 cm.

Volant: Breite = d + 6 cm, Länge = 3a + 3b + 3 cm.

Schleife: viermal zuschneiden. Mittelteil: 25 cm breit, 35 cm lang;

Knoten: 15 cm breit, 20 cm lang; Bänder: 24 cm breit, Länge = c.

Decke nähen

Die Schmalseiten des Volants rechts auf rechts zusammensteppen und die Unterkante 2 cm breit doppelt säumen. Den Volant an das Oberteil steppen (siehe Seite 142), die Weite dabei gleichmäßig verteilen.

Die Schleifen nähen (siehe Seite 144) und eine an jeder Ecke befestigen.

Serviette

Eine einfache Serviette wird aus einem 50 cm x 50 cm großen Stück Stoff genäht. An den Kanten arbeiten Sie einen 1,5 cm breiten doppelten Saum, auf Wunsch mit Briefecke.

Gesteppte Sets

Tischsets dienen im allgemeinen dazu, eine Tischplatte zu schützen; sie können aber auch einfach ein dekoratives Detail sein. Außerdem sind sie die ideale Verwertung für Stoffreste, die beim Nähen einer Tischdecke übriggeblieben sind.

Material

Stoff; Wattiervlies; Stoff für die Rückseite; Lineal; Kreidestift.

Maßnehmen & zuschneiden

Oberseite: einmal zuschneiden. Länge = 40 cm, Breite = 30 cm.

Rückseite: wie die Oberseite zuschneiden, eventuell aus anderem Stoff.

Vlies: wie die Oberseite zuschneiden.

Einfassung: 5 cm breiten Schrägstreifen zuschneiden, 140 cm lang.

Set nähen

1. Mit dem Kreidestift die beiden Diagonalen des Sets einzeichnen. Dann mit dem Lineal zu den beiden Linien Parallelen ziehen, bis die ganze Fläche von einem Gitter überzogen ist (Abb. 3).

2. Die drei Stofflagen aufeinanderlegen. Die rechten Stoffseiten zeigen jeweils nach außen, das Vlies liegt dazwischen. Auf den Diagonalen und an den Kanten entlangheften, dabei den Stoff glattstreichen. Bei Bedarf noch einige zusätzliche senkrechte und waagerechte Reihen mit je 10 cm Abstand heften.

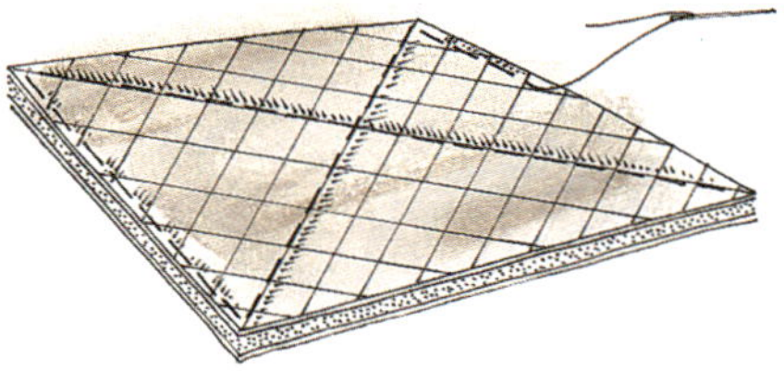

Abb. 3

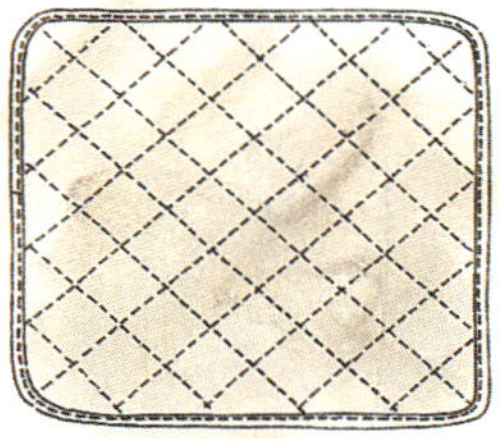

3. Die eingezeichneten diagonalen Linien nachsteppen und die Heftfäden vorsichtig entfernen. Dann die Ecken des Sets abrunden und mit Schrägstreifen einfassen (siehe Seite 140).

Bestecktasche

Dieses aufgerollte Tischset ist der ideale Begleiter beim Picknick.

Material

Stoff 1 für die Außenseite; Stoff 2 für die Innenseite; 7 cm breites Band, 90 cm lang.

Maßnehmen & zuschneiden

Außenseite: einmal aus Stoff 1 zuschneiden. Länge = 50 cm, Breite = 36 cm.

Innenseite: wie die Außenseite, aber aus Stoff 2 zuschneiden.

Tasche: einmal aus Stoff 1 zuschneiden. Länge = 30 cm, Breite = 20 cm.

Abb. 4

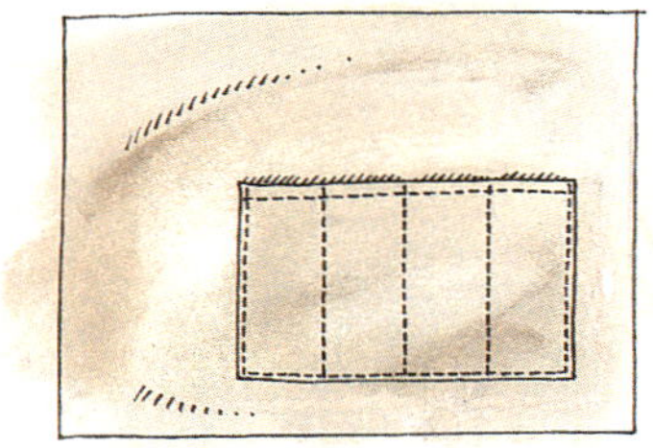

Bestecktasche nähen

1. Außen- und Innenseite aufeinanderstecken und 1 cm von der Kante entfernt zusammensteppen. Ein Schlitz von 10 cm Länge bleibt offen. Das Stück wenden und den Schlitz von Hand schließen.

2. Das Stoffteil für die Tasche an einer Längskante 1 cm breit doppelt säumen. Die übrigen drei Kanten 1 cm breit nach links umbügeln. Die Tasche auf die rechte untere Ecke des Hauptteiles stecken, 5 cm von den Kanten entfernt. An den Seiten- und an der Unterkante mit 3 mm Abstand zum Rand feststeppen. Die Tasche mit Stepplinien in vier gleich große Abschnitte einteilen (Abb. 4).

3. Die Enden des Bandes schräg zuschneiden und zur Hälfte falten. Die Mitte des Bandes 10 cm von der rechten Kante und 23 cm von der Oberkante entfernt auf die Bestecktasche steppen.

Lieferadressen

Zum Schluß möchte ich ein herzliches Dankeschön sagen an alle Firmen, die mir so großzügig die wunderschönen Stoffe sowie die exquisiten Möbel und Accessoires zur Verfügung gestellt haben. Ohne ihre Hilfe und ihr Vertrauen wäre die Anfertigung der Objekte, die Fotoproduktion und somit auch das ganze Buch nicht möglich gewesen.

Anta Fearn, Edinburgh
Seite 79, 80, 84, 85, 86, 87, 88, 89, 92, 93, 94, 95, 98, 102, 103

Antiques & Things, London
Französische Antiquitäten und Accessoires
Seite 10, 24, 26, 34, 35, 36, 42, 76, 120

Bennison Fabrics, London
Seite 52, 53

Bonpoint, London
Exquisite Kinderkleidung aus Frankreich
Seite 127

Brora, London
Wollstoffe, Schottenkaro und Tweed
Seite 96, 97, 99

Calver & Wilson, London
Samt und Seide, Schals, Accessoires
Seite 126, 127

Celia Birtwell, London
Ungewöhnliche Drucke auf Seide, Leinen, Baumwolle und Voile
Seite 10

Chelsea Textiles, London
Ungewöhnliche Stickereien
Seite 76

Christine Anderson, Llanbrynmair Powys
Dekorations- und Möbelstoffe
Seite 91, 102, 103

Christopher Moore, London
Stoffe und Tapeten nach alten Vorlagen
Seite 24, 35, 36, 118, 120, 132

Ciel Decor, London
Baumwollstoffe aus der Provence
Seite 19, 20, 21, 22

Colefax and Fowler, London
Seite 19, 21, 22, 23, 58, 59

Cover-Up Designs of Kingsclere, Newbury
Seite 52

De le Cuona Designs, Windsor, Berkshire
Handgewebte Leinenstoffe, Flachs, Seide, Paisleys
Seite 42, 43, 125

Design Archives – The Decorative Fabrics Gallery, London
Seite 61, 113, 120, 122, 125

Designers Guild, London
Moderne Stoffe und Accessoires
Seite 64, 66, 67, 68, 69, 76, 78, 97, 99, 107, 113, 114, 136, 137

DWCD, London
Ungewöhnliche Knöpfe
Seite 84, 88, 96, 97

FR Street
Seite 33

Gainsborough Silks
Seite 113, 122, 123, 125

GP & J Baker
Seite 113, 122, 123, 124

Hodsoll McKenzie, London
Seite 18

Ian Mankin, London
Streifen- und Karostoffe
Seite 64, 67

J & M Davidson, London
Bettwäsche und Stoffe in französichem Stil
Seite 10, 35, 121, 132

JAB
Seite 123

Jane Churchill, London
Bänder und Borten

Joss Graham Oriental Textiles, London
Dekorative Stoffe, Keramik, Schmuck und Kleidung

Judy Greenwood Antiques, London
Französische Antiquitäten, Quilts und Wäsche
Seite 122, 123

Lewis & Wood, London
Seite 24

Liberty, London
Seite 72, 73, 118

Liberty Furnishings bei Osborne & Little, London
Seite 24, 30, 32, 52, 60, 62, 63, 72, 73

Lillemor Jakobsson, Bath
Schwedische Antiqutäten
und neue Stoffe
Seiten 19, 20, 21, 22, 24, 30, 32

Malabar Cotton Company, London
Indische Seiden- und Baumwollstoffe
Seite 42, 106, 113, 120, 121, 122

Marvic Textiles, London
Seite 26, 27, 35, 40, 41

Marylin Garrow, London
Alte Stoffe und Accessoires
Seite 24, 34

McKinney & Co, London
Alte und neue Vorhangstangen
Seite 26, 30

Mulberry, London
Seite 50, 51, 97, 122, 124, 125, 131, 134, 135

Neisha Crosland, London
Moderne Accessoires und Möbel
Seite 136, 137

Nina Campbell bei Osborne & Little, London
Bänder und Borten
Seite 84, 90, 98, 99, 120

Nobilis-Fontan, London
Seite 18, 24, 107, 113, 122, 126, 127, 136, 137

Old Town, Norwich
Bettwäsche
Seite 76, 78

Osborne & Little, London
Kurzwaren
Seite 18, 112, 115, 119

Percheron, London
Seite 24, 32

Pierre Frey, London
Seite 24, 33, 40 (Regal), 132

Ralph Lauren, London
Seite 64, 65

Ramm Son & Crocker, London

Sanderson, London
Seite 54, 62

Shades of Choice, London
Lampenschirme nach Maß

Stroheim & Romann bei JAB Anstoetz, London
Seite 120

Sue Holley at Susannah, Bath
Alte Quilts, Stoffe und Accessoires
Seite 30, 32, 50, 51, 60, 61

Sue Ralston Design, London
Seite 34, 35, 36, 37, 40, 41

Tate & Style Bray Studio, Orkney
Ungewöhnliche Möbelstoffe aus Filz, Wolle, Mohair
Seite 84, 94

The Blue Door, London
Französische und schwedische Antiquitäten, Möbel, Stoffe und Accessoires nach alten Vorlagen
Seite 24, 33

The Conran Shop, London
Modernstes Design für Haus und Garten
Seite 42, 63, 74, 75

The Iron Bed Company, Bosham
Seite 72, 76

The Isle Mill, Pitlochry, Schottland
Seite 100

The Loose Cover Company, High Wighcombe, Buckinghamshire
Seite 96, 100

The Natural Fabric Company, Hungerford, Berkshire

The Sofa Workshop
Sofas aller Größen und Formen
Seite 75

The White Company, London
Versand für Bettwäsche, Decken, Kissen, Handtücher
Seite 72

Thomas Dare, London
Seite 101

Titley & Marr, London
Seite 19, 21, 24, 25, 30, 31, 34, 35, 37, 41, 78, 90, 91, 100

Turnell and Gigon, London
Seite 18, 19, 24, 25

Valerie Howard, London
Antikes Porzellan und Fayence, französisches Zubehör
Seite 11, 12, 13, 34, 35, 40, 41

VV Rouleaux, London
Borten und Bänder
Seite 112, 113, 118, 119

Warner Fabrics, London
Seite 118

Warris Vianni, London
Indische Textilien
Seite 112

Wemys Houles, London
Bänder und Borten
Seite 107

Wendy Cushing Unit G7, London
Bänder und Borten

Register

Danksagung

Ich möchte allen danken, die mich bei der Arbeit an diesem Buch unterstützt haben – sowohl psychisch als auch physisch!

Da sind zunächst Pippa Rimmer und Carl Braganza, meine loyalen, hilfsbereiten und humorvollen Assistenten bei Country Living. Außerdem Anna Lallerstedt, Valerie Howard, Elizabeth Brower, Kerry Woodbridge, Lauren Henry und Sue Rowlands, die so großzügig waren, uns in ihr Leben einbrechen und ihre wunderschönen Wohnungen fotografieren zu lassen.

Vielen Dank an alle Einrichtungshäuser und Kunsthandwerker, die zum Entstehen des Buches beigetragen haben: Melanie Williams, Lillimore Jacobson, Sue Ralston, Cover Up Design und The Loose Cover Company.

Ich habe es sehr genossen, mit Profis wie Jane O'Shea und Mary Evans bei Quadrille zusammenarbeiten zu dürfen, die dieses Buch erst möglich gemacht haben. Herzlichen Dank auch an Francoise Dietrich für ihre brillante Seitengestaltung, an Lucy Naylor für die dringend benötigten zusätzlichen Texte, an Lucinda Ganderton, die meine Entwürfe entschlüsselte und die Anleitungen schrieb, an Alison Barratt für die exzellenten Illustrationen, an Alexa Stace, meine Lektorin, die bei den ständigen Änderungen dennoch immer die Ruhe bewahrte und an Francine Lawrence, die ehemalige Herausgeberin von Country Living, die immer an mich geglaubt und mich dem Verlag vorgeschlagen hat. Zu guter Letzt noch ein inniges Dankeschön an meine liebe Freundin, die Fotografin Pia Tryde, deren ganz persönlicher Stil in jedem Foto zu sehen ist. Und natürlich eine feste Umarmung für meinen wunderbaren Ehemann Pierre, der es auch in Zeiten der größten Belastung mit mir ausgehalten hat und immer da ist, wenn ich ihn brauche – besonders beim Ein- und Ausladen des Autos vor oder nach Fotoproduktionen!

Fotonachweis

Der Verlag dankt den folgenden Fotografen und Organisationen für die Erlaubnis, ihre Fotos in diesem Buch abzubilden.

2-3 William Shaw; 5 oben Mitte Simon McBride; 5 unten Clay Perry; 6 Jan Baldwin; 8 oben Jan Baldwin; 8 unten Simon McBride; 19 oben links William Shaw; 20 links Henry Bourne; 23 oben Mitte Jan Baldwin; 42–43 Frank Herholdt; 43 oben rechts Pia Tryde; 43 unten Mitte Pia Tryde; 44–45 Simon McBride; 44 links Elizabeth Zeschin; 48 unten rechts David George; 49 oben links Frank Herholdt; 49 oben Mitte Pia Tryde; 58 Jan Baldwin; 59 oben Jan Baldwin; 59 unten rechts Elizabeth Zeschin; 61 oben links Jan Baldwin; 62–63 David George; 72 links Pia Tryde; 72–73 David George; 73 oben rechts Andreas von Einsiedel; 73 unten rechts David George; 74 oben links Christopher Drake; 74 oben rechts Jan Baldwin; 75 Jem Grischotti/The Sofa Workshop; 76 oben links Tom Leighton; 76 oben rechts Andreas von Einsiedel; 76 Mitte links Frank Herholdt; 76 unten links Frank Herholdt; 77 Frank Herholdt; 79 unten Mitte Charlie Colmer; 84 oben rechts Jacqui Hurst; 85 unten rechts Leonard Smith; 85 unten links Jacqui Hurst; 101 oben rechts Mike England; 101 unten Thomas Dare »Multi« collection, 341 Kings Road, London SW3 5ES, Tel: 0044 171 351 7991; 108-109 Clay Perry; 114 oben links Jan Baldwin; 114 unten rechts Pia Tryde; 117 oben links Pia Tryde; 117 unten rechts David George; 118 David George; 119 oben links David George; 119 unten links und rechts Fran Brennan; 122–123 Pia Tryde; 123 unten Mitte Pia Tryde; 132 Christopher Drake; 133 oben links Pia Tryde.

Alle anderen Aufnahmen wurden speziell für dieses Buch fotografiert von Pia Tryde.